나는변호사다

그 첫 번째 이야기, 법률정보 종합편

김세라 변호사

A compendium of legal information you need to know

박영사

서문

법조인의 꿈을 가지게 된 특별한 계기가 있었던 것은 아니었습니다. 법조인이라는 직업보다는 사법시험 합격이라는 목표를 가졌던 것 같습니다. 사법시험 합격 후 사법연수원을 거쳐 변호사로 활동하게 되면서부터 변호사라는 직업이 참으로 보람되고 가치 있는 일이라는 것을 매일매일 느꼈습니다. 경험하지 못한 채 그저 이상향으로만 생각했던 '변호사'라는 직업이 저에게는 너무도 소중했고, 애틋했습니다. 그렇게 어느새 8년의 시간이 흘러 이제 9년을 향해가고 있습니다.

송무를 주로 다루는 변호사로서 물론 힘든 날도 참 많았습니다. 재판 준비 때문에 마음 편하게 휴가 한 번 다녀오지 못했고, 주말이나 공휴일에 출근하는 것이 일상이기도 합니다. 그런 고된 일정 속에서도 지치지 않을 수 있었던 것은 저에 대한 믿음으로 사건을 맡겨 주신 의뢰인들에 대한 진심, 그리고 스스로가 변호사라는 직업을 사랑하고 소중하게 여겼기 때문이라고 확신합니다.

개업 변호사로 활동하면서부터는 하나부터 열까지 모두 제가 직접 하지 않으면 안 되는 일뿐이었기에 좌충우돌하기도 하였으나 즐기며 꾸준히 노력해 왔고, 2020년경에는 유튜브 채널 「나는변호사다」를 개설하여 약 4년간 400여 개의 동영상을 업로드하며 구독자들과도 소통해 왔습니다. 지난 시간과 노력들이 모여 지금의 '법률사무소 예감'이 완성될 수 있었습니다. 이 자리를 빌려 「나는변호사다」 구독자님들과 채널을 시청해주시는 모든 분께 깊은 감사 인사를 드립니다.

수년 전부터 일반인들이 쉽게 읽을 수 있을 만한 법률상식 관련 책을 써야겠다고 생각하였으나 실행에 옮기기까지는 생각보다 많은 시간이 걸렸습니다. 요즘 인터넷 매체가 워낙 발달되어 일반인도 쉽게 법률지식을 습득할 수 있는 것이 사실이나, 10년 가까이 송무변호사로 활동했던 저의 경험을 바탕으로 일반인, 법률사무계통에 종사하는 실무자들, 더 나아가 로스쿨생이나 저년차 변호사들에게까지도 도움이 될 만한 주제들을 엄선하여 내용을 정리해 보았습니다. 아울러 이번 종합편을 시작으로, 상속편, 형사편, 부동산편, 이혼편 등 각 주제별 도서 출간 계획이 있음을 미리 말씀드립니다.

이 책이 완성되기까지 물심양면으로 도움을 준 가족 같은 효원이에게 큰 고마움을 표하며, 법률사무소 예감 구성원 모두에게도 깊은 감사의 마음을 전합니다.

부족하나마 이 책이 독자들에게 도움이 되기를 바랍니다.

2024. 09.

법률사무소 예감 대표변호사실에서

저자 김세라 변호사

목차

노동편

가사편

형사편

민사편

제1장
가압류·가처분

소송을 앞두고 있다면 가압류부터

소송을 앞둔 모든 이들의 공통 질문은 판결까지 소요되는 시간의 '총량'이다. 사건에 따라 다르지만 짧게는 6월, 길게는 5년 이상의 기간이 소요된다. 민사소송은 형사사건과 달리 인신의 자유를 구속하지 않는다. 이는 다시 말해 소송이 진행되는 와중 자유롭게 일상을 영위하고, 자유로이 자신의 재산을 처분할 수 있다는 의미가 된다.

기나긴 소송 끝에 승소 판결을 받아 강제집행 절차를 개시한다. 막상 뚜껑을 열어보니 그 많던 채무자의 재산이 몇 년 새 다 사라지고 없단다. 이럴 때 지나간 시간을 돌이킬 수만 있다면 반드시 해야만 하는 것이 바로 보전처분으로 불리는 가압류 그리고 가처분이다.

'가압류'는 금전채권 그 밖에 금전으로 환산할 수 있는 채권의 집행을 보전하기 위하여 미리 채무자의 재산을 묶어두는 제도이다. 소송에서 질 가능성이 높은 채무자가 판결을 받기 전에 자기 재산을 빼돌릴

일은 불 보듯 뻔한 일이다. 이에 대응하여 채권자는 추후 본안의 승소 판결을 통한 집행의 실효성을 거두기 위해 채무자의 재산을 일시적으로 동결시켜야 할 필요가 있다. '돈'을 받기 위한 소송에서 대다수는 이 제도를 활용한다.

'가처분'은 금전 이외의 물건이나 권리를 대상으로 한 청구권을 가지고 있거나 계속된 권리관계에 영향을 미칠 현저한 손해를 피하기 위하여, 예컨대 부당해고를 당한 근로자가 해고무효확인을 구하는 본안소송과 함께 근로자 지위를 확인하는 임시적인 가처분을 통하여 본안소송의 판결 시까지 근로를 제공하고 그에 대한 임금을 지급받을 수 있는 수단으로 활용하게 된다. 가압류와 비교하여 '돈'이 아닌 다른 것을 원할 때 가처분을 활용한다고 정리하면 쉽다.

일주일만에 가압류하는 방법과 주의사항

　부동산가압류는 ① 가압류신청서 접수, ② 재판부 심리, ③ 담보제공명령, ④ 명령에 따른 담보제공, ⑤ 가압류결정, ⑥ 가압류등기의 촉탁과 기입등기의 절차로 진행된다.

　절차 진행에 필요한 시간을 단축하기 위한 최우선의 방법은 대한민국법원 전자소송[1]을 활용하는 것이다. 일명 우편으로 진행되는 '종이소송'은 신청서를 작성하고 우편 등기를 발송하여 그 신청서가 법원에 도달하여야 한다. 도달된 신청서는 법원 내 민원창구를 통해 접수되며 담당 재판부로 배정되기까지 3일~5일의 시간이 걸린다. 반면 2011년부터 도입된 전자소송은 몇 번의 클릭만으로 이 모든 것을 하루만에 가능하게 한다.

　다음으로 가압류 재판부의 심리 기간을 단축시켜보자. 불충분한 소명과 불필요한 내용은 법원의 보정명령을 부르고 결국 최종적인 가압류결정까지 걸리는 시간을 늘리는 원인이 된다. 보정조차 불가능한 경우라면 가차 없이 신청 각하될 수도 있겠다. 가압류 신청 시 주의하여야 할 것은 피보전권리와 보전의 필요성에 대한 구체적인 소명이다. 아무리 가압류된 재산을 자유로이 처분할 수 있다고 하더라도, 처분의 자유를 떠나 타인의 재산에 어떤 식으로든 제재를 가하기 위해서는 마땅한 이유가 필요하다. 피보전권리 즉 채권자가 가압류를 통해 보전하려고 하는 권리에 대한 소명은 적극적일수록 좋다. 예컨대 대여금사건의

1　https://ecfs.scourt.go.kr

본안 소송에서 대여금반환청구권을 입증하는 것에 준하는 정도로의 권리에 대한 소명이 이뤄진다면 더할 나위 없겠다.

　보전의 필요성에 대한 소명도 중요하다. 이는 채무자가 재산을 빼돌릴 위험이 현실화되었거나 구체화된 경우여야 하며, 반드시 특정재산의 가압류를 통하지 아니하고서는 채권의 보전이 불가능한 정도여야 함을 의미한다. 따라서 채권자가 피보전권리에 관하여 이미 확정 판결이나 그 밖의 집행권원(공정증서, 조정조서 등)을 가지고 있는 경우, 채권자는 즉시 집행할 수 있는 상태에 있으므로 원칙적으로 보전의 필요성은 인정되지 않는다. 실무상 채권가압류에서 보전의 필요성을 충분히 소명하지 못해 신청 기각되는 사례도 빈번하다. 예를 들어보자. 채무자 을이 부동산 A와 B, 은행 C에 대한 예금채권을 소유하고 있다. 이를 잘 알고 있는 채권자 갑이 을에 대한 대여금채권을 피보전권리로 은행 C에 대한 예금채권을 가압류할 수 있을까? 일반적으로 부동산은 비유동재산으로 분류되고 상당한 값에 거래되기 때문에 마음먹는다고 하여 단기간에 거래가 이루어지기란 쉽지 않다. 반면 은행에서 보관 중인 예금자산은 생계와 직결된다. 전자상거래가 빈번한 현실에서 하루에도 수차례 일상적인 거래가 이루어진다. 어디 거래뿐일까. 은행 C를 월급 계좌로 사용하고 있다면 자칫 「민사집행법」상 압류금지범위를 초과하여 잔액이 압류됨으로써 월급 상당액을 쓸 수 없는 상황에 직면할 수 있다. 때문에 실무상 채권가압류의 보전의 필요성에 관하여는 더욱더 신중한 심리가 요구된다. 채무자의 채권을 제외한 다른 재산을 알고 있다면 그 재산을 가압류하는 것이 보다 빠른 가압류결정에 도달하는 방법이 될 것이다.

부동산가압류신청서

채권자	성명	홍 길 동 (인) (840901-1184920)
	주소	서울 송파구 잠실대로 1 한국아파트 101동 305호
채무자	성명	이 몽 룡 (인) (781107-1123450)
	주소	경기 안양시 법원로 7 대한빌라 202호

신청취지

채무자 소유의 별지 목록 기재 부동산을 가압류한다는 결정을 구합니다.

청구채권(피보전권리)의 내용
청구금액 금   30,000,000 원

신청이유

1. 채권자는 2023. 1. 1. 채무자에게 금 30,000,000원을 빌려주었고, 채무자
   는 동년 6월까지 위 금원을 상환하기로 하였습니다.

2. 그럼에도 채무자는 그 기간이 한참이나 지나도록 차용금을 전혀 변제하지 않
   고 있으며, 이 사건 신청일인 오늘까지 계속하여 연락조차 두절된 상황입니다.

3. 채무자는 채권자에게 30,000,000원을 지급할 의무가 있습니다.

4. (보전의 필요성에 관하여) 채권자는 이 건 부동산을 제외하고 채무자의 구체
   적인 재산을 알지 못합니다. 이 건 부동산을 가압류하지 않으면 현재 진행 중
   인 본안소송에서 승소하더라도 소송 진행 중 채무자가 위 재산을 임의 처분
   하여 강제집행이 불가능하거나 현저하게 곤란해질 우려가 농후합니다. 따라
   서 위 본안소송의 판결확정 전까지 집행을 보전받고자 이 사건 부동산가압
   류신청에 이르렀습니다.

소명방법

1. 부동산등기사항증명서 1통
2. 차용증서

2024. 7. 1

채권자 소송대리인
변호사 김세라

서울중앙지방법원 귀중

〈별지〉

가압류할 부동산의 표시

1. 서울 종로구 자하문로 30길 24
   대 200㎡
2. 위 지상
   시멘트블럭조 기와지붕 단층 주택
   50㎡ 끝.

채무자가 억울한 가압류 · 가처분을 다투고자 한다면

채무자 입장에서 가압류는 분명한 불이익이다. 가압류결정은 채무자에게는 아무런 통지 없이, 채무자의 의견은 물어보지도 않고, 오로지 채권자가 제출한 서류만 확인하여 내려진다. 뒤늦게 그 사실을 안 채무자 입장에서는 그야말로 황당하고 일방적인 것으로 느껴질 수밖에 없다.

물론 가압류된 부동산을 기왕의 용도대로 당장에 사용·수익할 수 없는 것은 아니다. 다만 입장을 바꾸어 생각해보자. 비교적 최근 가압류된 부동산을 매매한다는 것은 어떠한 법적 분쟁이 예견된 상황 속에 스스로를 내던지는 것과 같다. 노른자 땅에 누구나 탐내는 귀한 매물이 아니고서야 이런 리스크(risk)를 감수하며 거래를 자처하는 이는 없다. 채권가압류도 마찬가지이다. 보증금반환채권의 가압류 역시 주거생활의 안정을 크게 해치는 것은 아니나 임대인과의 신뢰관계를 비롯한 계약갱신에 부정적인 영향을 미칠 우려가 있다. 임금채권에 대한 가압류는 어떠한가. 임금채권 (가)압류는 우선 급여 지급을 담당하는 인사팀에 (가)압류결정사실이 통지되는 것을 시작으로, 머지않아 함께 일하는 동료를 비롯해 회사 전체에 알음알음 알려진다. 설령 부당한 가압류라고 하더라도 사람들은 그 실질적인 내막에 큰 관심이 없다. 이유야 어찌되었든 "사생활이 형편 없으니 저렇게 됐겠지"라며 자칫 인격적 가치까지 훼손될 수 있다.

가압류채무자에게도 공평한 대응 수단이 주어져야 한다. 채무자는 가압류·가처분의 이의나 취소 신청을 통해 이를 다툴 수 있다. 가압류 이의사유에는 특별한 제한이 없다. 피보전권리의 존부는 물론 보전의 필요성에 대하여도 다툴 수 있으며, 그 외 어떠한 것이든 종전 보전처분을 부당하게 하는 모든 사유를 주장할 수 있다. 그에 비해 가압류취소 신청에는 법정의 사유를 필요로 한다. 피보전권리의 전부 또는 일부가 변제·상계·소멸시효의 완성 등으로 소멸되어 보전처분의 이유가 없어진 경우, 채무자가 법원이 정한 다른 담보를 제공한 경우, 채권자가 가압류만 해놓고 본안의 소를 제기함이 없이 3년간 이를 방치하는 경우 등이 대표적이다(민사집행법 제288조 제1항). 가압류이의사유가 가압류취소의 그것보다 넓기에 실무상 부당한 가압류를 다투고자 하는 경우 가압류이의를 주로 활용한다. 헷갈린다면 가압류이의로 다툰다고 생각해도 무방하다.

※ **민사집행법** 제283조(가압류결정에 대한 채무자의 이의신청) ① 채무자는 가압류결정에 대하여 이의를 신청할 수 있다.

② 제1항의 이의신청에는 가압류의 취소나 변경을 신청하는 이유를 밝혀야 한다.

③ 이의신청은 가압류의 집행을 정지하지 아니한다.

제288조(사정변경 등에 따른 가압류취소)

① 채무자는 다음 각호의 어느 하나에 해당하는 사유가 있는 경우에는 가압류가 인가된 뒤에도 그 취소를 신청할 수 있다. 제3호에 해당하는 경우에는 이해관계인도 신청할 수 있다.

   1. 가압류이유가 소멸되거나 그 밖에 사정이 바뀐 때

   2. 법원이 정한 담보를 제공한 때

   3. 가압류가 집행된 뒤에 3년간 본안의 소를 제기하지 아니한 때

② 제1항의 규정에 의한 신청에 대한 재판은 가압류를 명한 법원이 한다. 다만, 본안이 이미 계속된 때에는 본안법원이 한다.

③ 제1항의 규정에 의한 신청에 대한 재판에는 제286조제1항 내지 제4항·제6항 및 제7항을 준용한다.

채무자의 가압류이의신청이나 가압류취소신청이 적법한 경우 법원은 종전 가압류를 취소하는 결정을 내린다. 여기서 끝이 아니다. 채무자는 이 결정문을 발급받아 집행기관에 제출하는 방법으로 집행취소(해제)신청을 해야 한다. 그래야만 부당한 가압류로 얼룩진 등기부를 말끔하게 지워낼 수 있다.

가압류(가처분)결정에 대한 이의신청서

신청인(채무자)	성명	이몽룡 (인) (781107-1123450)
	주소	경기 안양시 법원로 7 대한빌라 202호
피신청인(채권자)	성명	홍길동 (인) (840901-1184920)
	주소	서울 송파구 잠실대로 1 한국아파트 101동 305호

신청취지

1. 위 당사자 간 이 법원 2023카단1234호 부동산가압류신청사건에 관하여 2024. 1. 1. 별지목록 기재 부동산에 대하여 귀원에서 결정한 가압류 결정을 취소한다.
2. 채권자의 이 사건 가압류(가처분)신청을 기각한다.
3. 소송비용은 피신청인이 부담한다.
라는 재판을 구합니다.

신청이유

이 법원 2023카단1234호 부동산가압류 사건에 관하여 2024. 6. 25. 자로 피신청인 패소(청구기각) 판결이 확정되었으므로 신청취지와 같은 재판을 구합니다.

소명방법

1. 가압류결정문 정본 1통

2024. 7. 1.

신청인 소송대리인
변호사 김세라

서울중앙지방법원 귀중

〈별지〉

가압류할 부동산의 표시

1. 서울 종로구 자하문로 30길 24
   대 200㎡
2. 위 지상
   시멘트블럭조 기와지붕 단층 주택
   50㎡ 끝.

가압류를 위한 담보제공과 회수

가압류(가처분)는 채권자에게 실체법상 실제 어떠한 권리가 있는지 확정적으로 판단하지 않는다. 그에 대한 판단은 본안소송을 맡을 재판부의 몫이다. 가압류는 오로지 채권자의 소명에만 기초하여 채무자 모르게 결정된다. 채무자에게는 분명히 가혹한 측면이 있다.

이에 법원은 가압류로 인한 채무자의 손해를 담보하기 위하여 가압류채권자에게 일정 금액의 공탁을 명한다. 이를 '담보제공명령'이라고 한다. 가압류사건의 재판부는 피보전권리의 가액, 피보전권리의 소명 정도와 가압류로 인한 채무자의 손해 등을 종합적으로 고려하여 구체적인 담보액을 정하고 이를 가압류채권자에게 통지한다. 통지를 받은 채권자는 정해진 금원을 법원에 담보제공의 방법으로서 공탁하여야 하며(사안에 따라 보증보험증권으로 갈음할 수 있다), 이렇게 공탁된 보증금은 채무자의 손해를 보전하기 위한 것으로서 가압류가 유지·존속되는 한 회수할 수 없는 것이 원칙이다. 다만 담보권자인 채무자의 동의가 있다면 언제라도 가압류에 대한 집행을 해제하고 담보취소결정을 받아 공탁금을 회수할 수 있다.

본안의 판결이 채권자의 승소로 확정된 경우에도 공탁금 회수가 가능하다. 채권자의 가압류가 정당한 권리행사인 것으로 판결을 통해 확실시된 이상, 채무자에게 어떠한 손해가 있다고 볼 수 없다. 본안의 승소 판결을 받은 채권자는 판결확정 후 관련 서류를 첨부하여 (담보사유 소멸에 따른) 담보취소결정을 받아 공탁금을 회수할 수 있다.

(소멸에 의한) 담보취소신청서

신청인 성명   홍길동 (인) (840901-1184920)

주소   서울 송파구 잠실대로 1 한국아파트 101동 305호

피신청인 성명   이몽룡 (인) (781107-1123450)

주소   경기 안양시 법원로 7 대한빌라 202호

신청취지

이 법원 2024카단12호 채권가압류신청 사건에 관하여 신청인이 2024. 1. 5. 이 법원 공탁관에게 2024년 금 제15호로 공탁한 1,000,000원의 담보를 취소 한다 라는 결정을 구합니다.

신청이유

위 사건에 관련하여 신청인이 제기한 귀원 2024가단1234호 대여금 사건의 본안소송사건이 2024. 6. 1. 신청인의 전액승소판결로 선고되어 이미 확정되어 공탁사유가 소멸하였으므로 담보취소결정을 받고자 이에 신청합니다.

소명방법

1. 판결문 및 확정증명원
2. 가압류결정문

첨부서류

1. 금전공탁서 사본 1부

2024. 7. 1.

신청인 소송대리인
변호사 김세라

서울중앙지방법원 귀중

그렇다면 반대의 경우는 어떨까? 가압류채권자가 늘 본안의 소송에서 승소하지는 않는다. 피보전권리가 애초부터 부재하거나 소멸하였음 등을 이유로 전부 패소하는 경우도 있고, 청구채권 중 일부만이 인정되기도 한다. 일부인용(일부승소), 바꾸어 말하면 일부패소의 판결을 받는 셈이다.

가압류채권자가 본안에서 패소하는 경우 해당 가압류는 (패소부분에 한하여) 일응 부당한 것으로 추정된다. 이에 법원은 부당한 보전처분의 집행으로 인하여 가압류채무자에게 발생한 손해가 있는지, 그 손해를 보전하기 위해서 공탁금에 대한 권리를 행사할 것인지 그 여부를 확인하는 (최고) 절차를 진행한다. 가압류채무자가 정해진 기한 내 손해 있음을 다투는 등의 권리행사를 하지 않는다면 법원의 담보취소결정을 통해 패소한 가압류채권자도 공탁금 회수가 가능하다. 전술한 것과 같이, 담보권자인 가압류채무자의 담보취소 동의가 있는 경우는 이러한 절차를 거칠 필요 없이 곧바로 공탁금 회수가 가능하다.

가압류채권자가 패소한 경우 공탁금 회수 절차

① 권리행사최고 및 담보취소신청서 접수
② 피신청인(가압류채무자)에게 최고서 송달(권리행사여부 확인)
③ 피신청인이 위 최고서를 송달받은 날로부터 2주 이내 권리를 행사하지 않은 경우 담보취소결정
④ 담보취소결정의 확정
⑤ 신청인(가압류채권자)의 공탁금 회수

권리행사최고 및 담보취소신청서

신청인(채무자)　성명　　홍길동 (인) (840901-1184920)

　　　　　　　　주소　　서울 송파구 잠실대로 1 한국아파트 101동 305호

피신청인(채권자)　성명　　이몽룡 (인) (781107-1123450)

　　　　　　　　주소　　경기 안양시 법원로 7 대한빌라 202호

신청취지 및 신청이유

위 당사자 간 귀원 2024카단12호 해제가압류신청 사건에 대하여 신청인(피신청인)이 손해담보로서 귀원 공탁공무원에게 2024. 1. 5.일에 공탁한 금 1,000,000원(2024금제15호)에 관하여, 피신청인에게 일정한 기간 내 권리를 행사하도록 최고하여 주시고, 만약 피신청인이 그 기간 동안 권리를 행사하지 않을 경우에는 담보취소결정을 하여 주시기 바랍니다.

소명방법

1. 판결문 및 확정증명원
2. 가압류 취하 및 해제증명원

첨부서류

1. 금전공탁서 사본 1부

2024. 7. 1.

신청인 소송대리인
변호사 김세라

서울중앙지방법원 귀중

제2장
대여금청구소송

갑이 친구 을에게 5천만 원을 빌려주었다. 오래된 친구라 차용증은 따로 작성하지 않았고 이자 약정도 없었다. 3개월만 쓰고 갚겠다는 친구의 말을 믿었고 다만 친구의 말을 따로 녹음하지는 못했다. 갑은 을에게 대여금소송을 하여 승소할 수 있을까?

흔히 대여금이라고 불리는 쟁점은 민법전에 '금전소비대차계약'이라는 이름의 전형계약과 관련된다. 대여금소송에서 승패의 본질은 '빌려준 돈=돌려받을 돈'이라는 사실을 입증할 수 있는지 여부에 달려있다. 빌려준 돈의 반대는 그냥 준 돈이 되는데 전자를 '대여', 후자를 '증여'라고 부른다. 힘들게 벌어 차곡차곡 모은 돈을 누군가에게 건넬 때, 그것이 그저 선물로 그냥 준 돈일 경우는 결코 흔하지 않을 것이다. 특별한 관계일 경우에나 그럴 것이다. 돈을 준 사실, 계좌이체한 사실은 '빌려준 돈', 그래서 '돌려받아야 하는 돈'이라는 사실의 근거가 되지 못한다. 수많은 사람과 법률상담을 하면서 "계좌이체 내역이 있는데 왜 안 되나요?", "그럼 제가 왜 이 돈을 그냥 주나요? 만약 그냥 가지라고 준 것이라면 그 사실은 상대방이 증명해야 하는 것 아닌가요?"라는 질문을 받을 때마다 매번 참으로 이해시키기 어려움을 느껴왔다. 상황이 이렇다보니 대여금소송은 실무에서 가장 흔하고 빈번한 소송이지만 또 가장 이기기 어려울 수 있는 소송이라고 설명할 수 있겠다.

차용증, 꼭 있어야 할까

차용증은 돈을 빌려주었다는 사실을 증명하는 가장 직접적이고 강력한 증거가 된다. 차용증이라는 문서를 통해 금전소비대차계약이라는 법률행위가 직접적으로 이루어진 것인데, 이러한 문서를 '처분문서'라고 한다. 민사재판에서 처분문서가 가지는 위력은 어마어마한데, 처분문서의 유무와 그 내용은 소송의 승패를 결정짓는 기능을 한다.

꼭 차용증이 있어야만 대여금청구소송에서 승소하는 것은 아니나, 차용증이 있으면 대여금청구소송에서 승소할 확률이 매우 높다. 차용증이 없더라도 빌려준 돈이라는 사실을 입증할 수 있는 다른 자료, 예컨대 카카오톡 대화 기록이나 문자메시지, 녹취록, 객관적인 제3자의 증언 등이 있으면 얼마든지 승소할 수는 있다.

금전차용증서

채 권 자 :   홍길동 (인) (840901-1184920)

서울 송파구 잠실대로 1 한국아파트 101동 305호

010 - 7978 - 9999

채 무 자 :   이몽룡 (인) (781107-1123450)

경기 안양시 법원로 7 대한빌라 202호

010 - 6565 - 77777

채권자와 채무자는 아래의 내용과 조건으로 금전차용한 사실을 확인합니다.

- 아   래 -

① 차용원금액   : 금 100,000,000원

② 차용일자   : 2023. 10. 07.

③ 차용원금 상환일자 : 2024. 05. 31.

④ 차용이자율   : 연 10%

⑤ 이자지급일   : 매월 7일

⑥ 채무변제방법 : 위 차용원리금은 지정일자에 채권자 홍길동 명의의 신한은행 (계좌번호: 777-19304990-00000)으로 송금한다.

⑦ 위 차용원리금의 변제를 지체할 경우 채무자는 연 12%의 지연손해금을 가산해서 지급하기로 한다.

⑧ 위 차용이자의 지급을 3회 이상 연체 시 채무자는 즉시 기한의 이익을 상실하며 채권자가 원리금 전액을 청구하면 채무자는 이의 없이 전액을 변제하기로 한다.

⑨ 위 차용원리금 채권을 담보하거나 추심하는 데 필요한 모든 제반비용은 채무자가 부담하기로 한다.

⑩ 위 차용원리금에 관한 분쟁이 있을 시, 관할법원은 서울중앙지방법으로 한다.

⑪ 이 금전차용증이 진정하게 성립되었음을 확인하기 위하여 채권자와 채무자는 인감도장을 날인한 이 금전차용증을 각자 1부씩 보관하기로 하며, 채무자의 신분증과 인감증명서도 첨부하기로 한다.

2023. 10. 07.

이자까지 받을 수 있을까

돈을 빌려줄 때 이율 등 이자 지급 약정을 하였다면 당연히 그 약정한 내용대로 이자를 받을 수 있다. 물론 「이자제한법」, 「대부업의 등록 및 금융이용자 보호에 관한 법률」에 따라 법정최고이율의 한계를 지켜야 한다. 현행 이자제한법 및 대부업의 등록 및 금융이용자 보호에 관한 법률상 최고이율은 동일하게 연 20%이다. 최고이율변동이 잦기 때문에 그때그때의 법령을 정확히 확인해야 한다.

참고로 이자제한법의 최고이자율을 초과하여 이자를 받은 자는 1년 이하의 징역 또는 1천만 원 이하의 벌금형에, 대부업의 등록 및 금융이용자 보호에 관한 법률의 최고이자율을 초과하여 이자를 받은 자는 5년 이하의 징역 또는 5천만 원 이하의 벌금형에 처해지며, 제한이자율을 초과하여 지급 받은 이자는 채무자에게 반환해야 할 수도 있다.[2]

돈을 빌려줄 때 이율 등 이자 지급 약정을 전혀 하지 않았다고 하더라도 원금 변제기한을 도과하였다면 법정이율인 연 5%로 계산한 이자를 청구할 수 있다(상인간의 금전소비대차라면 상사법정이율에 따른 연 6% 이자청구가 가능하다). 또한 소송으로 대여금을 청구하는 경우 소장부본 송달일 다음날부터 다 갚는 날까지 「소송촉진 등에 관한 특례법」에 따라 연 12% 비율에 의한 이자청구가 가능하다.

---

2   대법원 2021. 2. 25. 선고 2020다230239 판결

공정증서를 작성하면 유리할까

공정증서, 흔히 '공증'이라고 불리는 서류는 집행권원으로 기능한다. 집행권원이란 채무자의 재산을 조회하고, 채무자의 재산에 대하여 강제집행(채권압류 및 경매 등)을 개시할 수 있는 자격을 뜻한다. 우리나라 법상 자력구제가 금지되기 때문에 아무리 채무자가 나쁜 마음을 품고 돈을 갚지 않아도 채권자가 개인적으로 채무자의 재산을 압류할 수는 없다. 국가에서 허락하여야만 강제집행이 가능한데, 그러한 국가의 허락을 집행권원이라고 부르는 것이다. 집행권원 중 가장 일반적인 것은 법원의 판결(가집행선고가 붙은)과 지급명령 등이며, 공정증서도 꽤 널리 활용된다. 공정증서를 작성하고 금원을 대여한 경우, 추후 복잡한 민사소송(소의 제기-재판-판결 등)을 거치지 않고 곧바로 상대방 재산에 강제집행이 가능하다는 이점이 있다. 그러나 공정증서는 쌍방 동의하에 작성되는 것이므로 채무자의 협조 없이는 작성될 수 없고, 작성 이후에도 청구이의소송이 제기되는 등 그 효력이 다투어질 여지를 완전히 배제하지는 못한다. 결론적으로 공정증서를 받을 수 있다면 받아놓는 것이 보다 효율적인 것은 분명한 사실이다. 다만 돈 문제로 아옹다옹하게 될 경우 민사소송으로 대여금청구를 함과 동시에 사기죄로 형사고소를 병행하는 경우가 많은데, 공정증서를 작성하면 집행권원을 쉽게 미리 득한다는 장점은 있을지 몰라도 추후 사기죄 성립에는 장애가 될 가능성이 크다. 공정증서까지 작성함으로써 채무상환 의지를 밝혔다는 점이 사기죄를 부정하는 근거가 될 수 있기 때문이다.

가족 · 연인 사이 대여금소송

필자가 대리하였던 대여금소송사건 중, 가장 많은 비중을 차지하였던 케이스는 연인 간 또는 가족 간의 대여금분쟁이었다. 특히 연인 간 대여금 분쟁은 아주 빈번하다. 서로 관계가 좋았을 때 건넨 돈의 실질이 과연 무엇이었을까에 대한 사후적인 해석은 참으로 어려운 문제이다. 좋을 때 좋은 감정으로 건네진 돈에 돌려받을 예정이 있었던 것일까? 의문이 있기는 하지만 일률적으로 판단할 것은 아니다. 연인 간에 차용증을 작성했을 가능성은 낮다. 결국 돈의 규모(액수), 돈을 마련한 출처, 부수적으로 서로 간에 "빌려준다", "갚겠다"라는 말을 주고받은 것 등 모든 증거를 종합적으로 고려하여 판단할 수밖에 없다. 대부분의 연인 간 대여금 사례는 금전적으로 넉넉하지 못한 상태에서 고금리 대출을 받는 등으로 상대방을 도와줄 선한 의도였던 경우가 많다. 또한 관계가 좋았을 때 건넨 돈이므로 (속마음은 어땠을지 몰라도) 특별히 돈을 갚으라는 말을 한 흔적조차 없는 경우가 태반일 수밖에 없다. 필자가 경험했던 대부분의 사건에서는 특히 금액이 크면 클수록 증여보다는 대여로 인정되는 비율이 많기는 하였다. 물론 법원에서는 가족 간, 연인 간 금전대여소송에서 기계적으로 조정이나 화해를 권유하지만 이미 틀어질 대로 틀어져 법정까지 온 것이기에 당사자들이 끝끝내 조정을 거부하는 경우가 많다. 아래 인용하는 두 개의 지방법원 하급심 판결 이유를 꼼꼼히 살펴보면 연인 사이, 가족 간 대여금소송에서 법원 판결의 기준을 이해하는 데 조금이나마 도움이 될 것이다.

■ 대여금소송에 관한 주요 판결 1(인천지방법원 2017. 6. 13. 선고 2016 나14089 판결)

(1) 금원 수수 원인에 관하여 다툼이 있는 경우 그 금원이 대여를 원인으로 수수되었다는 것은 이를 주장하는 당사자에게 입증책임이 있다. 한편 금원을 주고받은 두 사람이 연인관계에 있는 남녀간이라고 하여 금원 수수의 원인을 곧바로 증여라고 단정할 수는 없고, 그 원인이 소비대차인지 증여인지는 금원을 주고받은 경위, 금원의 출처, 액수, 반환의사 유무 등을 종합하여 판단하여야 한다.

(2) 갑 제1 내지 5호증(가지번호 있는 증거는 가지번호 포함), 을 제1, 2호증의 각 기재에 변론 전체의 취지를 종합하여 인정할 수 있는 다음과 같은 사실 및 사정들을 위 법리에 비추어 보면 비록 원고와 피고 사이에 이 사건 금원에 관하여 차용증이 작성되지는 아니하고 이자가 수수되지 아니하였으나, 이 사건 금원은 원고가 피고에게 대여한 돈이라고 봄이 상당하다.

① 비록 이 사건 금원에 대하여 차용증이 작성되지는 아니하였으나, 원·피고가 연인관계에 있었던 점에 비추어 볼 때, 원고가 피고에게 차용증 등 별도의 서류를 작성하는 것을 요구하기가 쉽지 않았을 것으로 보이고, 원고로서는 피고에

게 계좌이체의 방법으로 돈을 송금하여 원고의 계좌에 그에 관한 거래 내역이 남기 때문에 굳이 차용증을 작성할 필요성을 느끼지 못했을 수도 있다고 보인다.

② 원고는 피고에게 이 사건 금원을 지급할 무렵인 2015. 7. 16. 대부업체들로부터 이자율 연 34.9%의 고리로 총 2,000만 원을 대출받았고, 2015. 8.경 원고의 계좌 무통장 거래 내역 및 잔액 상태(2015. 8. 30. 기준 132,806원)에 비추어 볼 때 원고가 당시 넉넉하지 않았던 경제적 상황에서 피고에게 2,000만 원이나 되는 돈을(피고가 이 사건 금원을 긴박하게 사용해야 할 특별한 사정도 없었던 것으로 보이다) 피고의 주장처럼 앞으로 주식하는 데 쓰라면서 쉽게 증여할 수 있었다고 보이지 않는다.

③ 피고가 원고에게 이 사건 금원에 대한 이자를 지급한 사실이 없으나, 연인관계에서 이자율을 명시적으로 정하는 것이 오히려 이례적인 것으로 볼 수 있고, 원고는 피고에게 이 사건 금원을 송금한지 2달 반만에 바로 이 사건 금원을 변제할 것을 요청하는 내용증명우편을 발송하기도 하였다.

④ 원고가 2015. 9. 25.에도 피고에게 1,000,000원을 송금한 사실이 인정되나, 이는 이 사건 금원의 액수와 비교할 때 연인관계에서 쉽게 증여할 수 있는 정도의 금액인 것으로 보이고, 위 금액 외에 원고가 피고에게 연인관계를 유지하는 기간 동안 달리 금원을 증여하였음을 인정할 증거가 없다.

(3) 따라서 피고는 원고에게 차용금 20,000,000원 및 이에 대하여 원고가 구하는 바에 따라 이 사건 소장 부본 송달 다음날인 2016. 8. 12.부터 다 갚는 날까지 소송촉진 등에 관한 특례법이 정한 연 15%의 비율로 계산한 지연손해금을 지급할 의무가 있다.

■ 대여금소송에 관한 주요 판결 2(부산지방법원 2022. 2. 9. 선고 2021나 40690(본소), 2021나44647(반소) 판결)

(1) 아래의 사실은 당사자 사이에 다툼이 없거나, 갑 제6, 15, 23호증의 각 기재와 변론 전체의 취지를 종합하여 인정할 수 있다. ① 원고는 피고에게 2011. 4. 19.경 20,000,000원을, 4. 28. 8,000,000원을 각 지급하였다(이하 위 각 돈을 '이 사건 금전'이라 한다). ② 피고는 원고에게 2011. 5. 3.부터 2012. 2. 1.까지 9회에 걸쳐 150,000원씩 합계 1,350,000원을 송금하였다. ③ 관련사건의 판결 이유 중 기초사실 부분에 '피고가 2011. 6.경 이현주와 혼인하면서 원고로부터 독립하여 새로운 신혼집을 구하게 되었다. 이에 원고는 트윈파크아파트를 타에 임대하였고, 그 임대차보증금 120,000,000원 중 42,000,000원을 피고에게 신혼집의 임대차보증금 및 결혼 비용 명목으로 대여하였다'라는 내용이 있다.

(2) 그러나 다른 한편으로, 앞서 본 사실, 갑 제2, 3, 6, 14, 40, 41호증, 을 제2, 3, 11 내지 17, 25 내지 27호증의 각 기재, 갑 제44, 45호증의 각 일부 기재, 이 법원의 용인시에 대한 사실조회 결과와 변론 전체의 취지를 종합하여 인정되는 아래와 같은 사정 등에 비추어 볼 때, 위 (1)항에서 인정한 사실이나 원고가 제출한 증거들만으로는 이 사건 금전이 대여금임을 인정하기에 부족하고, 달리 이를 인정할 증거가 없다. 원고의 위 주장은 이유 없다.

① 원고(1937년생)와 피고(1969년생)는 모자간으로, 피고가 2011. 6.경 A와 혼인하여 원고로부터 독립할 무렵까지 동거하면서 원고가 피고의 근로소득 등을 관리·지출하는 등 경제적으로 결합된 가족공동체였다. 원피고 사이의 다수의 금전거래에는 대여 외에도 증여, 보관, 부양의무의 이행 등 다양한 원인이 혼재할 수 있고, 부모와 자녀 간에는 부동산 등 고액의 재산이라도 증여하는 경우가 적지 않으므로, 이 사건 금전거래를 그 전후의 다른 재산 이전행위와 달리 대여로 인정하기 위해서는 충분한 증명이 필요하다.

② 원피고 사이에 이 사건 금전거래에 관하여 차용증 등이 작성되지 않았고, 이 사건 금전거래에 관하여 변제기나 이자에 관한 약정이 있었다는 점에 관하여 원고의 주장·증명이 없다. 피고가 원고에게 2011. 5. 3.부터 2012. 2. 1.까지 9회에 걸쳐 150,000원씩 합계 1,350,000원을 송금한 것은 용돈·부양료·생활비를 지급한 것으로 볼 수 있으므로, 차용금 이자를 지급한 것이라고

단정할 수 없다.

③ 원고는 2008. 7. 8. 피고에게 이 사건 건물에 관하여 같은 해 7. 7. 증여를 원인으로 한 소유권이전등기를 마쳐 주었고, 관련사건에서 위 증여가 부담부 증여가 아니라는 판결이 확정되었다. 위 증여 당시 신고된 이 사건 건물의 취득가액 6,200만 원(시가는 그보다 높을 수 있다)에서 임대차보증금을 공제한 원고의 실질적인 증여액은 이 사건 금전보다 훨씬 많았을 것으로 보인다.

④ 피고의 계산에 의하면 피고가 원고에게 지급한 돈은 합계 271,495,047원 정도에 이르므로, 이 사건 금전이 위 돈의 일부일 가능성도 있다. 이에 대하여 원고는 갑 제44, 45호증 등을 근거로, 피고는 자신의 수입 275,440,329원을 훨씬 초과하는 돈을 지출하였고, 그 차액은 원고의 대여금으로 충당되었다는 취지로 주장한다. 그러나 갑 제44, 45호증은 원고 측이 작성한 것이어서 그 기재 내용을 그대로 믿기 어렵고, 특히 피고의 신용카드채무액은 계좌인출액만으로는 이를 인정하기에 부족하다(피고는 돌려막기 등으로 인하여 실제 채무액에 비해 인출액이 훨씬 많다고 주장한다. 오히려 갑 제40호증의 기재에 의하면, 피고의 신용카드채무액은 그다지 많지 않았던 것으로 보인다). 나아가, 설령 피고의 지출이 수입보다 많았고 그 차액을 원고가 실질적으로 부담하였다고 하더라도, 피고의 지출에는 공동의 생활비 등이 포함되어 있을 가능성이 있는 점, 앞서 본 바와 같이 원피고 사이의 다수의 금전거래에는 대여 외에도 다양한 원인이 있을 수 있는 점 등에 비추어 볼 때, 그 차액 전부가 원고의 대여금이라고 단정할 수 없다.

소 장

원 고 홍길동

서울 송파구 잠실대로 1 한국아파트 101동 305호

원고 소송대리인

변호사 김세라

서울 서초구 서초대로 286, 802호 (서초동, 서초프라자)

법률사무소 예감

(전화 : 02-585-2927, 휴대전화:010-****-****

팩스 : 02-585-2928, 이메일: ******@********)

피 고 이몽룡 (인) (781107-1123450)

경기 안양시 법원로 7 대한빌라 202호

대여금반환 청구의 소

청구취지

1. 피고는 원고에게 금 100,000,000원 및 이에 대하여 2024. 6. 1.부터 이 사건 소장부본 송달일까지는 연 10%의, 그 다음날부터 다 갚는 날까지는 연 12%의 각 비율에 의한 금원을 지급하라.
2. 소송비용은 피고가 부담한다.
3. 위 제1항은 가집행할 수 있다.
라는 판결을 구합니다.

청구원인

1. 원고는 2022. 11. 7. 피고에게 금 100,000,000원을 빌려주었고 피고는 2023. 5. 31.까지 원금을 일시 상환하기로 하였습니다. 별도의 이자 약정은 하지 않았으나, 만약 피고가 위 2024. 5. 31.까지 원금을 상환하지 못하면 연 10%의 지연손해를 지급하기로 하였습니다(갑 제1호증 금전차용증서, 제2호증 계좌이체 내역).

2. 그러나 피고는 2023. 5. 31.까지 원금을 단 한푼도 상환하지 않았고, 수차례 상환요청에도 "기다려달라"는 답변만 하였습니다. 약 한 달 전부터는 원고의 전화조차 받지 않고 있습니다(갑 제3호증 원고의 통신내역조회, 제4호증 피고의 문자메시지).

3. 사정이 이러한바 원고는 대여원금 100,000,000원 및 그에 대하여 위 금전차용증서에 기한 연 10%의, 소송촉진 등에 관한 특례법에 기한 연 12%의 각 금원을 추가로 청구하게 되었습니다.

4. 원고의 청구를 전부 인용하여 주시기 바랍니다.

입증방법

1. 갑 제1호증 금전차용증서
2. 갑 제2호증 계좌이체내역
3. 갑 제3호증 원고의 통신내역조회
4. 갑 제4호증 피고의 문자메시지

첨부서류

1. 소송위임장

2024. 7. 1.

원고 소송대리인
변호사 김세라

서울동부지방법원 귀중

제3장
임대차계약(전세계약)

계약 전 알면 좋은 것

---

1. 가계약금, 계약금 돌려받을 수 있을까?

계약금은 당사자 사이 다른 약정이 없으면 해약금으로 추정된다. 따라서 다른 약정이 없는 경우 계약금 교부자는 이를 포기하고, 수령자는 그 배액을 상환하고 계약을 해제할 수 있다(민법 제565조).

> ※ **민법** 제565조(해약금) ① 매매의 당사자 일방이 계약당시에 금전 기타 물건을 계약금, 보증금등의 명목으로 상대방에게 교부한 때에는 당사자간에 다른 약정이 없는 한 당사자의 일방이 이행에 착수할 때까지 교부자는 이를 포기하고 수령자는 그 배액을 상환하여 매매계약을 해제할 수 있다.
> ② 제551조의 규정은 전항의 경우에 이를 적용하지 아니한다.

전세계약을 예로 들어보자. 전직 문제로 전셋집을 구하던 갑은 때마침 을이 내놓은 A부동산이 마음에 들어 전세계약을 체결하기로 하였다. 계약기간 2년, 보증금은 1억으로 계약금(10%)과 잔금(인도일에 90%)의 형태로 나누어 지급하기로 하고, 계약에 따라 갑이 을에게 보증금의 10%인 1천만 원을 계약금으로 지급하였다. 시간이 흘러 입주를 3일 앞두었는데, 예기치 않게 갑은 회사로부터 복리후생조로 숙소를 제공받게 되었다. A부동산으로의 이주가 필요 없어진 셈이다. 이런 상황에서 갑이 매매계약을 해제하여도 갑은 을로부터 계약금 1천만 원을 반환받을 수 없다. 다만, 갑은 계약금의 교부자로서 이를 포기하고 계약을 해제할 수는 있다.

반대의 상황도 마찬가지이다. 이번엔 집주인(임대인) 을이 제3자 병으로부터 파격적인 제안을 받는다. 반드시 그 집에 살아야겠다며 보증금과 월세를 3배 주겠다는 것. 마침 목돈이 필요하던 차에 을은 이 기회를 놓치고 싶지 않다. 을은 갑에게 (갑으로부터 지급받은 계약금 1천만 원의 배액인) 2천만 원을 상환하고 계약을 해제할 수 있다.

여기서 발생하는 문제가 하나 있다. '가계약금 반환'이 바로 그것인데, 이유는 다소 모호한 용어사용 그 자체에서 유발된다. 가계약금은 일상에서 널리 활용된다. 그중 대부분이 마음에 드는 중개매물이 있으나 당장에 목돈을 지급하기에는 그렇고, 한편 다른 이에게 거래를 빼앗기고 싶지 않을 때 먼저 계약하겠다는 여지를 남기는, 일종의 순위보전적 의미로 사용된다. 개별 사례마다 다르겠지만 계약금의 10%를 가계약금 명목으로 선납한다. 이러한 가계약금은 분명하게 계약금과는 구분되는 다른 표현을 사용함으로써 그 실체를 불분명하게 만든다.

가계약금 반환가능성은 '계약의 성립 유무'에 달려있다. 형식적으로 가계약금이라는 명칭을 사용했는지는 중요하지 않다. 형식적인 명칭 사용과는 무관하게 계약이 성립된 것으로 볼 수 있는지 그 실질에 따라 달리 판단된다. 가계약금의 명칭은 사용하였으나 실질적으로 계약이 성립하였다면 이는 법률적으로는 계약금으로서 반환 대상이 되지 않는다. 그러나 구체적인 계약 내용의 합의 등 계약의 성립 없이 말 그대로 단순히 순위보전으로 지급된 가계약금에 해당한다면 반환의 대상이 될 여지가 있다. 구두계약도 계약이므로 구두로 계약 내용 전반에 관한 합의가 있었다면 이는 계약의 성립으로 볼 가능성이 높다. 계약서라는 서류는 없어도, 문자, 카카오톡 등 메신저를 통해 계약 내용의 본질적인 부분이 정해졌다면 이 역시 계약의 성립으로 해석될 가능성이 높고 결국 지급하였던 금원의 반환은 어려울 것이다.

2. 2+2=4의 법칙

「주택임대차보호법」이 적용되는 임대차에는 최소 2년의 임대차계약기간이 보장된다. 설령 임대인과 임차인이 1년의 계약기간을 정하였다고 하더라도 임차인이 주택임대차보호법상 2년의 임대차기간을 주장한다면 임대인은 2년의 계약기간에 구속된다. 물론 임차인이 2년 미만의 임대차기간을 요구하는 것은 가능하다.

> ※ **주택임대차보호법** 제4조(임대차기간 등) ① 기간을 정하지 아니하거나 2년 미만으로 정한 임대차는 그 기간을 2년으로 본다. 다만, 임차인은 2년 미만으로 정한 기간이 유효함을 주장할 수 있다.
> ② 임대차기간이 끝난 경우에도 임차인이 보증금을 반환받을 때까지는 임대차관계가 존속되는 것으로 본다.

더하여 주택임대차보호법의 개정으로 속칭 '2+2=4의 법칙'이 신설되었다. 임대인이 임대차계약의 갱신을 거절할 수 있는 예외적인 사유가 없는 한 임차인에게는 최대 4년까지의 임대차기간이 법으로 보장된다. 여기서 임대인이 계약갱신을 거절할 수 있는 정당한 사유란, ① 임차인이 2기의 차임액에 달하는 차임 연체사실이 있는 경우, ② 임차인이 임대인의 동의 없이 임차 목적물을 무단 전대한 경우, ③ 임대인 또는 임대인의 직계존·비속 등의 실거주를 목적으로 하는 경우 등이다 (주택임대차보호법 제6조의3 제1항단서). 결국 임대인 입장에서는 1년만 단기 임대 주려 하였다가 4년의 코가 꿰일 수 있음을 유의하여야 한다.

전세사기를 피하는 방법(임대차계약 주의사항)

현실에서 전세사기 사건이 빈번하게 발생하고 있다. 특히 나날이 교묘해지는 사기수법에 수사기관도 혀를 내두르는 실정이다. '설마가 사람 잡는다'고 나 또한 언제라도 사기 피해자가 될 수 있음을 늘 염두해야 한다. 조심해서 나쁠 것 없다. 불편함과 껄끄러움은 한순간이지만 사기 피해자가 되는 순간 그에 대한 물적 손해와 정신적 충격은 평생을 간다.

1. 집주인을 확인하라. 직접 대면할수록 좋다.

대표적인 전세사기 유형은 임대인에게는 월세, 임차인에게는 전세계약을 체결하여 중간에서 전세보증금을 꿀꺽하는 방식이다. 필자가 변호사가 된 이래 수많은 전세사기 사건의 소송대리를 맡아오고 있는데, 그 양태가 정말 다양하다. 일상에서 다수의 전·월세거래는 공인중개사를 통해 이루어진다. 중개거래라는 틈을 노려 임대인과 임차인 간 변칙거래가 발생한다. 월세를 전세로 속이기도 하고, 일명 대타를 세워 가장의 임대인이 등장하기도 하며, 같은 형태의 임대차계약에서도 보증금

수액을 속이기도 한다. 때문에 아무리 중개사를 끼고 하는 계약이라고 하더라도 계약일 당일에는 임대인과 임차인이 대면하는 자리를 한 번쯤은 가지는 것이 좋다. 임대인으로부터 신분증을 교부받아 이름과 주민등록번호, 주소까지 확인하라. 약정한 보증금 액수가 맞는지, 인도일자 및 임대차기간의 체크도 물론이다. 번거로운 일처럼 보일 수 있으나 이는 임대인과 임차인 모두를 위한 것이다. 잘못된 중개계약이 추후 법적분쟁으로 비화될 경우, 계약 당시 뒷짐지고 있던 임대인과 임차인 모두에게 그 책임이 전가될 수 있다. 임대인과 임차인이 상호 신뢰할 수 있는 계약 관계를 형성하는 것이 좋다.

여기서 잠깐!
대리인을 통한 임대차계약 괜찮을까요?

지방출장, 해외 장기체류 등 아무리 애써도 임대인과 임차인이 계약일에 대면할 수 없는 사정이 있을 수 있습니다. 이런 상황에서는 부득이 대리인을 내세워 임대차계약이 이루어질 수밖에 없을 텐데요. 대리인을 통한 임대차계약에서 위임장과 인감증명서 확인은 필수입니다. 위임장을 통해 집주인으로부터 임대차계약의 체결에 관한 권한을 위임받은 것이 분명한지 그 수권사항을 명확히 확인하여야 합니다. 또한 위임에 적합한 용도로 발급된 집주인의 인감증명서가 첨부되었는지도 살펴야 합니다. 이에 더하여 계약일에 공인중개사, 대리인, 임차인이 삼자대면한 상황에서 임대인과 통화하여 대리인에 의한 계약임을 명확히 하고, 임대차계약 특약사항에도 대리에 의한 임대차계약임을 명시하여 분쟁을 최소화할 수 있도록 해야 할 것입니다.

2. 등기부[3] 확인은 직접!

불과 몇 년 전 인천 안산 등 오피스텔 전세사기가 한바탕 휩쓸고 지나갔던 적이 있다. 물론 전세사기사건은 지금도 현재진행형이다. 필자도 당시 다수의 사건을 위임받아 진행하였었는데 사건에 공통점이 있었다. 공인중개사 또는 중개보조원이 등기부를 위조하여 임차인에게 제시하였던 것. 세 놓으려는 사람도 그렇겠지만 집을 구하는 사람 입장에서는 으레 중개사를 신뢰하고 계약을 진행할 수밖에 없었다. 국가로부터 공적으로 인정받은 전문가를 믿을 수밖에 없지 않겠는가.

그러나 지나친 신뢰는 금물이다. 아무도 내 돈을 지켜주지는 않는다. 내 재산은 내가 지켜야 한다. 전·월세 계약의 체결에 앞서 가장 먼저 해야할 것은 내 손으로 직접 부동산등기부를 확인하는 것이다. 예전에는 구태여 등기소를 찾아가 민원발급을 신청해야 했지만 요즘에는 세상이 정말 좋아졌다. PC 검색은 물론 스마트폰 '인터넷등기소' 애플리케이션을 통해 언제 어디서나 부동산등기부를 열람할 수 있다. 임대차계약상 임대인과 실제 등기부상 소유자가 맞는지, 기존에 알고 있던 것과 다른 저당권, 전세권 등의 담보물권이 설정되어 있지는 않은지, 계약종료 시 임대인이 보증금을 임의 반환하지 않더라도 추후 보증금을 우선변제 받을 수 있는지 등에 대한 확인은 필수이다.

---

3 현 명칭 등기사항전부(일부)증명서, 서술의 편의를 위해 본 서에서는 등기부로 기재함

민사편

열람/발급절차

❶ 회원등록 및 로그인

비회원 및 로그인을 하지 않은 회원은
전화번호, 비밀번호를 사용하여 이용

↓

❷ 열람/발급 메뉴 접속

↓

❸ 열람/발급 대상 검색

열람/발급 대상 검색 순서

부동산

- 소재 지번 선택
- 등기유형 선택

법인

- 상호 선택
- 등기기록 유형 선택
- 등기기록 항목 선택(지점, 지배인 등)

동산 · 채권담보

- 담보권설정자 선택
- 담보약권 선택
- 등기부 종류 선택

↓

❹ 주민등록 공개 여부 판단

❺ 수수료 결제

수수료 결제 방법

- 신용카드 결제
- 선불전자지급 수단 결제
- 계좌이체
- 휴대폰 결제

↓

결제 성공

❻ 등기부 열람/발급

↓

재열람하기

열람의 경우 1시간 이내에는
재열람 가능

❻ 미열람/미발급 보기

결제는 성공했으나,
열람/발급하지 않은 상태

인터넷등기소 등기부열람 및 발급절차 (인터넷등기소 제공)

첨언하여 임대차 존속 중에도 가끔 등기부 확인은 해보기를 권한다. 극히 소액의 임차보증금이라면 모를까 아무리 우선변제권이 있다고 하더라도 경매로 넘어가면 보증금 전액을 회수하기 어려운 상황에 직면할 수 있다. 작년 전국을 떠들썩하게 했던 빌라왕 사건 또한 임대차계약기간 중 실질적으로 자력이 없는 사람으로 집주인이 변경된 사정이 있었다. 내 재산을 지키기 위한 이 정도의 수고는 깃털같이 가볍다.

3. 보증금은 임대인의 계좌로 지급하자.

임대차계약의 당사자는 임대인과 임차인이다. 임대차계약은 주택의 인도와 차임의 지급을 요건으로 하는 유상계약이다. 간혹 어떠한 이유에서건 보증금을 집주인이 아닌 공인중개사의 계좌로 송금한다는 특약사항을 내건다든가 계약과 전혀 무관한 제3자의 계좌로 지급하는 경우가 있다. 평범한 사람에게 집 보증금은 재산 전부라고 해도 과언이 아니다. 임대차계약의 종료 시 보증금을 돌려주어야 할 사람은 임대인이다. 계약과 무관한 제3의 계좌로 보증금을 송금하여 이를 돌려받지 못할 가능성은 애초에 만들지 않는 것이 좋다. 혹시 집주인이 계약과정에서 본인 명의 통장을 사용하지 못한다고 한다면, 계약체결에 대해 다시금 고민해보기를 권유한다.

4. 계약의 '전 과정'을 증거로 남겨라.

임대차분쟁은 다양한 형태로 발생한다. 계약교섭단계에서의 중개인과의 통화 및 문자 내역, 계약체결과정에서 임대인과의 대화 내용, 계약 내용에 대한 협의 내용, 계약이행을 비롯하여 임대차존속 중은 물론 임대차종료 시까지의 전 과정에 대한 객관적인 증거는 추후 분쟁 해결의 단서가 되어 줄 것이다.

계약기간이 끝나도 보증금을 안 준다면

"변호사님, 계약기간이 끝나가는데 임대인이 새로운 임차인이 구해지면 그때 보증금을 돌려준다고 해요. 어떻게 해야 할까요?"

송무변호사로 활동한 지도 어언 8년차가 넘어간다. 매일 받는 수십 건의 상담문의 중 단골 질문이 있으니 바로 위 내용이다.

우리가 일상적으로 사용하는 '전세'는 민법전에서의 "전세권"과는 다르다. 본래 민법상 전세권은 물권으로서 전세권설정등기까지 이루어져야 하나, 일상에서의 전세계약은 등기 없이 일반의 임대차와 동일하게 이루어진다. 이를 가리켜 '채권적 전세'라고 한다.

채권적 전세(임대차)의 해지 또는 종료 시 임대인의 보증금 반환과 임차인의 인도의무는 동시이행의 관계에 있다. 이는 곧 임대인이 계약종료로 이사를 나가는 임차인에게 보증금을 반환해주어야 한다는 것을 의미한다. 그러나 다수의 임대인은 자신의 여윳돈으로 보증금을 반환하지 않고 신규 임차인의 보증금을 받아 전 임차인의 보증금을 돌려주고자 한다. "곧 새로운 임차인이 들어오니까 받아서 드릴게요"라며 차일피일 보증금 반환을 지연시킨다. 마냥 기다릴 수만은 없다. 마땅한 해결책이 필요하다.

1. 지금 당장 이사가야 한다면, 임차권등기명령을 활용하자.

인도와 전입신고(주민등록)를 갖춘 임대차계약서에 확정일자를 부여받았다면 우선변제를 받을 수 있다. 인도와 전입신고는 확정일자부 우선변제권의 효력요건이자 존속요건이다. 따라서 둘 중 어느 하나라도 결여된다면 우선변제권은 소멸한다. 그렇다면 임차인은 보증금을 받을 때까지 이사를 갈 수 없다는 말일까? 그렇지 않다.

'임차권등기명령제도'를 활용하면 된다. 임차권등기명령은 전입신고(주민등록)를 대신해 임차권등기를 함으로써 신청인에게 주민등록이 남아있는 것과 똑같은 효과를 부여한다. 새로운 주소로 이사해도 보증금을 돌려받기까지 1순위로 보증금을 변제받을 수 있는 권리가 유지되는 것이다.

2. 가압류는 필수이다.

임대인도 보증금은 어차피 줄 돈이라는 것을 모르지 않는다. 지금 당장 내 주머니에서 나갈 돈이 아깝게 느껴져 지급을 미루는 것일 뿐이다. 보증금반환청구소송을 제기하여 보증금을 돌려받을 수 있다면 더할 나위 없이 좋겠다만 누차 이야기했듯이 소송은 시간이 걸린다. 그래서 가압류부터 권한다. 임대인 입장에서 가압류등기는 큰 부담으로 작용한다. 가압류등기가 기입되면 신규 임차인과의 계약도 쉽지 않다. 필자의 경험상 다수의 사례에서 가압류만으로도 꽤나 큰 실익이 있었다.

3. 보증금반환청구소송은 빠르면 빠를수록 좋다.

전세권이 설정된 순연의 전세계약이라면 임의경매를 통해 보증금을 빠르게 회수할 수 있다. 그러나 채권적 전세인 임대차관계에서는 일반적으로 가압류에 더해 본안소송을 함께 제기한다. 가압류는 채무자 재산의 임시적인 동결만을 의미할 뿐 강제적인 집행력이 없다. 임대인이 의도적으로 보증금을 안 주는 경우도 있지만 원인 모를 연락두절 등의 사유로 보증금을 돌려받지 못하는 상황도 있을 수 있다. 그럴 땐 직접 나서야 한다. 소송기간을 조금이라도 줄이기 위해서는 하루라도 빨리 나서는 것이 좋다. 특히 알 수 없는 연락두절로 임대인이 소송에 대응하지 않는 상황이라면, 변론 없이 하는 판결로써 소장 접수 후 두세 달에 강제집행에 필요한 집행권원을 빠르게 취득할 수 있다.

서식례 **보증금반환청구 소장**

소 장

원 고 홍길동
　　　서울 송파구 잠실대로1 한국아파트 101동 305호
　　　원고 소송대리인
　　　　변호사 김세라
　　　　서울 서초구 서초대로 286, 802호 (서초동, 서초프라자)
　　　　법률사무소 예감
　　　　(전화 : 02-585-2927, 휴대전화:010-****-****
　　　　팩스 : 02-585-2928, 이메일: ******@********)

피 고 이몽룡 (인) (781107-1123450)
　　　경기 안양시 법원로7 대한빌라 202호

보증금반환 청구의 소

청구취지

1. 피고는 원고에게 금 150,000,000원 및 이에 대하여 이 사건 소장부본 송달 다음날부터 다 갚는 날까지는 연 12%의 각 비율에 의한 금원을 지급하라.
2. 소송비용은 피고가 부담한다.
3. 위 제1항은 가집행할 수 있다.
라는 판결을 구합니다.

청구원인

　원고는 피고와 피고 소유 '서울 송파구 잠실대로1 한국아파트 101동 305호'에 관하여 2022. 1. 1.부터 2023. 12. 31.까지(2년), 보증금 1억 5천만원의 2년의 임대차계약을 체결하였습니다. 원고는 그 계약내용에 따라 2022. 1. 1. 피고 명의 한국은행 123-456-78910 계좌로 보증금 1억 5천만원을 전부 송금하였습니다.

한편 원고는 위 약정된 임대차계약의 종료 전 피고에게 임대차계약 갱신의 의사가 없음을 통지하고 임대차목적물의 반환의사 및 임대차보증금의 반환을 요청하였습니다. 그럼에도 불구하고 피고는 새로운 임차인이 들어오면 다시 세를 놓아 보증금을 반환해주겠다며 차일피일 그 지급을 미루고 있는 상황인바, 원고의 청구를 전부 인용하여 주시기 바랍니다.

입증방법
1. 갑 제1호증 전세계약서
2. 갑 제2호증 보증금 지급내역서

첨부서류
1. 소송위임장

2024. 7. 1.

원고 소송대리인
변호사 김세라

서울동부지방법원 귀중

제4장
매매계약 관련 소송

갑은 을로부터 예감아파트 246동 802호를 10억 원에 매수하며, 계약금 1억 원, 중도금 3억 원, 잔금 6억 원을 나누어 지급하기로 하였다. 계약금을 지급하고 중도금 기일이 도래하기 전, 갑에게 갑작스러운 사정변경이 생겼다. 갑은 을의 동의 없이 위 매매계약을 일방적으로 해제할 수 있을까?

매매계약은 일상생활에서 가장 빈번하게 일어나는 계약이다. 마트에서 식료품을 구매하거나, 문구점에서 노트를 구매하는 것도 전부 매매계약이다. 다만 이러한 현실에서의 사소한 매매계약은 너무 빈번하게 이루어지고 금액도 소액이기 때문에 별도로 매매계약서를 쓰는 등 엄격한 형식 아래 이루어져야 한다는 필요성 자체를 못 느낀다.

하지만 수십, 수백억 원에 달하는 상가건물, 아파트 등 부동산 매매계약은 다르다. 매매계약서를 잘 쓰는 방법이나, 계약 체결 과정에서 유의해야 할 사항들에 대하여 꼼꼼히 알아보게 된다. 최종 계약을 완성하기 전에 한 번쯤 부동산전문변호사를 찾아가 자문을 받아보는 경우도 흔하다. 특히 부동산 매매계약에서는 계약금, 중도금, 잔금으로 나누어 매매대금을 결정하고 이를 지급하게 되는데, 그중 '계약금'이 가지는 법률적 의미를 정확히 이해할 필요가 있다.

계약금만 지급하였다면 자유로운 계약 해제가 가능할까

결론부터 말하자면 가능하다. 민법상 계약금은 계약성립의 증거금이면서, 해약금으로서의 성질을 동시에 가진다. 여기서 말하는 해약금이란 특별한 법정해제사유가 존재하지 않아도 계약금만 지급된 단계에서 매도인과 매수인 모두 자유롭게 계약할 수 있는 권리가 유보된 금원을 뜻한다. 일단 체결한 계약을 사후적인 사정으로 깨는 것은 그리 간단한 문제가 아니다. 계약을 취소하려면 취소사유가 있어야 하고, 해제하려면 해제사유가 있어야 한다. 그런데 해약금으로서의 계약금은 취소사유나 해제사유가 없어도 서로 자유롭게 계약의 구속력에서 벗어나도록 기능한다.

부동산 가격의 등귀가 심할 때 해약금 해제는 큰 영향력을 발휘한다. 예를 들어 7억짜리 아파트 매매계약에서 계약금 7,000만 원을 지급한 후, 중도금 지급 기일이 도래하기 전 3억 원의 시세 급등이 있었다고 가정해보자. 매도인은 계약금의 배액인 1억 4,000만 원을 배상하더라도 기존 계약을 깨고 새로운 매수인과 10억짜리 매매계약을 맺고 싶을 것이다. 이때 매도인은 매수인의 동의 없이 일방적으로 지급받은 계약금의 배액을 매수인에게 상환함으로써 매매계약을 해제할 수 있는 것이 원칙이다.

계약금을 위약금으로 볼 수 있을까

　　민사에서 '위약금'이란 채무불이행의 경우에 채무자가 채권자에게 지급할 것을 약속한 금전으로, 민법은 이러한 위약금 약정을 손해배상의 예정으로 추정한다는 규정을 두고 있다(민법 제398조 제4항[4]). 따라서 부동산매매계약에서 '계약금을 위약금으로 한다'는 별도의 특약사항을 기재하지 않으면 계약금은 해약금일 뿐 위약금이 될 수 없다. 계약당사자 일방의 계약상 의무 불이행으로 계약이 해제된 경우 계약금을 손해배상의 기준이 되는 금액으로 삼으려면 계약서 특약사항에 반드시 계약금을 위약금으로 한다고 기재해야 한다. 그렇지 않으면 계약당사자중 일방의 채무불이행으로 계약이 해제되고 손해가 발생하였다고 하여도 실제 발생한 손해의 액수를 주장·입증하여 그 금액만 배상받을 수 있을 뿐 계약금 그 자체를 손해배상액으로 청구할 수는 없다.

　　계약관계에서 채무불이행이 발생하였을 때 그로 인해 손해를 입은 것이 있다면 손해배상청구가 가능함은 당연하다. 하지만 민사소송으로 손해배상소송을 제기하여 승소하려면, 원고가 구체적인 손해배상액수를 주장·입증하여야 하며 그렇지 못한 경우 패소하게 된다. 그런데 실무상 손해배상액의 입증은 결코 쉽지 않은 문제이다. 다만, 최근 '손해가 발생한 사실은 인정되나 구체적인 손해의 액수를 증명하는 것이 사안의 성질상 매우 어려운 경우에 법원은 변론 전체의 취지와 증거조사의 결과에 의하여 인정되는 모든 사정을 종합하여 상당하다고 인정되

4　※ 민법 제398조(배상액의 예정) ④ 위약금의 약정은 손해배상액의 예정으로 추정한다.

는 금액을 손해배상 액수로 정할 수 있다.'는 조항이 신설되었다(민사소송법 제202조의2[5]). 손해가 발생한 사실 자체는 명백하나 손해배상 액수를 증명하기 매우 어려운 사건이라면 (원고 청구를 기각하기보다는) 법원에서 적정한 방법으로 손해배상금 액수를 정할 수 있다고 입법화한 것이다. 참고로 위 민사소송법 제202조의2가 입법되기 전에도 대법원은 유사한 법리를 적용하여 판결해왔다. 아래 그 내용을 인용한다.

■ 손해배상액 선정기준에 관한 주요 판결(대법원 2004. 6. 24. 선고 2002다6951, 6968 판결)

채무불이행으로 인한 손해배상청구소송에 있어, 재산적 손해의 발생사실이 인정되고 그의 최대한도인 수액은 드러났으나 거기에는 당해 채무불이행으로 인한 손해액 아닌 부분이 구분되지 않은 채 포함되었음이 밝혀지는 등으로 구체적인 손해의 액수를 입증하는 것이 사안의 성질상 곤란한 경우, 법원은 증거조사의 결과와 변론의 전취지에 의하여 밝혀진 당사자들 사이의 관계, 채무불이행과 그로 인한 재산적 손해가 발생하게 된 경위, 손해의 성격, 손해가 발생한 이후의 제반 정황 등의 관련된 모든 간접사실들을 종합하여 상당인과관계 있는 손해의 범위인 수액을 판단할 수 있다. 해외 구단으로 이적하면서 이적료를 분배받은 피고가 당초의 약정에 위배하여 귀국시 다른 구단에 입단하였음을 이유로 프로축구단 운영주인 원고가 피고를 상대로 이적료의 반환을 구한 사안에서, 피고의 원고 운영 구단으로의 복귀 대가에 해당하는 부분을 재산적 손해로 인정하되 그 구체적인 손해액의 입증이 곤란하므로 제반 경위를 참작하여 손해액을 3억 원으로 산정한 원심의 판단을 수긍한 사례.

5　※ 민사소송법 제202조의2(손해배상 액수의 산정) 손해가 발생한 사실은 인정되나 구체적인 손해의 액수를 증명하는 것이 사안의 성질상 매우 어려운 경우에 법원은 변론 전체의 취지와 증거조사의 결과에 의하여 인정되는 모든 사정을 종합하여 상당하다고 인정되는 금액을 손해배상 액수로 정할 수 있다.

가계약금, 돌려받을 수 있을까

갑은 공인중개사 병을 통해 을 소유 예감아파트 246동 802호를 소개받고 계약체결을 검토하던 중, 병으로부터 '인기매물이라 빨리 잡아놓지 않으면 놓친다'는 말을 듣고 황급히 300만 원을 을 명의 계좌로 이체하였다. 그런데 결국 위 아파트매매계약은 체결되지 않고 유야무야되고 말았다. 갑은 을에게 지급하였던 300만 원을 돌려받을 수 있을까?

'가계약', '가계약금'이라는 용어는 법전에 나오는 말은 아니다. 거래상 통용되는 용어인데, 일반적으로 가계약(금)은 계약성립이 되지 않은 상태에서 임시로 우선의 순위를 보전해주는 금전을 뜻한다. 상황에 따라 조금씩 다르게 부를 수도 있으나 위와 같은 해석이 가장 보편적으로 받아들여지고 있는 듯 하다. 이러한 해석을 기준으로 한다면 가계약금은 전형적인 부당이득금이 되기 때문에 특별한 사정이 없는 한 돌려받을 수 있다고 보아야 한다. 부당이득이란 법률상 원인 없는 이득을 말하며, 이득자는 손실자에게 해당 부당이득을 반환할 의무가 있다(민법 제741조 참조).

문제는 당사자들 사이에서는 그 명칭을 가계약금이라고 칭하였으나, 계약성립 이후의 단계에서 지급된 돈인 경우이다. 매매계약이 이미 성립된 단계에서는 그 명칭 여하를 불문하고 이는 결국 계약금의 전부 또는 일부로 해석될 가능성이 높고 이 경우 가계약금 반환은 인정되지 않을 수 있다. 따라서 세간에 즐비한 가계약금 반환소송의 승소가능성은 결국 계약성립으로 볼 수 있는지 아닌지에 따라 달라진다고 정리할 수 있겠다.

참고로 공인중개사를 통했더라도 문자메시지 따위의 형식으로 매매대금의 총액과 지급일자를 정확히 주고받았다면 계약성립으로 해석될 가능성이 높다. 계약성립의 기준은 계약당사자 사이의 의사의 합치인데 의사 합치의 대상은 계약의 유형별로 차이가 있을 수 있다.

■ 계약성립에 관한 주요 판결 1(대법원 2001. 3. 23. 선고 2000다51650 판결)

계약이 성립하기 위하여는 당사자 사이에 의사의 합치가 있을 것이 요구되고 이러한 의사의 합치는 당해 계약의 내용을 이루는 모든 사항에 관하여 있어야 하는 것은 아니나 그 본질적 사항이나 중요 사항에 관하여는 구체적으로 의사의 합치가 있거나 적어도 장래 구체적으로 특정할 수 있는 기준과 방법 등에 관한 합의는 있어야 하며, 한편 당사자가 의사의 합치가 이루어져야 한다고 표시한 사항에 대하여 합의가 이루어지지 아니한 경우에는 특별한 사정이 없는 한 계약은 성립하지 아니한 것으로 보는 것이 상당하다.

■ 계약성립에 관한 주요 판결 2(인천지방법원 부천지원 2018. 7. 11. 선고 2018가합100655 판결)

1. 기초 사실

가. 피고는 2016. 2.경 공인중개사 C에게 별지 목록 기재 부동산(이하 '이 사건 부동산'이라 한다)의 매도를 의뢰하였다.

나. 원고는 2016. 3. 22. D를 통하여 E공인중개사를 운영하는 F(이하 'E공인중개사'라고 한다)으로부터 이 사건 부동산 매물을 포함한 3개의 부동산 매물의 매매대금을 제시한 문자메시지를 전달받은 후 이 사건 부동산을 선택하였고, 같은 날 위 공인중개사가 원고에게 문자메시지로 알려준 피고 명의 계좌로 1,000만 원을 송금하였다.

다. 원고는 2016. 3. 23. E공인중개사에게 잔금지급일은 대출을 고려해서 2016. 4. 4.로 해달라는 문자메시지를 보냈고, E공인중개사는 원고에게 계약서 작성시간을 2016. 3. 26. 오후 4시로 약속했다는 문자메시지를 보냈다. 원고는 2016. 3. 24. 위 공인중개사에게 문의하여 '매도인이 입금하여도 된다고 연락받았다'는 문자메시지를 받은 후 피고에게 2,000만 원을 송금하였다.

라. 피고는 2016. 3. 23. C으로부터 이 사건 부동산 매매계약서 작성시간이 2016. 3. 26. 토요일 4시라는 취지의 문자메시지를 받았고, 2016. 3. 25.경 이 사건 부동산 매매계약서 작성시간은 2016. 3. 29. 밤 8시에 가능하고, 잔금은 2016. 4. 8.이라는 내용과 계약서 작성일이 늦어져서 잔금일정이 뒤로 미뤄졌는데 피고가 이에 대하여 어떻게 할지 답변을 달라는 문자메시지를 받았다.

마. 피고는 2016. 3. 30. 원고와 E공인중개사 대표 F을 수신자로 하여 '매매에 관한 가계약 철회 및 사법적 조치 예정통보'라는 제목으로 이 사건 부동산에 관한 매매계약이 체결된 바 없으며 원고로부터 지급받은 3,000만 원을 반환하겠다는 내용의 내용증명을 발송하였다.

바. 피고는 2016. 3. 31. 원고를 피공탁자로 하여 원고로부터 지급받은 3,000만 원을 수원지방법원 2016년 금 제772호로 공탁하였다.

[인정 근거: 다툼 없는 사실, 갑 제1 내지 4, 6 내지 9호증(가지번호가 있는 증거는 가지번호 포함, 이하 같다), 을 제1 내지 6호증의 각 기재 및 영상, 변론 전체의 취지]

2. 청구원인에 관한 판단

살피건대, 판시 제1항의 기초 사실, 갑 제5호증의 기재 및 변론 전체의 취지에 의하여 인정되는 다음과 같은 사실 및 사정들을 종합하여 보면, 원고가 제출한 증거들만으로는 원고와 피고 사이에 이 사건 부동산에 관하여 매매계약이 체결된 것으로 보기 부족하고 달리 이를 인정할 증거가 없다. 원고의 주장은 이유 없다.

1) 원고와 피고는 직접 만나서 의사를 교환한 적은 없고, 원고는 C을 통하여 피고는 E공인중개사를 통하여 중개인들끼리 원고와 피고의 의사를 전달하는 방식으로 이 사건 부동산 매매를 진행하였다.

2) 판시 제1. 다항 기재 사실만으로는 매매계약의 본질적 사항인 계약금, 중도금 액수 및 지급방법, 잔금의 구체적 액수 및 지급 시기 및 방법, 부동산의 인도 시기 등에 관하여 구체적인 의사의 합치가 있거나 장래 구체적으로 특정할 수 있는 기준과 방법 등에 관한 합의가 있었다고 인정하기 부족하고, 오히려 판시 제1. 라. 마항 기재 각 사실에 비추어 보면, 계약의 구체적인 내

용은 유동적인 상태로서 계속 협의하는 단계에 있었다고 보는 것이 타당하다.
3) 원고는 원고가 피고에게 지급한 3,000만 원이 이 사건 부동산 매매계약의 계약금이라고 주장하나, 전항에서 본 바와 같이, 원고가 3,000만 원을 송금할 당시 원고와 피고 사이에 매매계약의 본질적 사항에 관한 합의가 있었다고 단정하기 어렵고, 여기에 거래관행상 계약금은 매매대금의 10% 정도에 해당하는데, 원고가 주장하는 이 사건 부동산의 매매대금이 7억 1,000만 원으로 위 3,000만 원은 매매대금의 통상적인 계약금에 못 미치는 점을 고려하면, 원고가 피고에게 지급한 3,000만 원은 원고가 피고에게 이 사건 부동산에 관한 매매계약을 체결할 의사가 있음을 밝히면서 장차 계속될 매매계약 교섭의 기초로 지급한 일종의 증거금으로 보는 것이 타당하다.

하자담보책임 문제

갑은 을로부터 예감빌딩 246동 802호를 매수하였다. 매매대금을 다 치르고 소유권이전등기까지 마친 직후 장마가 시작되었는데, 위층에서 심한 누수가 발생하여 도저히 정상적인 사용이 불가능한 상태가 되었다. 이 경우 갑은 을과의 매매계약을 해제하거나 을에게 손해배상청구를 할 수 있을까?

수억 원을 주고 상가를 매수하였는데 장마철이라는 이유로 심하게 물이 샌다면 화가 날 수밖에 없다. 장마철에 비가 많이 오는 것은 으레 예상할 수 있는 일이다. 그러나 상가건물은 조선시대 초가집이 아니다. 콘크리트 건물이 보통의 자연재해 정도도 견딜 수 없는 상태라면 그 누가 불만를 품지 않을 수 있을까.

이처럼 어떠한 특정물이 갖추어야 할 통상적인 성능을 갖추지 못한 것을 '하자'라고 한다. 매매계약에 있어 매도인은 일정한 요건하에 매수인에게 하자담보책임을 부담한다. 위 예시에서 매수인인 갑이 선의·무

과실이었고, 목적물에 객관적인 하자가 인정된다면, 갑은 하자를 안 날로부터 6개월 내에 법원에 소를 제기함으로써 매매계약해제 및(또는) 손해배상청구를 할 수 있다(민법 제582조, 제580조). 목적물의 하자로 인하여 계약의 목적을 달성할 수 없다면 매수인의 계약해제권까지 인정되며, 목적물의 하자로 인하여 계약의 목적을 달성할 수 있는지 여부와 무관하게 손해배상청구는 가능하다. 예를 들어 목조주택의 대들보가 썩어 무너질 정도라면 계약해제권이 인정될 수도 있다. 일반적인 누수소송은 대체로 하자담보책임을 법적 근거로 하며, 소송에서는 하자의 존재 여부·하자의 중대성·손해배상금액 등을 판단하기 위하여 감정평가 절차가 거의 필수적으로 수반된다. 참고로 도급계약에서의 하자담보책임은 매매계약에서의 하자담보책임과 별도의 규정이 있으므로 법리적으로 구분해서 살펴야 한다.

※ 매매계약에서의 하자담보책임 민법 제580조(매도인의 하자담보책임) ① 매매의 목적물에 하자가 있는 때에는 제575조제1항의 규정[6]을 준용한다. 그러나 매수인이 하자있는 것을 알았거나 과실로 인하여 이를 알지 못한 때에는 그러하지 아니하다.
② 전항의 규정은 경매의 경우에 적용하지 아니한다.

제582조(전2조의 권리행사기간)
전2조에 의한 권리는 매수인이 그 사실을 안 날로부터 6월내에 행사하여야 한다.

제584조(담보책임면제의 특약)
매도인은 전15조에 의한 담보책임을 면하는 특약을 한 경우에도 매도인이 알고 고지하지 아니한 사실 및 제삼자에게 권리를 설정 또는 양도한 행위에 대하여는 책임을 면하지 못한다.

6　※ 민법 제575조(제한물권있는 경우와 매도인의 담보책임)

※ **도급계약에서의 하자담보책임** 민법 제670조(담보책임의 존속기간) ① 전 3조의 규정에 의한 하자의 보수, 손해배상의 청구 및 계약의 해제는 목적물의 인도를 받은 날로부터 1년내에 하여야 한다.

② 목적물의 인도를 요하지 아니하는 경우에는 전항의 기간은 일의 종료한 날로부터 기산한다.

제671조(수급인의 담보책임-토지, 건물 등에 대한 특칙) ① 토지, 건물 기타 공작물의 수급인은 목적물 또는 지반공사의 하자에 대하여 인도후 5년간 담보의 책임이 있다. 그러나 목적물이 석조, 석회조, 연와조, 금속 기타 이와 유사한 재료로 조성된 것인 때에는 그 기간을 10년으로 한다.

② 전항의 하자로 인하여 목적물이 멸실 또는 훼손된 때에는 도급인은 그 멸실 또는 훼손된 날로부터 1년내에 제667조의 권리를 행사하여야 한다.

제672조(담보책임면제의 특약)

수급인은 제667조, 제668조의 담보책임이 없음을 약정한 경우에도 알고 고지하지 아니한 사실에 대하여는 그 책임을 면하지 못한다.

방문판매와 전화권유판매에서의 특수한 문제들

어린 시절을 떠올려 보면, 큰 가방에 화장품을 잔뜩 담아 집집마다

---

① 매매의 목적물이 지상권, 지역권, 전세권, 질권 또는 유치권의 목적이 된 경우에 매수인이 이를 알지 못한 때에는 이로 인하여 계약의 목적을 달성할 수 없는 경우에 한하여 매수인은 계약을 해제할 수 있다. 기타의 경우에는 손해배상만을 청구할 수 있다.

② 전항의 규정은 매매의 목적이 된 부동산을 위하여 존재할 지역권이 없거나 그 부동산에 등기된 임대차계약이 있는 경우에 준용한다.

③ 전2항의 권리는 매수인이 그 사실을 안 날로부터 1년내에 행사하여야 한다.

돌아다니면서 방문판매를 하던 판매원의 모습이 어렴풋이 기억난다. 요즘에는 많이 줄었다고 하나 그래도 방문판매는 여전히 영업의 한 형태로 이용되고 있으며, 소위 '텔레마케팅'이라고 하는 전화권유판매도 기승을 부리고 있다.

모르는 번호로 전화가 와 받아보니 판매영업전화였던 경험이 한번쯤은 있을 것이다. 소비자가 특정 재화나 용역에 대하여 어느 정도 소비할 의사를 가지고 해당 판매장을 직접 방문하여 필요한 것을 구매하는 것이 일반적인 소비, 즉 매매의 구조이다. 적어도 구매자가 구매의사를 가지고 능동적으로 움직이는 것이 일반적인데 방문판매나 전화권유판매는 거꾸로 되어있다. 전혀 관심 없는, 살 생각이 없는 어떠한 물건이나 서비스를 구매할 것을 판매자로부터 먼저 권유당하게 된다. 당연히 어느 정도의 짜증을 유발할 수밖에 없다. 소비자 입장에서는 해당 재화나 용역에 관심조차 없었기 때문에 제대로 된 정보가 결여된 상태이며, 방문판매·전화권유판매업자들은 숙련된 마케터이기 때문에 현란한 기술력으로 거의 강매 수준의 압박을 주거나 홀린 듯 사게 만드는 문제가 있다. 이렇다보니 일단 구매한 물건이라도 다음날이면 후회하며 시간을 되돌리고 싶은 사람이 적지 않다. 이에 「방문판매 등에 관한 법률」에는 민법상 매매에는 없는 '청약의 철회'에 관한 특별규정을 두고 있다. 방문판매 또는 전화권유판매의 방법으로 구매계약을 체결한 소비자는 계약서를 받은 경우라면 계약서를 받은 날로부터 14일 이내에, 계약서를 받지 않은 경우라면 방문판매자 등의 주소를 안 날 또는 알 수 있었던 날로부터 14일 이내에 그 계약에 관한 청약 철회를 할 수 있다(법 제8조).

제5장
사해행위취소소송 (채권자취소소송)

갑은 을에게 6개월만 쓰고 갚겠다는 차용증을 받고 1억 원을 빌려주었다. 그런데 을은 2년이 지나도록 이자는 커녕 원금도 갚지 않고 연락조차 두절되었다. 을이 살고 있던 아파트의 등기부를 발급해보니 3개월 전 아내 병에게 매매로 명의를 넘긴 사실을 확인하였다. 갑은 을에 대한 1억 대여금 채권 회수를 위해 어떤 조치를 취할 수 있을까?

채무자가 사정이 여의치 않아 빌린 돈을 못 갚는 것은 백번 양보해 인간적으로 이해할 수 있는 부분이다. 그러나 가지고 있던 재산을 일부러 빼돌려 가면서까지 악의적으로 채무변제를 회피하고 있다면 용서하기 힘들 것이다. 악의적으로 채무를 면탈하는 채무자에 대한 응징 수단은 크게 두 가지가 있는데 형사법적으로는 강제집행면탈죄 형사고소, 민사적으로는 사해행위취소소송의 제기가 바로 그것들이다.

강제집행면탈죄의 범죄 성립요건과 사해행위취소소송의 성립요건이 아주 똑같지는 않지만 적용되는 상황은 유사하다. 돈 빌려갈 때는 꼭 갚겠다는 약속과 함께 아쉬운 소리를 했으면서 일단 돈을 받은 뒤에는 태도가 싹 달라지고, 이에 더해 본인 소유 재산까지 빼돌린다. 그러나 본인 소유 재산을 처분하는 것 자체는 자유이기 때문에 재산을 빼돌리는 상황에서 검토되는 사해행위취소소송은 그 승패를 쉽게 단정지을 수 없고 성립요건 또한 까다롭다.

사해행위취소소송의 성립요건

채권자취소소송이라 불리우기도 하는 사해행위취소소송은 재산을 함부로 빼돌린 나쁜 채무자를 제재하기 위한 민사소송이다. 다만 채권자가 채무자에게 즉각적인 채무 이행을 주장하는 소송이 아니고(그것은 사해행위취소소송과는 전혀 다른 별개의 소송이나 보통은 사해행위취소소송에 병합되어 진행되기 때문에 일반인들이 두 가지 소송의 차이를 구별하지 못하는 경우가 많다), 채무자가 제3자(수익자 또는 전득자라고 부른다)에게 채무자 명의의 재산을 빼돌린 경우, 해당 법률행위 자체를 취소하고 채무자 명의로 재산을 회복시키는 형태의 소송이다.

사해행위취소소송에서 승소하기 위해서는 ① 채권자의 채무자에 대한 피보전채권의 존재, ② 채무자의 무자력 및 사해의사, ③ 채무자가 행한 재산상의 법률행위가 채권자를 해할 것(사해행위의 존재), ④ 수익자 또는 전득자의 악의, ⑤ 채권자가 취소원인을 안 날로부터 1년, 법률행위가 있은 날로부터 5년의 제척기간 내에 재판상 소를 제기하는 방법으로써 그 권리를 행사할 것, 이렇게 5가지 요건이 필요하다.

사해행위란 무엇인가

 "변호사님 대체 사해행위라는게 무엇입니까?"라는 질문을 정말 많이 받았다. 쉽게 설명하면 채무가 있는 상태에서 채무자가 재산을 빼돌린 것이라는 정도로 설명할 수 있는데, 이는 법률적으로 아주 정확한 설명은 아니다. 사해행위는 '채무자의' 법률행위여야 하며, 채무자의 '재산상' 법률행위여야 한다. 또한 채무자의 그 법률행위로 말미암아 채무자의 총 재산 감소가 초래되어 공동담보 부족의 상태가 유발되거나 심화되어야 한다.

이혼 시 재산분할과 사해행위

 법률상 배우자와 이혼하는 경우 쌍방 배우자는 상대방에게 재산분할청구권을 가진다. 이는 민법(제839조의2[7])에서 보장하는 법정의 권리이다. 따라서 이미 채무초과상태에 빠진 채무자가 이혼하면서 그 타방 배우자에게 재산분할로서 재산을 양도하였고, 그 결과 일반채권자에

---

7 ※ 민법 제839조의2(재산분할청구권) ① 협의상 이혼한 자의 일방은 다른 일방에 대하여 재산분할을 청구할 수 있다.
 ② 제1항의 재산분할에 관하여 협의가 되지 아니하거나 협의할 수 없는 때에는 가정법원은 당사자의 청구에 의하여 당사자 쌍방의 협력으로 이룩한 재산의 액수 기타 사정을 참작하여 분할의 액수와 방법을 정한다.
 ③ 제1항의 재산분할청구권은 이혼한 날부터 2년을 경과한 때에는 소멸한다.

대한 관계에서 공동담보를 감소시키게 되었다고 하더라도 그러한 행위가 곧바로 채권자를 해하는 사해행위로 평가되어 취소되어야 할 것은 아니다. 다만 당해 재산분할이 민법 제839조의2 제2항에서 정한 취지를 상당한 정도로 벗어나는 과대한 것이라고 인정할 만한 특별한 사정이 있는 경우에는 달리 판단될 수 있다.

혼인기간 내내 배우자의 과도한 사업상 부채로 잦은 부부싸움과 경제적 어려움에 시달리던 중 이혼에 이른 (전)남편 갑과 아내 을이 있었는데, 이혼하는 과정에서 갑의 유일한 재산이었던 갑 명의 빌라 한 채를 을에게 증여하였다. 얼마 후 갑의 채권자 측으로부터 을을 피고로 사해행위취소소송 소장이 날아오게 되었다. 생각보다 이런 일은 정말 흔하다. 이 경우 소송의 피고가 된 아내들은 한결같이 이렇게 이야기한다. "변호사님, 저는 전남편하고 사는 동안 하루도 편한 날이 없었습니다. 그 빌라는 명의만 그 사람 것이지, 친정에서 제 불쌍한 처지를 살펴 여러 번 지원해준 금전과, 또 제가 아이를 둘 키우며 틈틈이 식당일해서 모은 돈으로 겨우 마련한 빌라입니다. 전 남편은 재산을 없애기만 했던 사람입니다. 생활비 한 번 제대로 준 적이 없었습니다. 담보대출이 절반이라 별로 가치도 없는 집입니다. 아직 아이들이 어린데 그 집마저 빼앗기면 아이들과 저는 어디서 살아야 하나요?"라고 말이다.

대법원의 입장은 재산분할로서 상당성을 초과하는 것이 아닌 한 사해행위가 아니라는 것이나, 실제로 채무가 많은 상태에서 이혼하는 경우 채무자의 재산 전부가 타방 배우자에게 이전되는 경우가 대부분이기 때문에 결과적으로 상당한 정도를 초과하는 재산분할이라고 평가될 가능성이 높다.

상속재산분할협의와 사해행위

상속재산분할협의의 사해행위성 판단 기준은 이혼재산분할과는 약간 다르다.

사례를 들어보자. 아버지 사망 후 아버지 명의의 상속재산이 있었다면 이는 본래 그 상속인인 아내와 자식들에게 법정의 상속분대로 승계되는 것이 원칙이다. 그런데 마침 자식 중 한 명인 갑에게 채무가 많아 갑은 상속받지 않는 것으로 처리하고 나머지 상속인들끼리 상속재산분할을 마쳤다.

대법원은 "이미 채무초과상태에 있는 채무자가 상속재산 분할협의를 하면서 자신의 상속분에 관한 권리를 포기하는 것은 사해행위에 해당한다. 그 재산분할의 결과가 채무자의 구체적 상속분에 상당하는 정도에 미달하는 과소한 것이라고 인정되지 않는 한 사해행위로서 취소되어야 할 것은 아니고, 구체적 상속분에 상당하는 정도에 미달하는 과소한 경우에도 사해행위로서 취소되는 범위는 그 미달하는 부분에 한정해야 한다(대법원 2001. 2. 9. 선고 2000다51797 판결)."라는 입장이다. 사해행위취소소송이 제기되는 사례는 구체적 상속분에 미달하는 과소한 정도의 상속재산분할협의가 문제되는 경우가 대부분이므로, 채무자가 상속재산분할과정에서 본인의 상속지분을 포기하는 형태로 이루어진 후 사해행위취소소송 소장을 받았다면 승소할 가능성은 높지 않다.

변제와 처분행위의 사해성

사해행위의 본질은 채무자가 자신의 재산을 빼돌림으로써, 채권자가 추후 채권의 만족을 실현하기 위하여 집행할 책임재산(대상)이 없어지게 하였다는 점에 있다.

채무를 변제하는 행위도 사해행위일까? 원칙적으로 채무 본지에 따른 채무이행은 사해행위가 아니다. 다수의 채권자 중 어느 한 명에게 기존 채무를 변제함으로써 결과적으로 채무자의 책임재산이 감소되는 결과가 생겼더라도 사해행위로 평가되지 않는다. 다만 특정 채권자와 통모한 변제는 사해행위로 인정될 수 있다. 이에 해당하는지 여부는 사해행위임을 주장하는 사람이 입증하여야 하므로, 사해행위취소소송을 제기한 원고 입장에서는 조금이라도 의심스러운 사정이 있다면 적극적으로 통모 사정을 주장·입증하는 방향으로 변론하여야 할 것이다.

실무상 대부분의 사해행위 사례는 부동산을 처분한 경우에 문제된다. 부동산은 비유동성 재산으로 현금과 달리 환가나 처분이 쉽지 않다는 특징이 있다. 따라서 채무자의 책임재산이 부동산인 상태로 있는 것과 그 부동산을 처분하여 현금으로 바꾸는 것은 채권자 입장에서는 큰 차이가 있을 수밖에 없다. 부동산은 채무자가 당장에 처분하기 힘들지만, 현금은 마음만 먹으면 쉽게 은닉하거나 소비할 수 있기 때문이다. 대법원은 '채무자가 자기의 유일한 재산인 부동산을 매각하여 소비하기 쉬운 금전으로 바꾸는 행위로 그 매각이 일부 채권자에 대한 정당한 변제에 충당하기 위하여 상당한 매각으로 이루어졌다던가 하는 특별한 사정이 없는한 항상 채권자에 대하여 사해행위가 된다'고 판시하였다(대법원 1966. 10. 4. 선고 66다1535 판결).

대부분의 사해행위취소소송에 연루된 채무자에게 부동산 재산이 있다고 하더라도 그것이 유일한 재산일 가능성이 매우 높고, 친인척이나 지인에게 증여로 넘기는 경우가 태반이기 때문에 사해행위로 인정될 가능성이 높다. 특히 채권자가 금융기관인 경우 채무자의 처분행위의 실질에 대한 어느 정도의 사전조사 및 법리검토를 마친 후 소송을 제기하기 때문에 사해행위로 인정될 가능성이 높다.

수익자(전득자)의 선의와 악의

사해행위취소소송의 피고는 채무자가 아니다. 수익자 또는 전득자가 피고가 된다. 법원으로부터 소장을 받은 사람은 채권자와는 일면식도 없거나 채권자와는 아무런 채권·채무관계도 없는 사람일 수 있다. 사정이 이렇다보니 사해행위취소소송을 당했다며 찾아오시는 분들의 대부분은 소장에 적힌 피고가 아니라 엄밀하게는 소외인[8]인 채무자이다. 소장을 받은 수익자나 전득자는 채무자에게 전화하여 소장을 송달받은 사정을 알리고 당장 해결하라고 따질 것이기 때문이다. 어쨌든 채무자와 재산상 법률행위를 통해 채무자의 재산을 넘겨받은 사람(이를 '수익자'라고 부른다)이 사해행위취소소송의 피고가 되는데, 수익자는 악의여야 한다.

여기서 말하는 '악의'는 수익자가 채무자와 수익자 사이의 법률행위

8   소송상 당사자 아닌 제3자를 가리키는 말

가 채권자를 해한다는 사실, 즉 사해행위의 요건이 구비되었다는 점을 알았다는 것을 의미한다. 이렇게 설명하면 대부분의 사람들은 "변호사님 그럼 저희가 이기는 것 아닌가요? 저는 정말 채무자의 채무에 대하여 전혀 몰랐습니다. 아무리 가족이지만 그런 것까지 어떻게 다 알 수가 있나요?"라고 되묻는다. 일리 있는 말이다. 어떤 사실이나 사정을 알았느냐 몰랐느냐는 주관적인 부분이기 때문에 객관적으로 증명하기 어렵다. 민사소송은 소송을 제기한 원고가 요건사실을 입증해야 하므로, 피고 측에서 "나는 아무것도 몰랐다"라고 말하면 원고가 피고는 알고 있었다는 사실을 증명해야 하는 것이 원칙이다. 그러나 이 증명은 사실상 불가능에 가깝다. 그런데 민법은 수익자의 악의를 추정한다. 결국 피고인 수익자 측에서 적극적으로 사해행위 요건 구비 사실을 전혀 몰랐다는 사실을 증명해야 하는데, 이 또한 거의 불가능에 가깝다.

대법원은 "수익자의 선의 여부는 채무자와 수익자의 관계, 채무자와 수익자 사이의 처분행위의 내용과 그에 이르게 된 경위 또는 동기, 그 처분행위의 거래조건이 정상적이고 이를 의심할 만한 특별한 사정이 없으며 정상적인 거래관계임을 뒷받침할 만한 객관적인 자료가 있는지 여부, 그 처분행위 이후의 정황 등 여러 사정을 종합적으로 고려하여 논리칙·경험칙에 비추어 합리적으로 판단해야 한다(대법원 2008. 7. 10. 선고 2007다74621 판결)."라는 입장이다. 실무상 수익자와 채무자가 가족이나 친인척 관계라면 거의 수익자의 악의가 인정되는 흐름으로 운용되고 있다. 물론 수익자와 채무자가 일면식도 없는 사이로서 공인중개사 등을 통해 정상 가격에 매입하는 등, 객관적으로 일반적인 거래였음이 증명된다면 수익자의 선의가 인정될 수 있다. 필자가 직접 수행했던 사건 중 수익자의 선의 항변이 받아들여졌던 지방법원 판결을

인용한다.[9]

"

　살펴건대, 앞서 든 증거에 의하여 알 수 있는 다음과 같은 사실 또는 사정들을 종합하여 보면, 피고 L은 이 사건 매매계약 체결 당시에 이 사건 매매계약으로 채권자인 원고를 해하게 된다는 사실을 알지 못한 상태에서 선의로 이 사건 매매계약을 체결하였다고 봄이 타당하다. 이에 어긋나는 원고 주장은 받아들일 수 없다.

　1) 피고들은 이 사건 매매계약 체결 당시에 처음 알게 된 것으로 보일 뿐 피고들이 친인척 관계 또는 지인 관계에 있다거나 특별한 이해관계에 있다고 볼 만한 증거가 없다.

　2) 피고 C는 이 사건 아파트를 공인중개사사무소 및 인터넷 광고게시판을 통하여 매물로 내놓았고, 피고 L도 이 사건 아파트 매수를 위하여 공인중개사사무소에 중개를 의뢰하였다. 피고 L은 이 사건 아파트를 중개한 공인중개사에게 중개수수료를 지급하였다.

　3) 이 사건 매매계약 체결 당시 이 사건 아파트에 관한 부동산등기사항전부증명서에는 피고 C가 이 사건 부동산을 매수하던 2017. 9. 19.경 설정한 근저당권설정등기가 마쳐져 있을 뿐 다른 가압류 기입등기 등이 마쳐져 있지 아니하였던바, 위 부동산등기사항전부증명서만으로는 피고 L이 피고 A의 채무 부담 내역 또는 경제적 상황을 구체적으로 알기 어려웠을 것으로 보인다.

　4) 피고들은 이 사건 아파트의 매매대금을 590,000,000원으로 정하였는데, 이 사건 아파트가 속해 있는 아파트 단지에서 같은 평형의 아파트가 2019. 8.부터 2020. 12.까지 평균 535,600,000원에 거래된 점 등에 비추어 보면, 위 매매대금은 당시의 시세와 비교할 때 적정한 금액으로 산정된 것으로 보일 뿐 염가에 매각되었다는 등 특별한 사정은 보이지 아니한다.

9　수원지방법원 2022. 6. 9. 선고 2021가단503312 판결

5) 피고 L은 앞서 본 바와 같이 이 사건 매매계약에 따라 계약금을 지급하였고, 나머지 잔금 중 일부는 피고 C의 부동산 담보대출금을 변제하여 주는 방법으로 지급하기로 약정하였다. 피고 L이 이 사건 매매계약 체결일로부터 얼마 되지 않아 소유권이전등기를 마치고 피고 C의 담보대출금 채무를 변제하여 주기는 하였으나, 피고 L의 가족들은 2019년경부터 이 사건 아파트와 같은 단지의 아파트를 매수하기 위하여 지속적으로 노력하여 왔던 것으로 보이는 점, 매수인이 매도인인 소유자의 부동산 담보대출금 채무를 승계하는 형태로 중도금 또는 잔금 지급을 대신하는 거래 형태가 이례적인 것은 아닌 점, 2020. 12. 12.경 피고 C 측에서 이 사건 아파트의 입주 시기를 늦추어 줄 것에 대하여 피고 L 측에 양해를 구하기도 하였는바, 이는 피고 L이 주장하는 이 사건 매매계약의 이행 경위에 부합하는 점 등에 비추어 보면, 원고가 주장하는 사정들만으로는 이 사건 매매계약이 통상적인 거래관행에 부합하지 않는다거나 상당히 이례적인 경우라고 단정하기 어렵다.

6) 피고 C가 계약금 몰취 등을 주장하며 잔금 지급을 독촉하고 있었던 사정에 더하여 잔금 지급 당시 이 사건 소 제기 사실을 알았다는 것만으로 피고 L이 이 사건 매매계약 당시 일반채권자를 해한다는 사정을 알았다고 단정하기 어려운 점까지 보태어 보면, 피고 L이 이 사건 소 제기 이후 피고 C에게 매매잔금을 지급하였다는 것만으로 피고 L이 악의에 해당한다고 보기는 어렵다.

따라서 피고 L에 대한 악의 추정이 번복되어 선의가 인정되므로 피고 L의 위 항변은 이유 있고, 원고의 피고 L에 대한 사해행위취소 청구는 더 나아가 살펴볼 필요 없이 이유 없다.

"

가액배상? 원물반환?

사해행위취소소송 소장을 가지고 상담을 오시는 분들 중에는 소장 청구취지에 대한 해석을 문의하시는 분들도 많다. 사해행위취소소송은 채권자를 해하는 법률행위를 취소하고, 채무자의 책임재산으로의 원상회복을 구하는 구조이다. 사해행위취소소송의 원상회복 방법은 원물반환이 원칙이다. 채무자에서 수익자로 넘어간 등기 명의가 다시 채무자 명의로 회복된다는 말이다.

그런데 채무자가 수익자에게 처분한 것은 부동산인데 청구취지에 부동산 소유권이전등기가 아닌 금원으로 지급하라는 형태의 기재가 있을 때가 있다. 이를 원상회복의 방법으로서의 가액배상이라고 부른다. 사해행위취소소송에서의 원상회복은 원물 그 자체를 반환하는 것이 원칙이지만 원물반환이 불가능하거나 현저히 곤란한 경우에는 가액상환을 명할 수밖에 없다. 예를 들어 근저당이 설정된 상태에서 아파트 소유권이 채무자에서 수익자로 사해행위로 이전되었고, 그 이후 수익자가 근저당의 피담보채무를 전부 상환하였다고 생각해보자. 만약 사해행위취소소송으로 원물인 부동산 자체의 소유권을 채무자에게로 다시 복귀시키면, 종전에 근저당권설정으로 채무자의 책임재산이 아니었던 부분까지 채무자의 책임재산으로 회복되는 불합리가 발생한다. 이런 경우 법원은 원물반환이 아닌 가액배상을 명하게 된다.[10] 이때 가액배상액은 사실심변론종결시를 기준으로 발생한 채무원리금에서 종전에 설정되어 있던 근저당권의 피담보채무액을 공제한 금액이다.

---

10 대법원 2001. 12. 27. 선고 2001다33734 판결

민사편

사해행위취소소송의 가액배상의무는 사해행위취소를 명하는 판결이 확정된 때에 비로소 발생하므로, 「소송촉진 등에 관한 특례법」 소정의 이자가 아닌 민사법정이율이 적용되며 가집행 주문이 붙을 수 없다. 참고로 이혼재산분할 판결도 같은 이유로 소송촉진 등에 관한 특례법 소정의 이자가 아닌 민사법정이율이 적용되며 가집행 주문이 붙지 못한다.

신용회복위원회승인결정과 사해행위취소소송의 관계

사해행위취소소송에 연루된 채무자는 자력상태가 좋지 않은 경우가 대부분이다. 심지어 이미 개인회생·파산 또는 신용회복위원회의 신용회복승인결정을 진행하고 있는 경우도 많다. 특히 신용회복위원회의 신용회복승인결정을 받아 채무조정에 따른 금액을 납입해오고 있던 중 채권자로부터 사해행위취소소송을 제기받은 경우 이런 질문을 흔히 받곤 한다.

"변호사님, 채무자가 이미 신용회복승인결정을 받아서 이 건 채권자가 주장하는 금액까지 포함하여 채무조정금액을 납부하고 있는 상태입니다. 이런데도 사해행위취소소송이 가능한가요? 중복 아닌가요?"

결론부터 말하자면 신용회복승인결정과 채권자의 수익자에 대한 사해행위취소소송은 별개이다. 채무자가 신용회복위원회로부터 신용회복승인결정을 받았다는 이유만으로 채권자의 채무자에 대한 채권이 소멸하거나 변경되는 것은 아니며, 채무자에 대한 신용회복승인결정은 얼마든지 취소되거나 그 효력이 소멸되어 본래의 채무 내용으로 환원될 수 있다. 채권자로서는 채무자에 대한 신용회복지원승인의 효력이

상실되는 경우에 대비하여 채무자의 책임재산 확보를 위하여 채권자취소권을 행사할 필요성이 인정된다.[11]

서식례 사해행위취소소송 소장

소 장

원 고 주식회사 사랑캐피탈

서울 송파구 잠실대로1 한국아파트 101동 305호

원고 소송대리인

변호사 김세라

서울 서초구 서초대로 286, 802호 (서초동, 서초프라자)

법률사무소 예감

(전화 : 02-585-2927, 휴대전화:010-****-****

팩스 : 02-585-2928, 이메일: ******@********)

피 고 1. 이몽룡 (인) (781107-1123450)

경기 안양시 법원로7 대한빌라 202호

2. 성춘향 (인) (720708-2048294)

대전광역시 서구 행복로10 별빛아파트 246동 1109호

사해행위취소 등 청구의 소

청구취지

1. 피고 이몽룡은 원고에게 100,000,000원 및 이에 대하여 2021. 4. 11.부터 이 사건 소장부본 송달일까지는 연 7.31%의, 그 다음날부터 다 갚는 날까지는 연 12%의 각 비율에 의한 금원을 지급하라.
2. 별지 목록 기재 부동산에 관하여
   가. 피고 이몽룡과 피고 성춘향 사이에 2020. 6. 2. 체결된 매매계약을 취소한다.
   나. 피고 성춘향은 피고 이몽룡에게 대전지방법원 등기과 2020. 6. 3.접수 제8989호로 마친 소유권이전등기의 말소등기절차를 이행하라.

---

11 서울북부지방법원 2017. 8. 29. 선고 2016나33880 판결

3. 소송비용은 피고들이 부담한다.

4. 위 제1항은 가집행할 수 있다.

라는 판결을 구합니다.

청구원인

1. 피고 이몽룡에 대한 대여원리금 청구

피고 이몽룡은 원고로부터 2019. 5. 10.자로 원금 80,000,000원을 이율 7.31%로 대출받았으며 원금상환기한은 2020. 5. 10.이었습니다. 그러나 피고 이몽룡은 원금 80,000,000원을 제대로 상환하지 못하였음은 물론 2021. 4. 10.부터는 이자도 상환하지 않았습니다. 따라서 피고 이몽룡은 원고에게 대여 원금 80,000,000원 및 이에 대하여 2021. 4. 11.부터 이 사건 소장부본 송달일까지는 연 7.31%의, 그 다음날부터 다 갚는 날까지는 소송촉진 등에 관한 특례법상 연 12%의 각 비율에 의한 금원을 지급할 의무가 있습니다(갑 제1호증 대출계약서, 갑 제2호증 대출이자상환내역).

2. 피고 성춘향에 대한 사해행위취소청구

가. 원고의 피보전채권 및 피고 이몽룡의 무자력

원고는 피고 이몽룡에 대하여 위 1.항에서 상술한 대여원리금채권을 가지며 이는 피보전채권에 해당합니다. 피고 이몽룡은 자신이 소유하던 유일한 부동산인 이 사건 아파트를 법률상 배우자이던 피고 성춘향에게 증여하는 방식으로 처분하였는바 피고 이몽룡은 무자력상태입니다. 채권자취소권에 의하여 보호될수 있는 채권은 원칙적으로 사해행위라고 볼 수 있는 행위가 행하여지기 전에 발생된 것임을 요하나, 그 사해행위 당시에 이미 채권 성립의 기초가 되는 법률관계가 발생되어 있고, 가까운 장래에 그 법률관계에 기하여 채권이 성립되리라는 점에 대한 고도의 개연성이 있으며, 실제로 가까운 장래에 그 개연성이 현실화되어 채권이 성립된 경우에는 그 채권도 채권자취소권의 피보전채권이 될 수 있습니다(대법원 2000. 2. 25. 선고 99다53704 판결 등)(갑 제3호증 등기사항전부증명서).

나. 피고 이몽룡의 사해행위

피고 이몽룡은 채무초과 상태에 이르자 소유하고 있던 유일한 부동산인 별지 목록 기재 부동산을 법률상 배우자인 피고 성춘향에게 증여하였습니다. 채무초과상태에 있는 채무자가 자신의 유일한 재산을 배우자와 같은 특수관계인에게 무상으로 증여하는 행위는 일반적으로 사해행위에 해당합니다.

다. 피고 이몽룡의 악의 및 피고 성춘향의 악의 추정

이와 같이 채무자인 피고 이몽룡의 별지 목록 기재 부동산에 대한 증여행위
는 객관적으로 사해행위에 해당함이 명백한바 채무자인 피고 이몽룡의 악
의는 및 수익자인 피고 성춘향의 악의 또한 인정된다고 보아야 합니다.

라. 소결

사정이 이러한바 피고 이몽룡과 피고 성춘향 사이에 별지 목록 부동산에 관
하여 2020. 6. 2. 체결된 매매계약을 취소하고, 피고 성춘향은 피고 이몽룡
에게 대전지방법원 등기과 2020. 6. 3.접수 제8989호로 마친 소유권이전등
기의 말소등기절차를 이행할 의무가 있습니다.

3. 결어

원고의 청구를 전부인용하여 주시기 바랍니다.

입증방법

1. 갑 제1호증 대출계약서
1. 갑 제2호증 대출이자상환내역
1. 갑 제3호증 등기사항전부증명서

첨부서류

1. 소송위임장

2024. 7. 1.

원고 소송대리인
변호사 김세라

서울동부지방법원 귀중

[별지 목록]

부동산의 표시

1. 경기도 안양시 서구 영우동 114-8 대 95㎡
2. 경기도 안양시 서구 영우동 114-8
   위 지상 벽돌 및 시멘트벽돌 슬래브지붕 단층주택 58.12㎡ . 끝.

제6장
불법행위와 손해배상청구

손해배상소송의 필요충분조건

누군가에게 손해를 입혔다면 이를 배상하여야 한다. 도의적으로나 법적으로나 옳은 말이다. 우리 민법은 "고의 또는 과실로 인한 위법행위로 타인에게 손해를 가한 자는 그 손해를 배상할 책임이 있다."라고 정하고 있다(민법 제750조).[12] 이를 분류하여 흔히 손해배상 4요소라고 하는데, 정리하면 다음과 같다. ① 고의 또는 과실에 의한, ② 위법한 가해행위가 있을 것, ③ 이로 인해 손해가 발생하였고, ④ 가해행위와 손해 사이 인과관계가 있을 것. 이 4가지 요소가 충족되면 가해자는 자신의 위법한 가해행위로서 피해자가 입은 손해를 배상해주어야 한다.

12　※ 민법 제750조(불법행위의 내용) 고의 또는 과실로 인한 위법행위로 타인에게 손해를 가한 자는 그 손해를 배상할 책임이 있다.

손해배상책임의 범위

　손해를 분류하는 방법은 다양하다. 일상에서 일어나는 크고 작은 사고에서 가장 많이 사용되는 분류법은 재산적 손해와 정신적 손해로 분류하는 것이다. 이 중 정신적 손해는 우리가 흔히 사용하는 '위자료'이다.

　교통사고사건을 예로 들어보자. 주행 중 반대편에서 달려오던 가해 차량이 중앙선을 침범하여 피해 차량을 들이받았다. 사고로 피해 차량이 심하게 파손되었다. 차뿐이면 다행이랴. 가해차량에 받힌 피해차량의 운전자는 머리부터 발끝까지 전치 6주의 중상을 입었다. 가해차량 운전자의 중과실에 의한 형사책임(도로교통법위반)은 사법기관의 몫이다. 그러나 (형사 처벌과는 별개로) 피해차량 운전자의 손해를 배상하여야 할 책임은 민사적인 것, 즉 가해차량 운전자의 몫이 된다. 피해차량 운전자의 손해를 살펴보자면, 재산적 손해 중 물적 손해로서 차량의 수리비, 인적 손해로서 치료비를 들 수 있다. 만일 피해차량 운전자가 사고 이전 일정액의 소득을 계속적으로 발생시켜왔다면 이 사건 교통사고로 인한 치료기간 중 정상적인 근로를 제공할 수 없어 받지 못한 임금 상당액 또한 손해배상범위에 포함될 수 있다. 그 밖에 사고경위, 사고정도, 피해차량 운전자의 상태 등을 종합적으로 고려하여 일정액의 위자료도 배상범위에 포함될 수 있다.

　수해 전 필자가 진행했던 손해배상사건을 소개한다. 요즘에도 계절을 불문하고 한강공원은 사이클 코스로 널리 활용된다. 필자의 70대 의뢰인도 한강 사이클을 취미로 삼던 사람 중 하나였다. 어느 봄날, 한강둔치에서 사이클을 즐기던 그는 전방주시를 태만하였던 상대방의 과실로 안면부상 및 경추골절을 비롯하여 전치 4주의 상해를 입었다. 그는 사고 이후 상대방 측과 여러 차례 합의를 시도하였으나 원하는 결과를 얻지 못하였고, 결국 필자를 통해 손해배상청구소송이 진행되었다.

　본 사건에서 쟁점이 되었던 것은 단연 소극적 손해, 그중에서도 일실수입의 산정이었다. 고령의 예술인이었던 그는 근로기준법의 적용을 받는 일반의 근로자들과 고용계약의 내용, 급여의 지급방법, 4대보험의 적용 여부 등에 차이가 있었다. 이에 피고 측에서는 이를 문제 삼아 사고로 인한 수입 감소분을 전혀 인정할 수 없다고 항변하였다. 장기간의 법적공방 끝에 필자의 의뢰인은 적극적 손해로서 병원비, 향후 치료비, 자전거 수리비용은 물론 소극적 손해인 일실수입까지 인정받을 수 있었다.

서식례 **손해배상청구 소장**

소　장

원　고　홍길동

　　　　서울 송파구 잠실대로 한국아파트 101동 305호

　　　　원고 소송대리인

　　　　　변호사 김세라

　　　　　서울 서초구 서초대로 286, 802호 (서초동, 서초프라자)

　　　　　법률사무소 예감

　　　　　(전화 : 02-585-2927, 휴대전화:010-****-****

　　　　　팩스 : 02-585-2928, 이메일: ******@********)

피　고　이몽룡 (인) (781107-1123450)

　　　　경기 안양시 법원로7 대한빌라 202호

손해배상청구의 소

청구취지

1. 피고는 원고에게 금 10,000,000원 및 이에 대하여 이 사건 소장부본 송달 다음날부터 다 갚는 날까지는 연 12%의 각 비율에 의한 금원을 지급하라.
2. 소송비용은 피고가 부담한다.
3. 위 제1항은 가집행할 수 있다.

라는 판결을 구합니다.

청구원인

1. 당사자관계

원고와 피고는 각 지난 2024. 1. 14. 송파구 잠실대로 1길 앞 사거리 횡단보도에서 발생한 교통사고의 피해자와 가해자입니다.

2. 손해배상책임의 발생

원고는 지난 2024. 1. 14. 보행신호에 맞추어 송파구 잠실대로 1길 앞 사거리 횡단보도를 건너던 중이었습니다. 그러던 와중, 원고는 보행신호를 무시하고 차량을 운행하여 횡단보도를 침범한 피고의 과실로 인하여 피고가 운행하던 차량에 치어 전치 4주의 부상을 입게 되었습니다(이하 '이 사건 사고'라 합니다).

3. 손해배상책임의 범위

이 사건 사고로 인하여, 원고는 입원치료비로 350만 원, 통원치료비로 50만 원을 각 지출하였습니다.

뿐만 아니라, 원고는 평소 서울 모 회사에 재직하며 월 400만 원의 급여소득을 형성하고 있었습니다. 그러나 이 사건 사고로 4주간의 병원치료를 받아야 했기에 부득이 한 달간 휴직할 수밖에 없었던바, 이 사건 사고로 인하여 원고가 얻을 수 없었던 월급여 또한 마땅히 배상범위에 포함되어야 할 것입니다. 나아가 이 사건 사고로 원고는 극심한 트라우마와 스트레스에 시달리며 불면증세는 물론 우울감, 공황장애들을 호소하고 있습니다. 이에 피고는 원고에게 200만 원을 위자할 의무가 있습니다.

4. 결어

위와 같은 사정으로 원고의 손해가 막심하오니 이 사건 청구를 전부 인용하여 주시기 바랍니다.

입증방법

1. 갑 제1호증 교통사고사실확인원
2. 갑 제2호증 각 병원비 내역서
3. 갑 제3호증 재직증명서 및 급여명세서

첨부서류

1. 소송위임장

2024. 7. 1.

원고 소송대리인
변호사 김세라

서울동부지방법원 귀중

일상적인 손해배상 사건

1. 상간 · 불륜 · 간통

여기 누가 보아도 애달프고 갸륵한 사랑을 나누는 남녀 커플이 있다. 그러나 제3자에게 그들이 어떻게 만났는지, 얼마나 지고지순한 세기의 로맨스를 했는지는 중요하지 않다. 상간소송에서 가장 중요한 것은 그들의 부정한 관계가 누군가의 혼인파탄에 주된 영향을 미쳤다는 점에 있다. 남편이 직장 동료와 모텔에 들어갔지만 잠자리는 갖지 않았고 손만 잡았다고 한다. 그들이 진정으로 모텔이 들어가 손만 잡았든 잠자리를 가졌든, 그 진위는 중요하지 않다. 배우자 있는 자와 벌건 대낮에 모텔에 드나들었다는 사실 그 자체가 누군가에게 정신적 고통을 주는 불법행위로서 손해배상소송의 핵심을 이룬다.

상간소송을 하다보면 간혹 본질을 흐리는 주장으로 당사자의 감정을 소모하고 소송을 지연시키는 경우가 많다. 그러나 이는 사건의 본질이 아니다. 애먼 불필요한 주장에 일일이 대응하기보다는 침착하게 증거를 수집하는 것이 낫다. 실무에서 부정행위를 입증할 수 있는 주된 증거는 대화자 간의 문자메시지, 카카오톡 등 메신저 내용이다. 그 밖에 통화기록, 사진자료, 블랙박스 녹취 내역 등도 활용할 수 있을 것이다.

2. 미성년자 감독자책임, '금융치료가 필요한 순간'

형사책임으로부터 자유로운 촉법소년에 대한 말이 많다. 법의 구조를 인지하는 수준이 높아지고 이를 악용하는 사례가 늘어나면서 형사책임 없는 촉법소년의 연령을 하향조정해야 한다는 의견이 대세이다. 과연 이들이 민사책임으로부터도 자유로울 수 있을까?

민법도 원칙적으로 책임무능력자의 손해배상책임을 부정한다(민법 제753조[13]). 그렇다면 책임능력 있는 미성년자의 경우는 어떨까? 책임능력이 있다면 원칙적으로 성년자와 동일한 손해배상책임을 진다(민법 제753조의 반대해석). 참고로 민법상 책임능력 유무는 13세~14세를 기준으로 하는바, 미성년자라도 책임능력자에 해당할 수 있는 것이다. 예를 들어 특히 고등학생들은 미성년자이지만 책임능력은 있는 것으로 인정될 가능성이 높다. 그러나 미성년자는 보통 경제적인 능력이 없다. 배상할 여력이 없다는 말이다. 형사책임이야 몸으로 때우면 그만이겠다만, 민사적인 영역에서 책임은 곧 경제력을 의미한다. 이렇게 되면 사실상 허울뿐인

---

13 ※ 민법 제753조(미성년자의 책임능력) 미성년자가 타인에게 손해를 가한 경우에 그 행위의 책임을 변식할 지능이 없는 때에는 배상의 책임이 없다.

책임만 지울 뿐, 현실적인 배상은 못받게 된다는 결론에 이른다.

결국 피해자 입장에서는 큰 의미가 없다. 책임능력이 있든 없든 현실적으로 피해배상이 이루어질 수 없다는 것은 똑같기 때문이다. 이에 우리 민법은 피해자를 구제하기 위한 최선의 구제책을 마련한다. '감독자책임(민법 제755조[14])'이 바로 그것이다. 감독자책임은 책임무능력자를 감독할 법정의무자 등으로 하여금 책임무능력자를 대신하여 그 손해배상책임을 부담시키는 제도이다. 예컨대 책임능력 없는 미성년자가 위법한 가해행위로 타인에게 손해를 가했다면, 이때 법정의 감독의무자인 친권자, 후견인 등과 대리감독자(학교 내 활동에 있어서는 담임교사)는 스스로 자신의 감독의무를 다하였음을 증명하지 못하는 한, 직접 피해자에 대하여 그 손해를 배상하여야 할 책임을 진다. 판례는 일정한 요건하에 책임능력 있는 미성년자에 의한 불법행위에까지 감독자책임을 확대 적용하고 있다.

다만 판례는 학교에서 발생하는 가해행위에 대하여 교사의 감독자책임을 다소 좁게 인정하는 편이다. 그도 그럴 것이 책임은 예측가능성이 있음을 전제로 한다. 학교에서 발생하는 크고 작은 문제까지 학생과 교사가 1:1로 매칭되어 감독하거나 주의를 주는 것은 현실적으로 불가

---

14 ※ 민법 제755조(감독자의 책임) ① 다른 자에게 손해를 가한 사람이 제753조 또는 제754조에 따라 책임이 없는 경우에는 그를 감독할 법정의무가 있는 자가 그 손해를 배상할 책임이 있다. 다만, 감독의무를 게을리하지 아니한 경우에는 그러하지 아니하다.
② 감독의무자를 갈음하여 제753조 또는 제754조에 따라 책임이 없는 사람을 감독하는 자도 제1항의 책임이 있다.

제754조(심신상실자의 책임능력) 심신상실 중에 타인에게 손해를 가한 자는 배상의 책임이 없다. 그러나 고의 또는 과실로 인하여 심신상실을 초래한 때에는 그러하지 아니하다.

능하다. 그럼에도 교사에게 과도한 책임을 부담시키는 것은 교사에 대한 또 다른 불공평을 야기한다. 판례는 모든 학교생활이 아닌 교육활동 및 이와 밀접·불가분한 생활관계에 한하여 교사의 감독의무를 전제로 한 손해배상책임을 인정한다.

그러나 친권자인 부모의 책임은 달리 볼 필요가 있다. 부모는 자식을 낳는 것에서 나아가 성년에 이르기까지 가정에서부터 자녀를 돌보고 훈육하며 길러내야 하는 의무를 부담한다. 손해는 있으나 이를 책임져야 할 사람이 없다는 것은 공정하지 않다. 내 자식이 사고를 쳤다는 것에서 그치는 것이 아닌, 사고의 수습을 위하여 막대한 재정적 부담을 지게 된다면 사고 발생 빈도는 분명 달라지리라 생각한다.

3. 제조물책임: 스마트폰 폭발 사고, 배상책임은 누가?

1인당 휴대폰 개통대수가 1대 이상을 넘어간지는 오래다. 휴대용 스마트 기기의 1인당 보유대수와 사용빈도는 계속적으로 증가하고 있다. 스마트폰을 넘어서 태블릿 pc, 스마트워치 등 다양한 스마트 기기를 온종일 가지고 다닌다. 바야흐로 일상에서 스마트 기기가 없는 삶을 상상할 수 없는 시대가 도래한 것이다.

그에 발맞추어 대두된 뜨거운 법적 분쟁이 '제조물책임'에 관한 것이다. 제조물책임이란, 제조물의 결함으로 상품의 이용자나 제3자가 생명·신체 또는 재산(제조물 그 자체에 대해 발생한 손해는 제외함)에 손해를 입은 경우, 그 상품의 제조사가 부담하는 배상책임이다.

본래 불법행위로 인한 손해배상을 청구하기 위해서는 피해자(원고)가 가해자의 고의 또는 과실(귀책사유)과 발생한 손해 사이의 인과관계를 증명하여야 한다. 제조물책임에서 가해자는 곧 제조사가 되는데, 제조물의 공정 과정은 점점 더 복잡해지고 전문화되는 추세이다. 이는 곧 평범한 일반인이 제조사의 귀책사유를 입증하기 쉽지 않음을 뜻한다.

「제조물 책임법」은 일정한 요건하에 제조물의 결함이 추정된다는 규정을 두어, 제조사의 구체적인 귀책사유를 묻지 않고 그 결함으로 인해 발생한 손해를 제조사가 배상하도록 정하고 있다. 피해자인 소비자는 해당 제조물이 정상적으로 사용되는 상태에서 손해가 발생하였고, 그 손해가 해당 제조물의 결함 없이는 통상적으로 발생하지 아니하다는 등 비교적 간단한 사실만 입증함으로써 제조사로부터 그 손해를 배상받을 수 있는 것이다.

※ **제조물책임법** 제3조(제조물 책임) ① 제조업자는 제조물의 결함으로 생명·신체 또는 재산에 손해(그 제조물에 대하여만 발생한 손해는 제외한다)를 입은 자에게 그 손해를 배상하여야 한다.

② 제1항에도 불구하고 제조업자가 제조물의 결함을 알면서도 그 결함에 대하여 필요한 조치를 취하지 아니한 결과로 생명 또는 신체에 중대한 손해를 입은 자가 있는 경우에는 그 자에게 발생한 손해의 3배를 넘지 아니하는 범위에서 배상책임을 진다. 이 경우 법원은 배상액을 정할 때 다음 각 호의 사항을 고려하여야 한다.

1. 고의성의 정도
2. 해당 제조물의 결함으로 인하여 발생한 손해의 정도
3. 해당 제조물의 공급으로 인하여 제조업자가 취득한 경제적 이익
4. 해당 제조물의 결함으로 인하여 제조업자가 형사처벌 또는 행정처분을 받은 경우 그 형사처벌 또는 행정처분의 정도
5. 해당 제조물의 공급이 지속된 기간 및 공급 규모
6. 제조업자의 재산상태
7. 제조업자가 피해구제를 위하여 노력한 정도

③ 피해자가 제조물의 제조업자를 알 수 없는 경우에 그 제조물을 영리 목적으로 판매·대여 등의 방법으로 공급한 자는 제1항에 따른 손해를 배상하여야 한다. 다만, 피해자 또는 법정대리인의 요청을 받고 상당한 기간 내에 그 제조업자 또는 공급한 자를 그 피해자 또는 법정대리인에게 고지(告知)한 때에는 그러하지 아니하다.

제3조의2(결함 등의 추정) 피해자가 다음 각 호의 사실을 증명한 경우에는 제조물을 공급할 당시 해당 제조물에 결함이 있었고 그 제조물의 결함으로 인하여 손해가 발생한 것으로 추정한다. 다만, 제조업자가 제조물의 결함이 아닌 다른 원인으로 인하여 그 손해가 발생한 사실을 증명한 경우에는 그러하지 아니하다.
1. 해당 제조물이 정상적으로 사용되는 상태에서 피해자의 손해가 발생하였다는 사실
2. 제1호의 손해가 제조업자의 실질적인 지배영역에 속한 원인으로부터 초래되었다는 사실
3. 제1호의 손해가 해당 제조물의 결함 없이는 통상적으로 발생하지 아니한다는 사실

현실에서 스마트폰에 내장된 배터리 결함으로 인한 폭발 사고가 심심치 않게 발생한다. 뒷주머니에 넣어둔 스마트폰이 폭발한 경우를 일례로 들어보자. 기기 폭발로 입고 있던 옷이 타버렸고 가벼운 화상도 입었다. 소비자는 스마트폰이 정상적으로 작동하는 과정에서 갑자기 폭발하였고 이러한 폭발이 통상적으로 발생하지 않는다는 사정만 입증하면, 기기 제조사에게 기기 폭발로 인하여 입은 물적 및 인적 손해의 배상을 청구할 수 있다.

제7장
소멸시효

채권자 갑과 채무자 을이 있다. 갑이 을에게 천만 원을 빌려주었고 그로부터 15년
이 지났다. 갑은 을에게 빌려준 돈을 받을 수 있을까?

권리 위에 잠자는 자는 보호받지 못한다

일반적으로 권리자가 자신의 권리를 행사할 것인지 여부는 그의 자
유로운 의사에 달려있다. 이는 곧 (권리자의 의사에 따라) 지금 당장 그 권
리를 행사할 수도 혹은 영영 행사하지 않을 수도 있다는 말이 된다. 원
칙적으로 누구도 권리자의 권리행사를 강제할 수는 없다.

시효제도는 이러한 자유로운 권리행사의 예외를 이룬다. 시효는 일
정한 사실상태가 계속되는 경우, 그 사실상태가 진정한 권리관계와 합
치하는지 여부를 묻지 않고 일정한 사실상태 그대로 법적효과를 부여
하는 제도이다. 시효는 권리를 행사하지 않는 사실상태에 권리 소멸의

효과를 부여하는 '소멸시효'와 그 반대로 권리행사상태를 고려하여 권리 취득의 효과를 부여하는 '취득시효'로 나뉜다.

물론 시효제도에 관한 원론적인 비판은 있다. 권리자가 권리를 행사하지 않는다는 이유만으로 권리자의 권리를 영구적으로 소멸시킨다는 것은 사실상 권리자의 권리행사를 강제하는 결과가 되기 때문이다. 그러나 오랜 시간 계속적으로 형성된 사실상태를 기초로 사회질서가 형성되었다면 그에 따른 법적 안정성도 고려할 필요가 있지 않을까. 일정한 사실상태를 바탕으로 그에 터잡은 법률관계가 산더미처럼 쌓였다면 그러한 권리관계도 보호해주어야 한다는 것이 시효제도의 의의이다.

채권의 소멸시효는 10년?

소멸시효기간은 권리마다 다르다. 보통의 채권 소멸시효기간은 10년이다. 다만 조속한 권리관계의 확정을 위하여 1년 또는 3년의 단기소멸시효가 적용되는 채권도 있다. 일상에서 흔히 언급되는 의사의 치료비, 근로의 대가로 발생하는 임금, 퇴직금, 매월 지급하기로 한 이자채권은 3년의 단기 소멸시효가 적용되므로, 기한 내 이를 청구하지 않으면 더 이상 받을 수 없다. 음식값, 술값, 입장료 등은 그보다 더 짧은 1년의 시효가 적용된다.

※ **민법** 제162조(채권, 재산권의 소멸시효) ① 채권은 10년간 행사하지 아니하면 소멸시효가 완성한다.

② 채권 및 소유권 이외의 재산권은 20년간 행사하지 아니하면 소멸시효가 완성한다.

제163조(3년의 단기소멸시효) 다음 각호의 채권은 3년간 행사하지 아니하면 소멸시효가 완성한다.

1. 이자, 부양료, 급료, 사용료 기타 1년 이내의 기간으로 정한 금전 또는 물건의 지급을 목적으로 한 채권

2. 의사, 조산사, 간호사 및 약사의 치료, 근로 및 조제에 관한 채권

3. 도급받은 자, 기사 기타 공사의 설계 또는 감독에 종사하는 자의 공사에 관한 채권

4. 변호사, 변리사, 공증인, 공인회계사 및 법무사에 대한 직무상 보관한 서류의 반환을 청구하는 채권

5. 변호사, 변리사, 공증인, 공인회계사 및 법무사의 직무에 관한 채권

6. 생산자 및 상인이 판매한 생산물 및 상품의 대가

7. 수공업자 및 제조자의 업무에 관한 채권

제164조(1년의 단기소멸시효) 다음 각호의 채권은 1년간 행사하지 아니하면 소멸시효가 완성한다.

1. 여관, 음식점, 대석, 오락장의 숙박료, 음식료, 대석료, 입장료, 소비물의 대가 및 체당금의 채권

2. 의복, 침구, 장구 기타 동산의 사용료의 채권

3. 노역인, 연예인의 임금 및 그에 공급한 물건의 대금채권

4. 학생 및 수업자의 교육, 의식 및 유숙에 관한 교주, 숙주, 교사의 채권

앞선 채권자 갑과 채무자 병의 사례에 살을 붙여 보자.

어느덧 갑이 을에게 돈을 빌려준 지 15년이 지났다. 그 기간 동안 갑은 을에게 빌려준 돈의 상환을 요청하지 않았다. 을 역시 갑에게 빌린 돈 일부를 갚거나 이자 등의 명

목으로 갑에게 십 원 한 장 지급한 사실이 없다. 그렇게 15년이 지났을 무렵, 갑이 을에게 빌려준 돈의 반환을 청구한다. 을은 갚아야 할까?

대여금반환청구권은 10년의 소멸시효기간이 적용되는 일반채권의 대표적인 예이다. 소멸시효기간은 권리자가 권리를 행사할 수 있는 때(권리자가 자신의 권리를 행사함에 아무런 법률상 장애가 없어야 한다)로부터 진행한다. 위 사례에서 갑은 특별한 이유 없이 10년간 을에게 대여금의 반환을 청구하지 않았다. 그렇다면 갑의 대여금반환청구권(채권)은 10년의 시효 완성으로 소멸되었다고 볼 수 있다. 따라서 을은 원칙적으로 갑에게 돈을 갚지 않아도 된다.

소멸시효 완성은 판타지일까

일반 민사채권의 시효는 10년이라고 했다. 그보다 짧은 단기 시효가 적용되는 경우와 비교해보니 꽤나 길어보인다. 그 긴 세월 동안 권리자가 자신의 권리를 행사하지 않은 경우는 실제로 많지 않다. 그럼에도 채무자 입장에서는 (갚아야 할 금액이 크면 클수록) 시효 완성에 대한 막연한 기대를 가질 수 있다. 실제로 10년의 소멸시효가 완성되는 사례가 있을까?

시효완성을 어렵게 하는 법적인 장치가 여럿 있다. 대표적으로 시효중단제도가 바로 그것이다.

※ **민법** 제168조(소멸시효의 중단사유) 소멸시효는 다음 각호의 사유로 인하여 중단된다.
1. 청구
2. 압류 또는 가압류, 가처분
3. 승인

제169조(시효중단의 효력) 시효의 중단은 당사자 및 그 승계인간에만 효력이 있다.

제176조(압류, 가압류, 가처분과 시효중단) 압류, 가압류 및 가처분은 시효의 이익을 받은 자에 대하여 하지 아니한 때에는 이를 그에게 통지한 후가 아니면 시효중단의 효력이 없다.

제177조(승인과 시효중단) 시효중단의 효력있는 승인에는 상대방의 권리에 관한 처분의 능력이나 권한있음을 요하지 아니한다.

제178조(중단후에 시효진행) ① 시효가 중단된 때에는 중단까지에 경과한 시효기간은 이를 산입하지 아니하고 중단사유가 종료한 때로부터 새로이 진행한다.
② 재판상의 청구로 인하여 중단한 시효는 전항의 규정에 의하여 재판이 확정된 때로부터 새로이 진행한다.

시효중단사유의 대표적인 경우는 청구, 압류·가압류·가처분, 승인이다.

우선 '청구'란 소송을 제기하는 것을 말한다. 소송이란 본안의 소 제기분만 아니라 독촉절차로 분류되는 지급명령신청도 포함된다. 내용증명을 보내는 방법도 있다. 다만 이는 법률상 최고로서, 6월 내 소송을 제기하거나 (가)압류를 해야만 시효가 중단된다(민법 제168조, 174조).

'압류'는 공정증서, 판결문 등과 같은 집행권원을 바탕으로 일련의 집행절차를 개시하여 강제적으로 채무자의 재산을 확보하는 사법작용을 가리킨다(민법 제168조, 제176조). 이는 권리 위에 잠자는 것이 아닌, 권리자가 적극적으로 자신의 권리를 행사하는 것으로서 응당 시효의 진행을 멈추게 한다.

'승인'은 채무자가 자신의 채무를 인정하는 것이다(민법 제168조, 177조). 예컨대 채무자가 채무의 변제조로 원금 일부를 상환하였거나 상당기간 계속적으로 이자를 갚았다면 이는 권리의 소멸을 저지하는 중단사유가 된다. 시효가 중단되면 다시 처음부터 시효가 진행된다. 예컨대 10년의 기간 중 5년만에 원금 일부를 상환하였다면 다시금 10년의 새로운 시효가 진행되는 것이다(민법 제178조). 그러다보니 현실에서 10년의 소멸시효가 그냥 완성되는 경우란 흔하지 않다. 오죽하면 죽지 않고 영원히 부활하는 권리라고 할까.

여기서 잠깐!

민사소송에서 중요한 상소기간에 대해 알아봅시다.

상소는 항소와 상고를 합한 것으로, 제1심 법원의 판단에 불복하는 것을 '항소', 제2심(항소심)의 판단에 불복하여 대법원의 판단을 받고자 하는 것을 '상고'라 합니다.

민사 상소기간은 판결문을 송달받은 날로부터 14일(2주)입니다. 상소기간 14일은 판결선고 시가 아니라 판결문을 받은 날로부터 기산합니다. 이 점이 형사사건과의 차이입니다. 형사 상소기간은 판결선고 시, 즉 판사님이 법정에서 판결을 선고한 날부터 7일(1주)입니다. 그 날로부터 1주 이내 판결을 선고한 법원에 상소장을 제출하여야 합니다.

민사 상소기간은 판결문을 받은 날로부터 2주이므로, 예컨대 우편등기로 판결문을 받았다면 그 받은 날로부터 14일 내 상소장을 제출(법원에의 도달을 의미)하여야 합니다. 전자소송으로 진행한 경우도 마찬가지입니다. 다만 전자소송은 법원에서 소송서류를 송달한 뒤, 일정기간(7일)이 지나면 0시를 기점으로 자동 송달이 이루어집니다. 이 경우에는 0시에 도달한 그 일자, 즉 초일이 산입되어 판결문을 송달받은 날을 포함하여 14일이 계산되므로 주의를 요합니다.

민사편

제8장
취득시효

갑은 수년 전 아버지로부터 땅과 지상 주택을 상속받아 그대로 살아오다 최근 노후된 주택을 개축하게 되었다. 그 과정에서 개축을 위한 측량을 하게 되었고, 옆집에 사는 을 소유 주택 부지의 담벼락과 마당 일부가 갑의 땅을 침범한 사실을 알게 되었다. 갑은 을에게 이 사실을 알리며 경계 정리를 요청하였으나, 을은 점유취득시효가 완성되었으니 내 땅이라고 주장한다. 갑은 을에게 승소할 수 있을까?

서울시만 기준으로 보더라도 바둑판처럼 다닥다닥 붙어 있는 집들이 많다. 그 구조를 자세히 들여다보면 집들끼리 그 경계가 불분명하고 서로 조금씩 맞물려 있는 형태를 쉽게 찾아볼 수 있다.

별다른 이유 없이 특별한 비용까지 들여가며 옆집과 내 집의 경계를 측량해 본다거나 등기부를 발급받아 보는 번거로운 일은 굳이 하지 않는다. 그저 아무 문제 없겠거니 하고 잘 살아간다. 다만 상속이나 매매 등 권리변동사유가 발생하고, 건물 신축이나 개축 등 현황변동까지 결부될 때 이웃과의 경계 분쟁이 수면 위로 드러나게 된다. 짧게는 수십 년, 길게는 수백 년간 의문의 여지없이 내 땅으로 알고 살았는데 어느 날 갑자기 사실은 내 땅이 아니었던 것으로 확인되었다. 누군가는 '이제라도 확인했으니 권리대로 올바르게 정리하면 되겠다'고 생각할 수 있으나, 또 누군가는 '그동안 살아온 생활이 있는데 이제 와 돌려놓으라는 것은 오히려 부당하다'고 여길 수 있다. 이와 결부된 법률문제가 바로 '점유취득시효'라는 것이다.

우리 민법은 일정한 요건하에 점유자에게 소유권을 취득시키고 있다. 이를 점유취득시효제도라고 부른다. 소유권은 대세적·영구적·배타적인 권리이며 헌법 제23조에 의하여 기본권으로까지 보장되고 있다. 반면 점유권은 어디까지나 점유라는 사실적인 지배 상태를 잠정적인 법적 지위로 명명한 것에 불과하다. 점유권이 일정한 요건을 갖추면 소유권이 된다는 것은 만고불변의 진리가 아니고 어디까지나 우리 법 제도가 그렇게 되어 있기 때문에 그렇게 운용되고 있다고 이해하는 것이 좋겠다.

점유취득시효 완성되기 위해서는

점유취득시효가 완성되기 위한 요건은 무엇일까? 민법은 20년 이상의 점유기간이 있을 것과 평온·공연한 자주점유일 것을 점유취득시효 완성의 요건으로 규정한다(민법 제245조 제1항). 한편 점유취득시효 완성으로 부동산 소유권을 취득하기 위해서는 점유취득시효의 완성으로 인한 소유권이전등기까지 마쳐야만 한다. 즉 점유취득시효 완성의 요건과 점유취득시효 완성으로 인한 부동산소유권취득의 요건은 구별된다. 아무리 20년 넘게 평온·공연·자주점유를 하였다고 하더라도 등기하지 않으면 완전하게 소유권을 취득한 것이 아니다.

한편 20년이라는 점유기간 자체는 역수상 판단하면 되는 것이기에 해석의 여지가 없지만, 그 '기산점'을 어디로 삼아야 하는지, 점유기간 중 점유자가 변경되거나 점유취득시효 완성 전·후 소유자가 변경된 경우 구체적인 법률관계 해결은 쉽지 않은 문제이다.

자주점유 vs 타주점유

대부분의 점유취득시효 분쟁에서 경계를 침범당한 소유자 측은 "변호사님, 이런 법이 어디 있습니까? 분명 제 땅인데 어떻게 제가 패소할 수 있나요?"라고 하소연한다. 앞서 설명하였듯이 점유권자가 소유권을 취득한다는 점유취득시효는 어디까지나 법 제도일 뿐 진리가 될 수는 없다. 그렇기 때문에 점유취득시효 완성의 요건은 상당히 엄격하게 판단되는 것이 타당하다.

점유취득시효 완성을 위해서는 점유자가 '소유의 의사'로 점유하였어야 하는데, 여기서 소유의 의사는 사실상 소유할 의사로 물건에 대하여 소유자가 할 수 있는 것과 같은 배타적 지배를 사실상 행사하려는 의사를 말한다[15]. 물론 민법은 자주점유가 추정된다고 정하여 점유자

---

15 취득시효에 있어서 자주점유라 함은 소유자와 동일한 지배를 사실상 행사하려는 의사를 가지고 하는 점유를 의미하는 것이지, 법률상 그러한 지배를 할 수 있는 권한, 즉 소유권을 가지고 있거나 소유권이 있다고 믿고서 하는 점유를 의미하는 것은 아니며, 또 자주점유의 내용인 소유의 의사는 점유권원의 성질에 따라 가려져야 하나 점유권원의 성질이 분명하지 아니한 때에는 민법 제197조 제1항의 규정에 의하여 점유자는 소유의 의사로 평온, 공연하게 점유

가 자주점유라는 사실을 적극적으로 입증할 필요 없음을 선언하고 있으나, 실무상 비교적 적은 범위의 경계 침범이 아닌 한 오히려 타주점유로 판단되는 경우(따라서 점유취득시효 완성이 인정되지 아니함)가 적지 않음을 인지할 필요가 있다. 자주점유인지 여부는 점유자의 주관적인 사정, 즉 점유자의 실제 의사를 기준으로 판단하는 것이 아니라, 점유취득의 원인이 된 권원의 성질이나 점유와 관계있는 모든 사정에 의하여 외형적·객관적으로 결정된다.

■ 타주점유를 인정한 대법원 판결

- 부동산을 다른 사람에게 매도하여 그 인도의무를 지고 있는 매도인의 점유는 특별한 사정이 없는 한 타주점유이다(대법원 2004. 9. 24. 선고 2004다27273 판결).
- 일반적으로 자신 소유의 대지 상에 새로 건물을 건축하고자 하는 사람은 건물이 자리 잡을 부지 부분의 위치와 면적을 도면 등에 의하여 미리 확인한 다음 건축에 나아가는 것이 보통이라고 할 것이므로, 그 침범 면적이 통상 있을 수 있는 시공상의 착오 정도를 넘어 상당한 정도에까지 이르는 경우에는 당해 건물의 건축주는 자신의 건물이 인접 토지를 침범하여 건축된다는 사실을 건축 당시에 알고 있었다고 보는 것이 상당하다고 할 것이고, 따라서 그 침범으로 인한 인접 토지의 점유는 권원의 성질상 소유의 의사가 있는 점유라고 할 수 없다(대법원 2000. 12. 8. 선고 2000다42977, 42984, 42991 판결).
- 공유부동산은 공유자 1인이 전부를 점유하고 있다고 하여도 다른 특별한 사정이 없는 한 권원의 성질상 다른 공유자의 지분비율의 범위 내에서는 타주점유라고 볼 수밖에 없다(대법원 1995. 1. 12. 선고 94다19884 판결).
- 계약명의신탁에서 명의신탁자는 부동산의 소유자가 명의신탁약정을 알았는지 여부와 관계없이 부동산의 소유권을 갖지 못할 뿐만 아니라 매매계약의 당사자도

한 것으로 추정되므로 점유자에게 적극적으로 그 점유권원이 자주점유임을 주장·입증할 책임이 있는 것은 아니고 점유자의 점유가 타주점유임을 주장하는 상대방에게 이를 입증할 책임이 있는 것이다(대법원 1994. 10. 21. 선고 93다12176 판결).

아니어서 소유자를 상대로 소유권이전등기청구를 할 수 없고, 이는 명의신탁자도 잘 알고 있다고 보아야 한다. 명의신탁자가 명의신탁약정에 따라 부동산을 점유한다면 명의신탁자에게 점유할 다른 권원이 인정되는 등의 특별한 사정이 없는 한 명의신탁자는 소유권 취득의 원인이 되는 법률요건이 없이 그와 같은 사실을 잘 알면서 타인의 부동산을 점유한 것이다. 이러한 명의신탁자는 타인의 소유권을 배척하고 점유할 의사를 가지지 않았다고 할 것이므로 소유의 의사로 점유한다는 추정은 깨어진다(대법원 2022. 5. 12. 선고 2019다249428 판결).

취득시효의 기산점

점유취득시효 완성을 원인으로 한 부동산소유권취득에는 20년 이상의 점유가 필요하다. 20년이 지났는지 아닌지는 달력을 통해 확인하면 되는 것이므로 산술적인 해석의 여지가 있을 수 없다. 문제는 '기산점'이다. 점유자의 점유 개시 시점을 기산점으로 해야 하는지, 점유자의 점유기간을 통산하여 그 기간이 20년을 넘기만 하면 되므로 점유자가 그 점유기간 중 임의로 기산점을 특정해도 되는지가 문제된다.

점유취득시효가 완성되었다고 하여 점유자가 자동으로 소유자가 되는 것은 아니다. 점유자는 완성 당시 소유자를 상대로 점유취득시효 완성을 원인으로 한 소유권이전등기청구권을 행사할 수 있는 채권적 권리를 가질 뿐이고, 실제 그 권리를 행사하여 등기까지 필하여야만 완전한 소유권을 취득하게 된다. 이처럼 점유취득시효 완성을 원인으로 하는 소유권이전등기청구권은 채권적 청구권에 불과하기 때문에, 점유자는 점유 개시 시점이 아닌 다른 때를 임의의 시효 완성의 기산점으로 주장할 수 없는 것이 원칙이다.

상속·매매·경매 등으로 수차례 소유권 변동이 있을 때도 마찬가지이다. 예컨대 피상속인의 종전 점유를 상속인이 그대로 승계하여 통산 점유기간 20년이 도과하였고, 상속인이 점유취득시효 완성으로 인한 소유권이전등기를 마치기 전 피침범부동산의 소유권자가 변경되었다고 가정해 보자. 이 경우 상속인인 현 점유자는 종전 점유자(피상속인)의 점유를 승계할 수는 있으나 점유 개시 시점을 임의로 선택할 수는 없다. 종전 점유자의 최초 점유 개시 시점을 기준으로 하여야 하며, 그로부터 20년이 지난 당시의 소유자에게만 점유취득시효 완성을 원인으로 하는 소유권이전등기청구권을 가지는데, 점유자가 그 권리를 행사하여 소유권등기를 필하기 전에 피침범지 소유자가 변경되었다면 점유자는 바뀐 소유자에게 점유취득시효 완성을 주장할 수 없게 된다. 결국 점유자가 패소하는 결론에 이른다.

다만 위와 같은 원칙에는 예외가 있다. 예를 들어 피침범부동산의 소유자가 바뀌었더라도 그 새로운 소유자의 소유권 취득시점을 기준으로 하여 새롭게 점유자의 점유취득시효 완성 기간인 20년이 지난 경우라면, 점유자는 점유자의 점유 개시 시점이 아니라 피침범부동산의 소유권 변동시점을 기준으로 점유취득시효 완성을 주장할 수 있다[16].

---

16 부동산에 대한 점유취득시효가 완성된 후 취득시효 완성을 원인으로 한 소유권이전등기를 하지 않고 있는 사이에 그 부동산에 관하여 제3자 명의의 소유권이전등기가 경료된 경우라 하더라도 당초의 점유자가 계속 점유하고 있고 소유자가 변동된 시점을 기산점으로 삼아도 다시 취득시효의 점유기간이 경과한 경우에는 점유자로서는 제3자 앞으로의 소유권 변동시를 새로운 점유취득시효의 기산점으로 삼아 2차의 취득시효의 완성을 주장할 수 있다(대법원 2009. 7. 16. 선고 2007다15172, 15189 전원합의체 판결).

민사편

국유재산도 취득시효의 대상이 될까

가끔 국가로부터 변상금부과처분을 받았다면서 찾아오시는 분들이 있다. 오래 전부터 개인 땅으로 활용되고 있어 돈까지 주고 매입하여 수십 년간 농사를 지어 왔는데, 어느 날 갑자기 국가 땅이니 변상금을 내라는 처분통지가 왔다며 억울한 심정을 토로하곤 한다.

이 문제에 대한 해결은 국유재산도 점유취득시효 완성의 대상이 되는지 여부와 관련된다. 일단 국유재산은 그 용도에 따라 행정재산과 일반재산으로 나뉜다. 행정재산은 다시 공용재산, 공공용재산, 기업용재산, 보존용재산으로 분류된다. 「국유재산법 및 공유재산법」에 따라 국유재산 중 행정재산은 취득시효의 대상에서 제외된다. 그러나 국유재산 중 행정재산이 아닌 일반재산은 점유취득시효 완성의 대상이 될 수 있다. 해당 부동산이 일반재산이라면 점유자는 점유취득시효 완성을 주장할 여지가 생기는 것이다. 따라서 국유재산을 20년 이상 점유해 온 사람이 갑자기 변상금부과처분 통지서 등을 받았다면, 일단 국유재산 관리청인 캠코(한국자산관리공사)에 해당 국유재산이 행정재산인지 일반재산인지 여부를 확인하고 그에 따라 대응책을 검토해야 한다. 다만 점유취득시효 기간 내내 일반재산으로 유지되어야 하며, 이 점에 대한 증명책임은 취득시효를 주장하는 자에게 있다.

만일 타인으로부터 매수한 내 땅 일부가 국유재산을 침범한 사실을 뒤늦게 알게 되었고, 변상금부과처분을 받는다면 자주점유 추정이 번복될까? 대법원은 원칙적으로 변상금 부과처분을 받았다는 사정만으로는 자주점유 추정이 번복되지는 않는다는 입장이다.[17]

---

17 지방자치단체가 공유지 점유자에게 사용료 납부 통지를 하고 그의 불하 신청

소 장

원 고 홍길동

　　　서울 송파구 잠실대로 1 한국아파트 101동 305호

　　　원고 소송대리인

　　　　변호사 김세라

　　　　서울 서초구 서초대로 286, 802호 (서초동, 서초프라자)

　　　　법률사무소 예감

　　　　(전화 : 02-585-2927, 휴대전화:010-****-****

　　　　팩스 : 02-585-2928, 이메일: ******@********)

피 고 이무룡 (인) (781107-1123450)

　　　경기 안양시 법원로 7 대한빌라 202호

소유권이전등기청구

청구취지

1. 피고는 원고에게, 서울시 종로구 평창동 100 대 700㎡ 중 별지 도면 표시 1, 2, 3, 4, 5, 6, 7, 1의 각 점을 순차로 연결한 선내 (가) 부분 38㎡에 관하여 2019. 11. 10. 점유취득시효 완성을 원인으로 한 소유권이전등기절차를 이행하라.
2. 소송비용은 피고가 부담한다.

라는 판결을 구합니다.

을 거부하는 등 분쟁이 있었다 하더라도, 그 점유의 평온·공연성이 상실되거나 타주점유로 되지 않으며, 국가나 지방자치단체가 국·공유 토지의 점유자에 대하여 그 사용료를 부과 고지하는 것만으로는 바로 점유자의 점유취득시효가 중단된다고 할 수 없다(대법원 1995. 11. 7. 선고 95다33948 판결).

청구원인

1. 원고는 서울시 종로구 평창동 99 대 500㎡ 및 지상 주택의 법률상 소유자(이하 '평창동99번지'라고만 합니다)이고, 피고는 서울시 종로구 평창동 100 대 700㎡ 및 지상 주택의 법률상 소유자(이하 '평창동100번지'라고만 합니다)이며 위 각 부동산은 바로 옆에 붙어있습니다(갑 제1호증의 1 부동산등기사항전부증명서(99번지-토지), 갑 제1호증의 2 부동산등기사항전부증명서(99번지-건물), 갑 제2호증의 1 부동산등기사항전부증명서(100번지-토지), 갑 제2호증의 2 부동산등기사항전부증명서(100번지-건물)).

2. 원고는 1995년 10월 3일경 평창동99번지 토지를 금 700,000,000원에 매수한 후 즉시 토지에 대한 이전등기를, 원고의 비용으로 지상 주택을 완공한 1996. 7. 5.경 건물에 대한 보존등기를 각 필하였으며 이후 현재에 이르기까지 소유의 의사로 평온·공연하게 점유하여 왔습니다(갑 제3호증 사진 및 동영상).

3. 그러던 2019년 5월경부터 피고는 원고가 평창동100번지 토지 중 별지 도면 표시 선내 (가) 부분 38㎡를 침범한 사실을 알게 되었다며, 해당 부분에 대한 인도를 요구하기 시작하였습니다(갑 제4호증 내용증명).

4. 그러나 원고는 20년 넘게 평창동100번지 토지의 일부인 별지 도면 표시 선내 (가) 부분 38㎡ 부분을 소유의 의사로 평온·공연하게 점유해 왔습니다. 또한 1995년 10월경 이후부터 현재에 이르기까지 평창동99번지 토지 및 지상 건물과 평창동100번지 토지 및 지상건물의 소유자는 변동이 없었기 때문에 원고는 점유개시시점을 임의로 특정할 수 있는바, 1999. 11. 11.을 그 기산점으로 하여 20년이 되는 2019. 11. 10.자로 피고에 대하여 점유취득시효 완성을 원인으로 한 소유권이전등기청구권을 가집니다.

5. 사정이 이러함에도 피고는 계속하여 별지 도면 표시 선내 (가) 부분 38㎡의 소유권을 주장하고 있을 뿐이기에, 이 건 소를 제기하게 되었습니다(갑 제5호증 피고와 통화 녹취록).

6. 원고의 청구를 전부인용하여 주시기 바랍니다.

입증방법

1. 갑 제1호증의 1 부동산등기사항전부증명서(99번지-토지)
1. 갑 제1호증의 2 부동산등기사항전부증명서(99번지-건물)
1. 갑 제2호증의 1 부동산등기사항전부증명서(100번지-토지)
1. 갑 제2호증의 2 부동산등기사항전부증명서(100번지-건물)
1. 갑 제3호증 사진 및 동영상
1. 갑 제4호증 내용증명
1. 갑 제5호증 피고와 통화 녹취록

첨부서류

1. 소송위임장

2019. 11. 30.

원고 소송대리인
변호사 김세라

서울중앙지방법원 귀중

제9장
법정지상권 (철거소송)

갑은 부친의 사망으로 그가 평생 살았던 시골집을 상속받게 되었다. 이 과정에서 갑은 시골집은 부친 소유가 맞으나 그 대지는 을의 소유임을 알게 되었다. 몇 년 후 대지 소유자 을은 갑을 상대로 본인 땅에 허락 없이 건물을 지어 땅을 사용하고 있다면서 건물철거 및 대지인도를 구하는 민사소송을 제기하였다. 갑은 승소할 수 있을까?

우리나라 법제상 '토지'와 '건물'은 별도로 취급된다. 그런데 건물이 공중부양하는 것은 불가능하기 때문에 반드시 건물이 존재할 부지(토지)가 필요하다. 민법상 토지와 건물은 별개의 부동산으로 취급되기 때문에 건물소유자와 토지소유자가 동일인이 아닌 한, 건물소유자에게는 항상 토지사용권이 필요할 수밖에 없다.

토지사용권은 크게 물권과 채권으로 나뉜다. 물권에는 법정지상권, 약정지상권, 관습법상 법정지상권이 있고, 채권에는 건물 소유 목적의 토지임대차계약이 있다. 지상권과 토지임차권을 구별하지 못하는 사람들이 정말 많다. 지상권과 토지임차권은 전혀 다른 권리로 그 성립요건 및 효과에 상당한 차이가 있기 때문에 반드시 구별하여 이해하여야 한다.

토지사용권 분쟁, 예방도 가능하다

철거소송 사례 중 상당수는 시골의 노후 주택에서 발생한다. 오래 전부터 살아왔던 집에 대한 법률적 소유권(등기사항전부증명서[18]에 기재된 소유권을 의미한다) 유무에 대한 제대로 된 확인조차 없는 상태에서 그저 내 집, 내 땅이겠거니 하고 수십 년간 살아간다. 그러다 사망이나 경매·매매 등의 사정으로 토지 또는 건물 소유권자가 변동되면서 분쟁의 서막이 열리게 된다.

분쟁을 예방하는 방법은 간단하다. 우선적으로 토지와 건물 모두에 대하여 등기부를 통해 소유권 유무 및 권리변동사항을 정확히 확인하면 된다. 생각보다 등기부를 전혀 확인하지 않고, "내 집인데", "내 땅인데"라고 우기는(그렇게 믿어 왔던, 생각해 왔던) 사람들이 너무나도 많다. 소유권 유무는 본인의 개인적인 생각이나 주변 사람들의 증언으로 인정되는 것이 아니다. 등기부의 기재가 그 기준임을 명심해야 한다.

참고로 임야대장, 토지대장, 건축물대장과 같은 각종 대장은 행정상 목적으로 제작되며 부동산의 현황(면적, 용도 등)을 기재하는 장부이다. 법률상 소유권 등 권리관계 변동은 대장이 아닌 등기부 기재가 기준이 된다.

18　구 명칭 등기부

민사편

여 기 서 잠 깐 !

등기부 보는 방법 알아볼까요?

우선 등기부는 [표제부], [갑구], [을구]로 나뉩니다.

[표제부]는 해당 부동산의 현황이 표시되고, [갑구]와 [을구]에는 권리관계변동이 기재됩니다.

[갑구]는 소유권에 관한 사항이 기재되는데 가압류등기·가처분등기도 여기에 기입됩니다. 반면 [을구]에는 제한물권 등 소유권 이외의 권리사항, 대표적으로 근저당권설정등기가 기입됩니다.

A부동산 매수를 앞두고 등기부를 잘 보는 방법은 다음과 같습니다. 우선 [갑구]에 최종소유자로 등재된 사람이 부동산매매계약서상 매도인과 일치하는지 그 인적 사항의 동일성을 확인하여야 합니다. 또한 [갑구]에 가압류나 가처분등기가 있다면 매수하지 않는 것이 좋습니다.

[을구]에 근저당권이 설정되었다고 해서 무조건 매수를 포기할 것은 아닙니다. 부동산 거래 시 은행대출을 받는 것은 흔한 일이기 때문입니다. 다만 근저당권설정등기에 명기된 채권최고액이 현재 해당 부동산 가치의 40%~50%를 넘는다면 매수하지 않는 편이 안전합니다. 물론 가급적 근저당권설정등기가 없는 깨끗한 부동산을 매수하는 것이 좋습니다.

등기사항전부증명서
- 토지 [제출용] -

※ 이해를 돕기 위한 가상의 자료입니다.

[토지] 서울시 서초구 법원로 123

【 표 제 부 】		(토지의 표지)			
표시번호	접 수	소 재 지 번	지 목	면 적	등기원인 및 기타사항
1	2024년 1월 2일	서울시 서초구 법원로 123	대	16㎡	분할로 인하여 전 30㎡를 서울시 서초구 법원로 122에 이기

【 갑　　　구 】		(소유권에 관한 사항)		
순위번호	등 기 목 적	접 수	등 기 원 인	권리자 및 기타사항
1	소유권이전	1990년 1월 15일 제12345호	1990년 1월 10일 증여	소유자 임꺽정 500717-******* 서울시 서초구 법원로 12

【 을　　　구 】		(소유권 이의의 권리에 관한 사항)		
순위번호	등 기 목 적	접 수	등 기 원 인	권리자 및 기타사항
1	근저당권설정	2002년 8월 16일 제6789호	2002년 8월 14일 설정계약	채권최고액 금 50,000,000원 채무자 임꺽정 서울시 서초구 법원로 12 근저당권자 주식회사 국민은행 서울시 영등포구 의사당대로 141

다른 사람 소유의 땅이라는 사실을 알았다면 건물을 짓기 전 토지소유자와 연락을 취하는 등의 방법으로 토지 사용 문제를 해결하는 것이 보통일 텐데, 이렇게 토지 소유자의 허락(동의)를 받아 건물을 짓는 경우 건물소유자의 토지이용권은 약정지상권 또는 건물 소유 목적의 토지임차권 둘 중 하나가 된다. 약정지상권은 물권으로 토지의 등기부에 지상권등기까지 경료되어야만 성립하며, 그 누구에게라도 주장할 수 있는 대세적 효력을 가지게 된다. 위 지상권등기에는 지상권 존속기간이 명기되며 지료 지급 약정이 있으면 지료까지 등기된다. 지료 지급 유무는 당사자의 합의에 따르기 때문에 지료가 없는 지상권도 있을 수 있다. 무상의 지상권도 존재할 수는 있다는 점에서, 유상계약으로 반드시 차임이 있어야 한다는 임대차계약과 다르다. 법률적으로는 지상권 등기가 없다면 약정지상권은 성립될 수 없다. 그저 당사자들 사이 채권적 효력만 가지는 토지임대차계약인 경우가 대부분이다.

그밖에 약정지상권과 토지임대차계약의 차이는 최단존속기간이 보장되는지, 임대인이 언제든지 자유롭게 계약해지통보를 할 수 있는지 등에 있다. 특히 기간의 정함이 없는 토지임대차계약의 경우, 임대인(토지소유자)은 언제든지 임차인에 대하여 계약해지통보가 가능하다. 임차인(건물소유자)이 위 해지통고를 받은 날로부터 6개월이 지나면 토지임대차계약은 종료된다(민법 635조). 즉, 건물 소유자는 토지사용권을 상실하고 토지소유자는 건물소유자에게 건물철거 및 토지인도소송을 제기하여 승소할 가능성이 매우 높아지는 것이다.

비교하여 지상권의 경우 최단존속기간이 법에 명시되어 있다. ① 석조, 석회조, 연와조 또는 이와 유사한 견고한 건물이나 수목의 소유를 목적으로 하는 때에는 30년, ② 그 외 건물의 소유를 목적으로 하는 때에는 15년, ③ 건물 이외의 공작물의 소유를 목적으로 하는 때에는 5년이다. 따라서 지상권의 경우, 지상권설정자의 해지통보가 있다고 하여 최단 존속기간 전에 지상권이 소멸될 수는 없다(민법 제280조, 제281조 제1항).

　'영구무한의 지상권' 또는 '영구무한의 임대차'도 가능할까? 대법원은 영구무한의 지상권, 영구무한의 임대차 모두 원칙적으로 가능하다는 입장이다.[19,20]

지상물매수청구권

　토지소유자가 제기한 건물철거소송에서 건물소유자가 패소 가능성이 높은 상황이라도 마지막 돌파구가 하나 있다. '지상물매수청구권'이 바로 그것이다.

　지상물매수청구권은 건물 소유를 위한 토지임대차계약 종료 시 지상물이 현존하는 때, 건물소유자가 토지소유자에게 "돈을 주고 지상물을 매수해라"라고 청구할 수 있는 권리이다. 건물 소유를 위한 토지임대차관계에서 건물소유자에게 더 이상 토지사용권은 인정되기 어려운 경우라도, 건물소유자는 토지소유자에게 건물 값을 주고 건물을 매수하라고 말할 수 있는 것이다. 일반적으로 (법률적 권리구조를 전부 생략하고) 설명할 때 "토지소유자와 잘 협의하셔서 합의금조로 건물가액에 상응하는 금액을 받고 퇴거하시는 것이 좋겠습니다"라고 이야기하는데,

---

19　대법원 2001. 5. 29. 선고 99다66410 판결
20　대법원 2023. 6. 1. 선고 2023다209045 판결

이를 보다 정확하게 풀어 쓰자면 "건물소유자는 토지소유자와 기간의 정함이 없는 건물 소유를 위한 토지임대차계약을 맺었으나, 토지소유자(임대인)가 계약해지통고를 보내왔으니 건물소유자(임차인)가 그 통고를 받은 날로부터 6개월이 지나면 위 토지임대차계약은 종료됩니다. 따라서 토지소유자가 건물소유자에게 건물철거소송을 제기하면 승소할 가능성이 매우 높고, 다만 건물 소유를 위한 토지임대차계약이기 때문에 건물소유자는 토지소유자에게 지상물매수청구권을 행사하여 그 당시 건물 시가 상당을 돈으로 받을 권리가 있습니다."라는 설명이 된다. 참고로 이러한 지상물매수청구권은 물권적 토지사용권능인 지상권에서도 인정된다.

법정지상권

처음부터 또는 어느 순간에라도 토지와 건물 등기부상 '소유권'이 같은 사람에게 귀속되었던 적이 있었다면, 법정지상권 또는 관습법상 법정지상권 성립을 검토해 볼 여지가 생긴다. 위에서 설명하였던 약정지상권은 당사자 간의 합의(계약)를 기초로 하는 권리임에 비하여, 법정지상권 또는 관습법상 법정지상권은 당사자의 합의와 무관하게 법정요건을 갖추면 당연히 성립되는 권리이다. 법정지상권과 관습법상 법정지상권의 가장 큰 차이는 토지와 건물의 소유자가 달라지는 원인이 저당권 실행을 위한 경매인지 아니면 매매 등인지 여부에 있다.

관습법상 법정지상권의 성립요건은, ① 처분 당시 토지와 건물이 동일인의 소유에 속할 것, ② 매매 기타의 적법한 원인으로 소유자가 달라질 것, ③ 당사자 사이에 건물을 철거한다는 특약 또는 토지의 점유·사용에 관하여 다른 약정이 없을 것으로 정리할 수 있다.

법정지상권은 ① 저당권 설정 당시부터 건물이 존재할 것, ② 저당권이 설정될 당시에 토지와 건물의 소유자가 동일할 것, ③ 경매로 인하여 건물과 토지에 대한 소유자가 분리될 것을 그 성립요건으로 한다.

서식례 철거소송 소장

소 장

원   고   홍길동
　　　　서울 송파구 잠실대로 1 한국아파트 101동 305호
　　　　원고 소송대리인
　　　　　변호사 김세라
　　　　　서울 서초구 서초대로 286, 802호 (서초동, 서초프라자)
　　　　　법률사무소 예감
　　　　　(전화 : 02-585-2927,　휴대전화:010-****-****
　　　　　팩스 : 02-585-2928,　이메일: ******@********)

피   고   이몽룡 (인) (781107-1123450)
　　　　경기 안양시 법원로 7 대한빌라 202호

건물철거 및 토지인도 등

청구취지

1. 피고는 원고에게,
　가. 별지 목록 제2기재 부동산을 철거하고, 별지 목록 제1기재 부동산을 인도하라.
　나. 2023. 6. 5.부터 별지 목록 제1기재 부동산인도완료일까지 매월 5일에 2,200,000원씩의 비율에 의한 금원을 지급하라.
2. 소송비용은 피고가 부담한다.

---

3. 위 제1항은 가집행할 수 있다.
라는 판결을 구합니다.

청구원인

1. 원고는 경기도 평택시에 소재한 별지 목록 제1기재 부동산의 법률상 소유자
입니다(갑 제1호증 등기사항전부증명서(제1부동산)).

2. 원고와 피고는 2020. 5. 5.경 피고가 별지 목록 제1기재 부동산 지상에 별지 목
록 제2기재 부동산을 건축하여 소유하는 방법으로 이용하도록 '건물 소유 목
적의 토지 임대차계약'을 체결하였는바, 그 계약내용은 아래와 같습니다(갑
제2호증 토지임대차계약서, 갑 제3호증 등기사항전부증명서(제2부동산)).
 - 임대차기간: 2020. 5. 5. ~ 2023. 5. 5.
 - 차임(월세): 월 200만 원(부가가치세 별도), 매월 5일 지급
 - 계약종료 시 피고가 선축한 별지 목록 제2기재 부동산은 피고의 비용으로
 철거한다.

3. 원고는 2023. 3. 10.경 피고에게 "임대차계약종료 및 갱신거절"의 내용증명
을 보냈고, 피고도 그에 동의하였고 2023. 5. 5.까지 명도 및 철거를 마치기
로 약속하였습니다(갑 제4호증 내용증명).

4. 그러나 피고는 2023. 5. 5.이 5개월 지난 현재까지도 차일피일 미루기만 할
뿐 별지 목록 제1기재 부동산의 인도 및 별지 목록 제2기재 부동산의 철거
를 이행하지 않고 있습니다(갑 제5호증 피고의 문자메시지).

5. 이에 부득이 원고는 이 사건 소송을 제기하게 되었는바, 원고의 청구를 전부
인용하여 주시기 바랍니다.

입증방법

1. 갑 제1호증 등기사항전부증명서(제1부동산)
1. 갑 제2호증 토지임대차계약서
1. 갑 제3호증 등기사항전부증명서(제2부동산)
1. 갑 제4호증 내용증명
1. 갑 제5호증 피고의 문자메시지

첨부서류

1. 소송위임장

2024. 7. 1.

원고 소송대리인
변호사 김세라

수원지방법원 평택지원 귀중

[별지 목록]

부동산의 표시

1. 경기도 평택시 행복로7 대 155㎡
2. 위 지상 철근콘트리트조 평슬래브지붕 단층주택 95㎡. 끝.

제10장
판결 후 해야 할 일

   기나긴 시간 끝에 드디어 판결이 선고되었다. 두 다리 뻗고 잘 수 있을까. 아직은 아니다. 우리 법원은 3심제, 즉 하나의 사건에 3번의 재판을 받을 수 있는 심급제를 취한다. 이전 심급에서 위법·부당한 판결을 받았다면 상소심 법원에서 다른 법관에게 다시 재판을 받을 수 있다.

   이렇게 3심을 거쳐 재판절차가 마무리되었다고 하자. 이제는 정말 끝난걸까. 야속하지만 아직도 아니다. 소송절차와는 별개로 소송 이후의 절차가 남아있다.

소송비용 청구부터

   소송을 하는 과정에서 지출된 비용은 크게 인지대, 송달료, 법원보관금(각종 증거신청 명목으로 납부하며, 사실조회신청수수료, 감정료 등이 해당한다), 변호사보수 등이 있다. 이 중 최고의 관심사는 단연 변호사 보수이다.

민사소송법은 소송비용 부담에 관하여 '패소자부담주의(민사소송법 제98조)'를 취한다. 본안소송에서는 본안의 소송물에 관한 판단뿐만 아니라 소송비용에 대한 재판도 겸하는데, 소송에서 원고가 전부 승소한 경우 소송비용은 피고가 부담하라는 판결이 나온다.

부담주체가 정해졌다면 구체적으로 패소자에게 받을 수 있는 소송비용을 확정해야 하는데, 소송 전 과정에서 지출한 인지대와 송달료, 변호사보수를 합산하여 '소송비용액확정신청서'를 제출하면 된다. 소송비용에 관한 재판의 관할은 제1심 수소법원이다.

서식례 소송비용액확정신청서

소송비용액확정신청서

신 청 인 성명　　홍길동 (인) (840901-1184920)

　　　　　주소　　서울 송파구 잠실대로 1 한국아파트 101동 305호

피신청인 성명　　이몽룡 (인) (781107-1123450)

　　　　　주소　　경기 안양시 법원로 7 대한빌라 202호

신청취지

위 당사자 사이의 이 법원 2024. 5. 1. 선고 2024가단1234호 대여금 사건 판결에 따라 피(원)고가 상환하여야 할 소송비용액은 금 5,852,927원임을 확정한다.

신청이유

이 법원 2024가단1234호 대여금 사건 판결에 따라 피(원)고가 상환하여야 할 소송비용액은 첨부계산서와 인정되므로 신청취지와 같은 결정을 구합니다.

소명방법

1. 소갑 제1호증 변호사보수 영수증
2. 소갑 제2호증 인지대 및 송달료 영수증
3. 소갑 제3호증 법원보관급 납부영수증

첨부서류

1. 소송비용계산서
2. 소송위임장

2024 . 7. 1.

신청인 소송대리인
변호사 김세라

서울동부지방법원 귀중

다만 변호사 보수에 관하여는 실제 지출한 비용 전액이 아니라, 대법원 규칙이 정하는 범위 안에서 실제 지출한 비용을 청구할 수 있다. 법정의 한계가 없다면 형편에 따라 선임비로 지출할 수 있는 최대 비용의 한계는 존재하지 않게 되는 문제가 있다. 예를 들어 소가 300만 원짜리 소송에서 승소자가 변호사선임비용으로 1,000만 원을 지출한 경우, 패소하였다고 하여 승소자의 변호사선임비용 1,000만 원을 모두 부담해야 한다면 불합리한 것이다. 이에 법은 패소자에게 부담시킬 비용을 적정선에서 제한하고자 「변호사보수의 소송비용 산입에 관한 규칙」에서 일정한 기준을 설정하고 있다.

※ 변호사보수의 소송비용 산입에 관한 규칙 별표

소송목적 또는 피보전권리의 값	소송비용에 산입되는 비율 또는 산입액
300만원까지 부분	30만원
300만원을 초과하여 2,000만원까지 부분 [30만원 + (소송목적의 값 − 300만원) × $\frac{10}{100}$]	10%
2,000만원을 초과하여 5,000만원까지 부분 [200만원 + (소송목적의 값 − 2,000만원) × $\frac{8}{100}$]	8%
5,000만원을 초과하여 1억원까지 부분 [440만원 + (소송목적의 값 − 5,000만원) × $\frac{6}{100}$]	6%
1억원을 초과하여 1억5천만원까지 부분 [740만원 + (소송목적의 값 − 1억원) × $\frac{4}{100}$]	4%
1억5천만원을 초과하여 2억원까지 부분 [940만원 + (소송목적의 값 − 1억5천만원) × $\frac{2}{100}$]	2%
2억원을 초과하여 5억원까지 부분 [1,040만원 + (소송목적의 값 − 2억원) × $\frac{1}{100}$]	1%
5억원을 초과하는 부분 [1,340만원+ (소송목적의 값 − 5억원) × $\frac{0.5}{100}$]	0.5%

예를 들어보자. 소가 3,000만 원의 대여금청구사건에서 440만 원을 변호사 보수로 지급하였다면, 패소자에게 청구할 수 있는 변호사 보수는 200만 원+(3,000만 원-2,000만 원)×0.08은 최대 280만 원이다. 만일 같은 사건에서 변호사 보수로 220만 원 지급하였다면 실제 지급한 220만 원만을 청구할 수 있다.

소가 3억 원의 민사소송에서 1,200만 원을 변호사 보수로 지급하였다면 패소자에게 청구할 수 있는 변호사 보수는 1,040만 원+(3억 원-2억 원)×0.01은 최대 1,140만 원이다. 실제 1,200만 원을 지급하였더라도 패소자에게 청구할 수 있는 비용은 최대 1,140만 원으로 그 한계선을 넘지 못한다.

판결금을 받는 가장 쉬운 방법

소송의 양 당사자가 사건 종결 후 판결의 이행에 관하여 연락을 주고받는 경우가 있다. 특히 쌍방 모두 소송대리인을 선임한 경우는 더욱 그렇다. 대리인의 관여로 사건 외에서 개인적인 연락을 통하여 판결금의 이행과 소송비용의 지급방법 등에 관하여 논의한다. 이를 통해 부수적인 절차 진행 없이도 쉽게 판결금을 받을 수 있다.

소송대리인이 선임되어 있지 않은 경우도 마찬가지이다. 어쩔 수 없이 소송은 하였으나 당사자 간 감정교류가 원만하고 소통이 원활하다면 임의적인 이행도 기대해볼 수 있다.

강제집행 필승법, 소송에서부터 시작하라

1. 소송사건을 활용하라.

판결 전과 판결 이후의 절차는 엄연히 별개의 것이다. 흔히 '본안'이라고 부르는 소송단계는 실체권리에 대한 판단과 분쟁의 대상이 되는 법률관계를 명확히 하고자 함에 그 목적이 있다. 반면 판결 이후의 집행절차는 본안에서 확정된 권리를 바탕으로 이를 현실화하는, 즉 직접적으로 '돈'을 받는 단계로 나아가는 것이다. 이렇듯 양자는 그 목적과 절차가 상이하지만, 둘의 관계를 완전히 떼어 놓고 생각해서는 안 된다.

강제집행도 집행할 채무자의 재산을 알아야 할 수 있기 때문이다. 쉽게 말해 판결금을 받기 위해 채무자 소유 부동산을 경매하고자 한다면, 채무자 소유 부동산이 어디에 있는지 그 주소를 알아야 한다. 월급 압류도 마찬가지이다. 채무자의 직장이나 월급 계좌를 특정할 수 있어야 한다.

본안소송이 진행되는 과정에서 소장 부본 송달을 위한 상대방의 주소를 특정하는 것은 필수값이다. 상대방의 주소를 바탕으로 부동산 소유 이력을 확인할 수 있으며, 사실조회, 금융거래정보조회 등 각종의 증거신청을 통해 상대방이 주로 활용하는 은행 계좌에 관한 정보도 얻을 수 있다. 소송과정에서 채무자의 재산에 관한 자료를 최대한으로 확보해둔다면 추후 강제집행 과정이 조금 쉬워질 수 있다.

2. 강제집행 방법 정리해보자.

'채권압류 및 전부명령', '채권압류 및 추심명령'

흔히 '통장 압류'를 생각하면 이해하기 쉽다. 실무적으로는 채무자가 주로 사용하는 은행 계좌(예금채권 등)에 대한 압류, 채무자의 재직 중인 회사에 대한 임금채권 압류를 주로 활용한다. 다만 압류는 어디까지나 채무자가 돈을 더 이상 빼가지 못하도록 묶어두는 데만 그 의미가 있을 뿐이고, 여기에 더해 발하여진 추심(전부)명령을 통해 묶어둔 채무자의 재산에 직접적으로 권한을 행사할 수 있는 것이다.

　일반적으로 압류된 예금채권에 대한 추심권의 행사는 ① 법원의 압류 및 추심명령결정, ② 채권자 및 제3채무자(은행)에게로의 통지, ③ 채권자의 제3채무자에 대한 추심권 행사, ④ 제3채무자(은행)가 채권자에게 추심금 지급, ⑤ 채권자의 추심신고 순으로 그 절차를 거치게 된다.

서식례　채권압류 및 추심명령 신청서

채권압류 및 추심명령 신청서

채 권 자　성명　홍길동 (인) (840901-1184920)
　　　　　주소　서울 송파구 잠실대로 1 한국아파트 101동 305호

채 무 자　성명　이몽룡 (인) (781107-1123450)
　　　　　주소　경기 안양시 법원로 7 대한빌라 202호

제3채무자　성명　주식회사 국민은행
　　　　　주소　서울특별시 영등포구 의사당대로 141

신청취지
채무자의 제3채무자에 대한 별지 기재의 채권을 압류한다.
제3채무자는 채무자에게 위 채권에 관한 지급을 하여서는 아니 된다.
채무자는 위 채권의 처분과 영수를 하여서는 아니 된다.
위 압류된 채권은 채권자가 추심할 수 있다.
라는 결정을 구합니다.

청구채권 및 그 금액: 별지 목록 기재와 같음

신청이유
　이 법원 2024가단1234호 대여금사건의 판결이 확정되었음에도 불구 채무자가 위 판결금을 미지급하고 있으므로, 별지기재 채권을 압류 및 추심하여 청구채권의 변제에 충당하고자 합니다.

첨부서류

1. 집행력있는 집행권원
2. 송달증명원 및 확정증명원
3. 별지 (압류할 채권의 표시)
4. 소송위임장

2024 . 7. 1.

채권자 소송대리인
변호사 김세라

수원지방법원 안양지원 귀중

〈별지〉

청 구 채 권

금	100,000,000원	(대여금)
금	5,967,213원	(위 금원에 대한 2024. 1. 2.부터 2024. 7. 1.까지의 이자 및 지연손해금)
금	510,000원	(집행비용의 내역: 신청서 첨부인지대, 송달료 및 변호사 보수 합계)
합계 금	106,477,213원	

압류할 채권의 표시

◉ 임금 및 퇴직금

금 106,477,213원

 채무자가 제3채무자로부터 매월 수령하는 급여채권(급료, 상여금, 그 밖에 이와 비슷한 성질을 가진 급여채권)에서 제세공과금을 뺀 잔액의 1/2씩 위 청구금액에 이를 때까지의 금액[다만, 국민기초생활보장법에 의한 최저생계비를 감안하여 민사집행법 시행령이 정한 금액에 해당하는 경우에는 이를 제외한 나머지 금액, 표준적인 가구의 생계비를 감안하여 민사집행법 시행령이 정한 금액에 해당하는 경우에는 이를 제외한 나머지 금액] 및 위 청구금액에 달하지 아니한 사이에 퇴직한 때에는 퇴직금에서 제세공과금을 뺀 잔액의 1/2 중 위 청구금액에 이를 때까지의 금액

〔단, 근로자퇴직급여 보장법 제7조 및 동법 시행령 제2조에 따라 압류가 금지된 퇴직연금제도의 급여를 받을 권리는 제외한다.〕

◉ 임대차보증금

청구금액: 106,477,213원
채무자가 제3채무자로부터 2022. 1. 1. 서울 ○○구 ○○동 번지(또는 도로명 주소) ○○아파트 ○동 ○호를 임차함에 있어 제3채무자에게 지급한 임대차보증금 반환채권 중 위 금액
단, 「주택임대차보호법」 제8조 및 같은 법 시행령의 규정에 따라 우선변제를 받을 수 있는 금액이 있을 경우 이를 제외한 나머지 금액

◉ 예금

청구금액: 106,477,213원
채무자가 제3채무자에 대하여 가지는 아래 예금채권(장래 입금되는 예금을 포함) 중 아래 기재한 순서에 따라 위 청구 금액에 이를 때까지의 금액
1. 압류되지 않은 예금과 압류된 예금이 있을 때에는 다음 순서에 의하여 압류한다

  가. 선행 압류, 가압류가 되지 않은 예금
  나. 선행 압류, 가압류가 된 예금
2. 여러 종류의 예금이 있을 때에는 다음 순서에 의하여 압류한다.
  가. 보통예금 나. 당좌예금 다. 정기예금 라. 정기적금 마. 저축예금
  바. 자유저축예금 사. 기타 모든 예금
3. 같은 종류의 예금이 여러 계좌가 있는 때에는 ① 예금금액이 많은 것부터, ② 만기가 빠른 것, ③ 계좌번호가 빠른 것의 순서에 의하여 압류한다.
4. 제3채무자 송달일 기준으로 위 청구금액에 이르지 못하는 경우 장래 입금될 예금(입금되는 순서에 따름)을 압류한다.
※ 채무자의 주민등록번호 또는 사업자등록번호를 반드시 기재하여야 한다.

'유체동산압류'

빨간 딱지라는 말이 더 잘 와닿을 수 있다. 일일연속극에서 자주 볼 수 있는 세간살이에 덕지덕지 붙여진 빨간 딱지가 바로 유체동산 압류의 대표적인 모습이다. 실무에서는 사업장의 시설물, 중장비 기계나 설비, 가정 내 전자제품을 비롯한 명품가방 등 고가의 사치품을 압류하는 경우가 많다. 추후 별도의 매각절차를 거쳐 그 대금을 채권자의 채권변제에 충당하게 된다.

'부동산강제경매'

경매는 채무자 소유 부동산을 법원을 통한 일련의 절차에 부쳐 매각함으로써 판결금 변제에 충당하는 것이다. 채무초과상태가 아니라면, 다액의 판결금을 한 번에 회수하기에 더할 나위 없이 좋은 수단이다. 한풀 꺾이기는 했지만 여전히 고점대에 형성되어 있는 작금의 부동산 시장을 보면 충분히 이해되지 않는가.

다만 부동산 경매는 최소 6개월의 기간이 소요된다. 일주일만에 통장을 묶고 비교적 단시간에 동산을 팔아넘기는 여타 집행방법과 달리, 부동의 건물과 토지를 매각하는 과정은 신청→결정→현황조사→감정평가→공고기간→매각→배당 등 여러 단계를 거친다. 경매비용에 대한 부담도 무시하지 못한다. 수도권 소재 10평 남짓한 원룸 경매신청에만 최소 200만 원의 경매비용이 들어가기도 한다. 판결금도 못 받고 있는 상황에서 소송비용에 더해 경매비용까지 들어간다면 부담이 아닐 수 없다. 필자는 이런 이유로 이제 막 판결을 받고 집행을 목전에 둔 의뢰인에게 부동산 경매는 최후에 고려하라고 권하는 편이다.

동산 압류 및 경매 신청서

수원지방법원 안양지원　집행관사무소 집행관　귀하

채권자	성명	홍길동	주민등록번호 (사업자등록번호)	840901- 1184920	전화번호	010.1234.5678
					우편번호	
	주소	서울 송파구 잠실대로 1 한국아파트 101동 305호				
	대리인	성명 (변호사 김세라)		전화번호	02-585-2927	
채무자	성명 (회사 명)	이몽룡	주민등록번호 (법인등록번호 및 사업자등록번호)	781107- 1123450	전화번호	010.9876.5432
					우편번호	
	주소	경기 안양시 법원로 7 대한빌라 202호				

집행목적물 소재지	■ 채무자의 주소지와 같음
	□ 채무자의 주소지와 다른 경우 소재지 :
집 행 권 원	
청 구 금 액	원(내역은 뒷면과 같음)

위 집행권원에 기한 집행을 하여 주시기 바랍니다.

※ 첨부서류

1. 집행권원　　1통
2. 송달증명서　1통
3. 위임장　　　1통

2024. 7. 1.

채권자 홍길동

대리인 변호사 김세라

※ 특약사항			
1. 본인이 수령할 예납금잔액을 본인의 비용 부담 하에 오른쪽에 표시한 예금계좌에 입 금하여 주실 것을 신청합니다. 채권자　홍길동	예 금 계 좌	개설은행	신한은행
		예 금 주	홍길동
		계좌번호	123-4567-890

2. 집행관이 계산한 수수료 기타 비용의 예납통지 또는 강제집행 속행의사 유무 확인 촉구를 2회 이상 받고도 채권자가 상당한 기간 내에 그 예납 또는 속행의 의사 표시를 하지 아니한 때에는 본건 강제집행 위임을 취하한 것으로 보고 완결처분 해도 이의 없음.

채권자　홍길동

부동산강제경매신청서

채 권 자 성명 홍 길 동 (인) (840901-1184920)

　　　　　주소 서울 송파구 잠실대로 1 한국아파트 101동 305호

채 무 자 성명 이 몽 룡 (인) (781107-1123450)

　　　　　주소 경기 안양시 법원로 7 대한빌라 202호

　청구금액 금 100,000,000원 및 이에 대한 2024. 1. 2.부터 2024. 7. 1.까지 연 12%의 비율에 의한 지연손해금

　집행권원의 표시　채권자의 채무자에 대한 이 법원 2024. 1. 1. 선고　2024 가단1234호 대여금 청구사건의 집행력 있는 판결정본

신청취지

　별지 목록 기재 부동산에 대하여 경매절차를 개시하고 채권자를 위하여 이를 압류한다.

라는 재판을 구합니다.

신청이유

　채무자가 채권자에게 위 집행권원에 따른 청구금액을 변제하여야 함에도 이를 지급하지 아니하고 있는바, 별지기재 채무자 소유 부동산을 압류하여 청구채권의 변제에 충당하고자 합니다.

첨부서류

1. 집행력있는 집행권원
2. 송달증명원 및 확정증명원
3. 별지 (부동산의 표시)
4. 부동산등기사항전부증명서
5. 소송위임장

2024 . 7. 1.

신청인 소송대리인

변호사 김세라

서울중앙지방법원 귀중

〈별지〉
부동산의 표시
1. 서울특별시 종로구 ○○동 123번지
   대 720㎡
2. 위 지상
   시멘트블럭조 기와지붕 단층 주택
   80㎡. 끝.

3. 재산명시·재산조회를 활용하라.

채무자의 재산을 전혀 알지 못한다면 집행도 불가능한데, 법원을 통하여 채무자의 재산을 파악할 수 있는 방법은 크게 2가지가 있다. 채무자 스스로 자기 재산을 노출하게 하는 '재산명시신청(민사집행법 제61조)'과 법원 등 권한 있는 기관을 통하여 재산을 확인하게 하는 '재산조회신청(동법 제74조)'이 바로 그것이다.

전자는 재산명시명령을 통지받은 채무자로 하여금 법원에 출석하여 법관 앞에서 스스로 자신의 소유재산목록을 작성하도록 하는 것이다. 채무자가 출석하지 않거나 출석하여 거짓 진술할 염려를 배제할 수 없다는 이유로 제도의 실효성에 의문을 갖는 경우도 있으나, 일반인에게 법원 출석 의무를 부과하는 것은 그 자체로 채무이행에 대한 심리적 강제 수단이 될 수 있다. 물론 재산명시기일에 불출석하거나 기일에 출

석하여 재산목록에 거짓 진술을 한 경우, 별도의 법적 제재가 정해져 있기도 하다.[21]

21　※ 민사집행법 제68조(채무자의 감치 및 벌칙) ① 채무자가 정당한 사유 없이 다음 각호 가운데 어느 하나에 해당하는 행위를 한 경우에는 법원은 결정으로 20일 이내의 감치(監置)에 처한다.
　　1. 명시기일 불출석
　　2. 재산목록 제출 거부
　　3. 선서 거부
　　② 채무자가 법인 또는 민사소송법 제52조의 사단이나 재단인 때에는 그 대표자 또는 관리인을 감치에 처한다.
　　③ 법원은 감치재판기일에 채무자를 소환하여 제1항 각호의 위반행위에 대하여 정당한 사유가 있는지 여부를 심리하여야 한다.
　　④ 제1항의 결정에 대하여는 즉시항고를 할 수 있다.
　　⑤ 채무자가 감치의 집행중에 재산명시명령을 이행하겠다고 신청한 때에는 법원은 바로 명시기일을 열어야 한다.
　　⑥ 채무자가 제5항의 명시기일에 출석하여 재산목록을 내고 선서하거나 신청채권자에 대한 채무를 변제하고 이를 증명하는 서면을 낸 때에는 법원은 바로 감치결정을 취소하고 그 채무자를 석방하도록 명하여야 한다.
　　⑦ 제5항의 명시기일은 신청채권자에게 통지하지 아니하고도 실시할 수 있다. 이 경우 제6항의 사실을 채권자에게 통지하여야 한다.
　　⑧ 제1항 내지 제7항의 규정에 따른 재판절차 및 그 집행 그 밖에 필요한 사항은 대법원규칙으로 정한다.
　　⑨ 채무자가 거짓의 재산목록을 낸 때에는 3년 이하의 징역 또는 500만원 이하의 벌금에 처한다.
　　⑩ 채무자가 법인 또는 민사소송법 제52조의 사단이나 재단인 때에는 그 대표자 또는 관리인을 제9항의 규정에 따라 처벌하고, 채무자는 제9항의 벌금에 처한다.

재산명시신청

채 권 자 성명   홍길동 (인) (840901-1184920)

       주소   서울 송파구 잠실대로 1 한국아파트 101동 305호

채 무 자 성명   이몽룡 (인) (781107-1123450)

       주소   경기 안양시 법원로 7 대한빌라 202호

집행권원의 표시: 서울동부지방법원 2023가합1234호 대여금사건의 집행력있는 판결정본

채무자가 이행하지 아니하는 금전채무액: 금 30,000,000 원

신청취지

채무자는 재산상태를 명시한 재산목록을 제출하라

신청이유

채권자는 채무자에 대하여 위 표시 집행권원을 가지고 있으나 채무자는 이를 변제하지 아니하고 있는바, 민사집행법 제61조에 의하여 채무자에 대한 재산명시명령을 신청합니다.

첨부서류

1. 집행력있는 집행권원
2. 송달증명원 및 확정증명원
3. 소송위임장

2024 . 7. 1.

채권자 소송대리인

변호사 김세라

수원지방법원 안양지원 귀중

후자는 ① 재산명시절차에서 채무자가 제출한 재산목록만으로는 집행채권의 만족을 얻기에 부족한 경우 등 그 목적을 달성하지 못한 경우, ② 재산명시절차에서 채무자가 재산명시기일에 불출석하거나 재산목록의 제출 또는 선서를 거부하거나 채무자가 거짓의 재산목록을 낸 경우, ③ 재산명시절차에서 채무자의 주소를 알 수 없어 공시송달을 할 수밖에 없는 경우로서 재산명시신청이 각하되는 때 신청할 수 있다.

법원을 통한 재산조회는 채무자에게 별도의 출석요구나 통지 없이 신청만으로 은행, 공공기관 등의 전산조회를 통해 채무자의 재산을 발견하는 성과를 거둘 수 있다는 이점을 가진다.

재산조회신청서

채권자	성명	홍길동 (인) (840901-1184920)
	주소	서울 송파구 잠실대로 1 한국아파트 101동 305호
채무자	성명	이몽룡 (781107-1123450)
	주소	경기 안양시 법원로 7 대한빌라 202호
조회대상기관 조회대상재산	별지와 같음	
재산명시사건	수원지방법원 안양지원 2024카명567호	
집행권원	서울중앙지방법원 2024가단1234호 대여금사건의 집행력 있는 판결정본	
불이행 채권액	대여금 100,000,000원	
신청 취지	위 기관의 장에게 채무자 명의의 위 재산에 대하여 조회를 실시한다.	
신청 사유	채권자는 아래와 같은 사유가 있으므로 민사집행법 제74조제1항의 규정에 의하여 채무자에 대한 재산조회를 신청합니다(해당란 □에 ∨표시). ☑ 명시기일 불출석　　　　□ 재산목록 제출 거부 □ 선서 거부　　　　　　　□ 거짓 재산목록 제출 □ 집행채권의 만족을 얻기에 부족함　□ 주소불명으로 인하여 　　　　　　　　　　　　　　　명시절차를 거치지 못함	
비용환급용 예금계좌	농협 123-456-789 홍길동	
첨부서류	판결문 및 송달확정증명원	
(인지 첨부란)	2024. 7. 1. 　　　신청인　　　　　홍길동 　　　수원지방법원 안양지원 귀중	

순번	재산종류	기관분류	조회대상 재산 / 조회대상기관의 구분	개수	기관별/재산별 조회비용	예납액
1	토지·건물의 소유권	법원행정처	☐ 현재조회		20,000원	
			☐ 현재조회와 소급조회 ※ 소급조회는 재산명시명령이 송달되기 전 2년 안에 채무자가 보유한 재산을 조회합니다.		40,000원	
	과거주소 1. 2. 3. ※ 부동산조회는 채무자의 주소가 반드시 필요하고, 현재주소 이외에 채무자의 과거주소를 기재하면 보다 정확한 조회를 할 수 있습니다.					
2	건물의 소유권	국토교통부	☐ 국토교통부 ※ 미등기 건물 등을 포함하여 건축물대장상의 소유권을 조회합니다.		없음	
3	특허권, 실용신안권, 디자인권, 상표권	특허청	☐ 특허청		20,000원	
4	자동차·건설기계의 소유권	한국교통안전공단	☐ 한국교통안전공단 ※ 한국교통안전공단에 조회신청을 하면 전국 모든 시·도의 자동차·건설기계소유권에 대하여 조회됩니다. ※ 특별시, 광역시, 도 및 특별자치시·도와 (구)교통안전공단에 대하여 하던 자동차·건설기계의 소유권 조회를 한국교통안전공단으로 일원화합니다.		5,000원	
5	금융자산 중 계좌별로 시가 합계액이 50만원 이상인 것	「은행법」에 따른 은행, 「한국산업은행법」에 따른 한국산업은행 및 「중소기업은행법」에 따른 중소기업은행	☐ 경남은행 ☐ 광주은행 ☐ 국민은행 ☐ 기업은행 ☐ 농협은행 ☐ 뉴욕멜론은행 ☐ 대구은행 ☐ 메트로은행 ☐ 뱅크오브아메리카 ☐ 부산은행 ☐ 수협은행 ☐ 스탠다드차타드은행(구, SC제일은행) ☐ 신한은행 ☐ 야마구찌은행 ☐ 엠유에프지은행(MUFG) ☐ 우리은행 ☐ 전북은행 ☐ 제이피모간 체이스은행 ☐ 제주은행 ☐ 크레디 아그리콜 코퍼레이트 앤 인베스트먼트뱅크 (구, 칼리온은행) ☐ 케이뱅크 ☐ 파키스탄국립은행 ☐ 하나은행(한국외환은행합병) ☐ 한국산업은행 ☐ 한국씨티은행 ☐ 한국카카오은행 ☐ 토스뱅크		기관별 5,000원	
			☐ 대화은행 ☐ 도이치은행☐ 디비에스은행 ☐ 멜라트은행☐ 미쓰이스미토모은행 ☐ 미즈호코퍼레이트은행 ☐ 비엔피파리바은행		기관별 5,000원	

					기관별 5,000원	
			☐ 소시에테제네랄은행 ☐ 스테이트스트리트은행 ☐ 유바프은행 ☐ 중국건설은행　　　☐ 중국공상은행 ☐ 중국은행 ☐ 크레디트스위스은행 　(구,크레디트스위스퍼스트보스톤은행) ☐ 호주뉴질랜드은행 ☐ 홍콩상하이은행(HSBC) ☐ ING은행　☐ OCBC은행			기관별 5,000원	
6	금융자산 중 계좌별로 시가 합계액이 50만원 이상인 것	「자본시장과 금융투자업에 관한 법률」에 따른 투자매매업자, 투자중개업자, 집합투자업자, 신탁업자, 증권금융회사, 종합금융회사, 및 명의개서대행회사	☐ 상상인증권(구, 골든브릿지투자증권) ☐ 교보증권 ☐ 대신증권 ☐ 디비금융투자 주식회사 ☐ 리딩투자증권 ☐ 메리츠종합금융증권 　(구, 메리츠종금,메리츠증권,아이엠투자증권) ☐ 미래에셋증권　　　☐ 부국증권 ☐ 삼성증권　☐ 신영증권 ☐ 신한투자증권(주) ☐ 씨티그룹글로벌마켓증권 ☐ 엔에이치투자증권 　(우리투자증권, 엔에이치농협증권 합병) ☐ 우리종합금융(구. 금호종합금융) ☐ 유안타증권(구, 동양종합금융증권) ☐ 유진투자증권　　☐ 유화증권 ☐ 이베스트투자증권(구,이트레이드증권) ☐ 코리아에셋투자증권 　(구, 코리아RB증권중개) ☐ 크레디트스위스증권 　(구, Credit Suisse First Boston) ☐ 키움증권　　☐ 토스증권 ☐ 한국포스증권(구,펀드온라인코리아) ☐ 하나금융투자(구, 하나대투증권) ☐ 하이투자증권(구,CJ투자신탁증권) ☐ 한국예탁결제원(구, 증권예탁원) ☐ 한국투자증권(구,동원증권) ☐ 한양증권 ☐ 한화투자증권 　(구,푸르덴셜투자증권,한화증권) ☐ 흥국증권(구,흥국증권중개) ☐ 현대차증권(구, HMC투자증권) ☐ IBK투자증권　　　　☐KB증권 ☐ SK증권 ☐ 홍콩상하이증권(HSBC) ☐ 다이와증권캐피탈마켓코리아 ☐ 도이치증권 ☐맥쿼리증권 ☐ 비엔피파리바증권 　(구,BNP파리바페레그린증권중개) ☐ 크레디 아그리콜 아시아증권 　(구, 알비에스 아시아증권) ☐ 한국증권금융(주)　　☐ CLSA ☐ Goldman Sachs ☐ J.P Morgan			기관별 5,000원	

			☐ KIDB채권중개 ☐ Merrill Lynch ☐ Morgan Stanley Dean Witter ☐ Nomura ☐ 주식회사하나자산신탁	기관별 5,000원	
7	금융 자산 중 계 좌별로 시 가 합계액 이 50만원 이상인 것	「상호저축 은행법」에 따른 상호 저축은행 및 상호저 축은행중 앙회	☐ 상호저축은행중앙회	20,000원	
			☐ [＿＿＿＿＿＿＿＿＿＿＿＿＿] ☐ [＿＿＿＿＿＿＿＿＿＿＿＿＿] ☐ [＿＿＿＿＿＿＿＿＿＿＿＿＿]※ 중앙 회에 조회신청을 하면 전국 모든 상호저축은행에 대하여 조 회됩니다. ※ 개별상호저축은행에 대한 조회를 원하는 경우에는 그 명칭을 별도로 기재하여야 합니다.	기관별 5,000원	
8	금융자산 중 계좌별 로 시가 합 계액이 50 만원 이상 인 것	「농업협동 조합법」에 따른 지역 조합 및 품 목조합	☐ 지역조합(지역농협, 지역축협)과 품목조합	20,000원	
			☐ [＿＿＿＿＿＿＿＿＿＿＿＿＿] ☐ [＿＿＿＿＿＿＿＿＿＿＿＿＿] ☐ [＿＿＿＿＿＿＿＿＿＿＿＿＿] ※ 개별 단위지역조합에 대한 조회를 원하는 경우에는 그 명칭을 별도로 기재하여야 합니다.	기관별 5,000원	
9	금융자산 중 계좌별 로 시가 합 계액이50 만원 이상 인 것	「수산업협 동조합법」 에 따른 조합	☐전국단위지역조합	20,000원	
			☐ [＿＿＿＿＿＿＿＿＿＿＿＿＿] ☐ [＿＿＿＿＿＿＿＿＿＿＿＿＿] ☐ [＿＿＿＿＿＿＿＿＿＿＿＿＿] ※ 개별 단위지역조합에 대한 조회를 원하는 경우에는 그 명칭을 별도로 기재하여야 합니다.	기관별 5,000원	
10	금융자산 중 계좌별 로 시가 합 계액이50 만원 이상 인 것	「신용협동 조합법」에 따른 신용 협동조합 및 신용협 동조합중 앙회	☐신용협동조합중앙회	20,000원	
			☐ [＿＿＿＿＿＿＿＿＿＿＿＿＿] ☐ [＿＿＿＿＿＿＿＿＿＿＿＿＿] ※ 중앙회에 조회신청을 하면 전국 모든 신용협동조합에 대하여 조회됩니다. ※ 개별 신용협동조합에 대한 조회를 원하는 경우에는 그 명칭을 별도로 기재하여야 합니다.	기관별 5,000원	
11	금융자산 중 계좌별 로 시가 합 계액이50 만원 이상 인 것	「산림조합 법」에 따른 지역조합, 전문조합 및 중앙회	☐ 산림조합중앙회	20,000원	
			☐ [＿＿＿＿＿＿＿＿＿＿＿＿＿] ☐ [＿＿＿＿＿＿＿＿＿＿＿＿＿] ☐ [＿＿＿＿＿＿＿＿＿＿＿＿＿] ※ 중앙회에 조회신청을 하면 전국 모든 산림조합에 대하 여 조회됩니다. ※ 개별 산림조합에 대한 조회를 원하는 경우에는 그 명칭 을 별도로 기재하여야 합니다.	기관별 5,000원	
12	금융자산 중 계좌별 로 시가 합 계액이 50 만원 이상 인 것	「새마을금 고법」에 따 른 금고 및 중앙회	☐ 새마을금고중앙회	20,000원	
			☐ [＿＿＿＿＿＿＿＿＿＿＿＿＿] ☐ [＿＿＿＿＿＿＿＿＿＿＿＿＿] ※ 중앙회에 조회신청을 하면 전국 모든 새마을금고에 대하여 조회됩니다. ※ 개별 새마을금고에 대한 조회를 원하는 경우에는 그 명 칭을 별도로 기재하여야 합니다.	기관별 5,000원	

13	해약환급 금이 50만 원 이상인 것	「보험업 법」에 의한 보험회사	□ 교보생명보험주식회사 □ 농협생명보험 □ 농협손해보험 □ 디비생명보험주식회사 　(구. 동부생명보험주식회사) □ 디비손해보험주식회사 　(구. 동부화재해상보험주식회사) □ 동양생명보험주식회사 □ 디지비(구, 우리아비바)생명보험주식회사 □ 라이나생명보험주식회사 □ 롯데손해보험(주) □ 메리츠화재해상보험(주) □ 메트라이프생명보험주식회사 □ 미래에셋생명보험주식회사 □ 삼성생명보험주식회사 □ 삼성화재해상보험(주) □ 서울보증보험(주) □ 신한라이프생명보험 주식회사(구 신한생명, 구 오렌지라 　이프생명) □ 악사손해보험(주) 　(구,교보악사손해보험(주)) □ 에이비엘생명보험 주식회사 　(구. 알리안츠생명보험 주식회사) □ 에이스아메리칸화재해상보험(주)(구,ACE 　AMERICAN) □ 주식회사케이비손해보험 　(구, LIG손해보험) □ 처브라이프생명보험주식회사(구, 뉴욕생명보험주식 　회사) □ 퍼스트어메리칸 권원보험(주) □ 주식회사 케이비라이프생명보험 □ 하나생명보험주식회사 □ 한화(구. 대한)생명보험주식회사 □ 한화손해보험(주) □ 무본현대생명보험 주식회사 　(구 현대라이프생명보험주식회사) □ 현대해상화재보험(주) □ 흥국생명보험주식회사			
			□ 흥국(구, 흥국쌍용)화재해상보험주식회사 □ AIA생명보험주식회사 □ AIG손해보험 □ KDB생명보험주식회사 　(구 금호생명보험주식회사) □ MG손해보험주식회사 □ KB생명보험		기관별 5,000원	
			□ 하나손해보험 주식회사 　(구, 더케이손해보험 주식회사)) □ 동경해상일동화재보험 □ 미쓰이스미토모해상화재보험 □ 비엔피파리바카디프생명보험(구, 카디프생명보험) □ 신한이지 　(구,비엔피파리바카디프)손해보험		기관별 5,000원	

14	금융자산 중 계좌별로 시가 합계액이 50만원 이상인 것	과학기술 정보통신부	□ 과학기술정보통신부		5,000원
			송달필요기관수	합계	

※ 「송달필요기관 수」란에는 음영으로 기재된 란에 표시된 조회대상기관 수의 합계를 기재함
※ 크레디트스위스은행, KIDB채권중개: 법인에 대해서만 조회 가능

4. 돈 빌려준 사람이 '을'이 될 수 있다.

"언제까지 판결금을 다 받을 수 있을까요?"라는 질문에 정답은 없다. 돈을 빌려줄 때는 '갑'이었을지언정, 빌려준 돈을 돌려받고자 할 땐 '을'이 될 수밖에 없는 것이 이치이다. 빌려준 돈을 받아야만 하는 상황에서 아쉬운 쪽은 을이 된 채권자이다. 아쉬운 쪽이 노력해야 한다. 자력이 있는 채무자라면 상황에 맞는 적절한 집행절차를 통해 강제적으로 판결금을 받을 수 있도록 해야 한다. 반대의 경우라면 계속적이고 정기적인 재산조회 등의 절차를 거쳐 채무자의 재산변동 내역을 추적해야 할 필요가 있다.

소송에서 이기고 판결금이 자동으로 입금될 것이라고 생각하고 몇 년을 그냥 기다리기만 하는 채권자들도 많다. 이는 소송절차와 집행절차가 분리되어 있음을 몰라서 생기는 문제이다. 채무자가 임의이행을 하지 않는 한 채권자는 설령 승소판결을 받았다고 하더라도 채권자의 비용과 시간을 들여 별도의 강제집행신청을 진행하여야 함을 잊지 말자. 채권자가 적극적으로 움직여야 하는 것이다.

노동편

제1장
근로자라면 반드시 알아야 할 노동법률

　요즘 MZ세대들이 직업과 직장을 선택함에 있어 너나 할 것 없이 중요하게 고려하는 요소가 있다. 바로 '워라밸(Work and Life balance)'이다. 이는 일과 삶의 균형, 즉 일과 삶(가정)의 조화를 의미한다. 근로의 질과 양도 중요하지만, 그에 앞서 하나의 인격체로서 여가 시간의 확보 등 삶의 만족도를 제고할 수 있는지 여부가 직장과 직업 선택에 중요한 요소로 고려되는 것이다.

　여기서 의문이 든다. 진정 근로자에게 가장 중요한 요소는 무엇일까? 속물로 보일지도 모르겠으나 필자는 단연코 '임금(돈)'이라고 생각한다. MZ세대들이 중시하는 워라밸 또한 적정 수준의 임금에 달하지 않고서는 충족될 수 없다. 돈 없이 만족스러운 여가 시간을 누릴 수 있다는 명제는 반드시 참일 수 없다. 물론 소속 기업의 명성, 직급과 직위, 사회적 인식 또한 중요하다. 그러나 이 역시 임금에 대한 만족도가 우선적으로 채워져야 비로소 고려될 수 있는 것이 아닐까?

돈과 관련된 문제
1) 최저임금의 중요성

최저임금은 저임금 근로자를 보호하기 위하여 법정된 임금의 하한선으로, 고용노동부 산하 최저임금위원회의 심의를 거쳐 매년 8월 5일까지 결정되어 고시된다. 고시된 최저임금은 다음 연도 1월 1일부터 12월 31일까지 효력을 가진다.

연도별 최저임금 결정현황

(단위: 원, %)

적용연도	시간급	일급 (8시간 기준)	월급 (209시간 기준, 고시 기준)	인상률 (인상액)	심의의결일	결정고시일
'24.01.01 ~'24.12.31	9,860	78,880	2,060,740	2.5(240)	23.07.19	23.08.04
'23.01.01 ~'23.12.31	9,620	76,960	2,010,580	5.0(460)	22.06.29	22.08.05
'22.01.01 ~'22.12.31	9,160	73,280	1,914,440	5.05(440)	21.07.12	21.08.05
'21.01.01 ~'21.12.31	8,720	69,760	1,822,480	1.5(130)	20.07.14	20.08.05
'20.01.01 ~'20.12.31	8,590	68,720	1,795,310	2.87(240)	19.07.12	19.08.05
'19.01.01 ~'19.12.31	8,350	66,800	1,745,150	10.9(820)	18.07.14	18.08.03
'18.01.01 ~'18.12.31	7,530	60,240	1,573,770	16.4(1,060)	17.07.15	17.08.04
'17.01.01 ~'17.12.31	6,470	51,760	1,352,230	7.3(440)	16.07.16	16.08.05
'16.01.01 ~'16.12.31	6,030	48,240	1,260,270	8.1(450)	15.07.09	15.08.05

출처: 최저임금위원회

먼저 최저임금은 상시 사용 근로자 수에 관계없이 근로자를 사용하는 모든 사업장에 적용된다(단 동거 친족만을 사용하는 사업과 가사사용인 등은 제외된다). 2024년 기준 최저임금은 시급 9,860원으로, 이를 1주 소정 40시간(월 209시간)을 근로하는 근로자 기준 월급으로 환산하면 206만 740원이다[22]. 법정의 최저 한계선에 미달된 임금을 지급할 시, 최저임금법 위반으로 3년 이하의 징역 또는 2,000만 원 이하의 벌금에 처해질 수 있으니 주의를 요한다.

돈과 관련된 문제
2) 연차휴가와 연차휴가수당청구 문제

상시 5인 이상의 근로자를 사용하는 사업장에서는 일정한 출근율을 갖춘 경우 근로자에게 일정기간 근로의무를 면제하는 연차휴가를 보장한다(근로기준법 제60조). 이와 관련하여 착각하기 쉬운 포인트가 하나 있다. 연차휴가는 휴가를 사용하는 당해 연도 근로제공의 대가가 아닌, '전년도 근로제공의 대가'라는 점이다. 여기 올해 들어 유난히 근무태도가 좋지 못한 직원이 한 명 있다. 근무시간 중 태도는 물론, 지각과 결근도 잦다. 업무 성적은 또 어떠하랴. 그럼에도 그 직원의 연차휴가 사용은 원칙적으로 제한할 수 없다. 당해 연도 연차휴가사용권은 올해의 근무실적이나 성적과 관계없이 전년도 출근에 대한 보상이기 때문이다.

---

22 2025년 기준 최저임금 시급 10,030원

1. 근로자가 사용할 수 있는 연차휴가 일수는 얼마나 될까?

연차휴가는 기본적으로 1년간 80% 이상의 출근율을 요건으로 한다(근로기준법 제60조 제1항).[23] 출근율 요건을 충족한 경우, 1년 차 근로자에게 주어지는 휴가일수는 연간 15일이다. 최대 25일을 기준으로, 3년 이상 계속 근로한 근로자에게는 기본휴가 15일에 1년을 초과하는 계속근로연수 매 2년에 대하여 1일을 가산한 유급휴가가 부여된다(근로기준법 제60조 제4항).

계속근로기간이 1년 미만인 근로자 또는 80% 미만 출근한 근로자에게는 1개월 개근 시 1일의 유급휴가가 보장된다(근로기준법 제60조 제2항).

근속연수에 따른 연차휴가일수 정리표

계속사용기간 1년 미만의 근로자 (근로계약의 시작일 2024.1.1.로 함)
– 전월 만근 시 다음월 1일의 연차휴가 보장
1. 0개
2024. 2. 1. 1개

---

23 ※ 근로기준법 제60조(연차 유급휴가) ① 사용자는 1년간 80퍼센트 이상 출근한 근로자에게 15일의 유급휴가를 주어야 한다.
② 사용자는 계속하여 근로한 기간이 1년 미만인 근로자 또는 1년간 80퍼센트 미만 출근한 근로자에게 1개월 개근 시 1일의 유급휴가를 주어야 한다.
③ 삭제
④ 사용자는 3년 이상 계속하여 근로한 근로자에게는 제1항에 따른 휴가에 최초 1년을 초과하는 계속 근로 연수 매 2년에 대하여 1일을 가산한 유급휴가를 주어야 한다. 이 경우 가산휴가를 포함한 총 휴가 일수는 25일을 한도로 한다. (중략)
⑦ 제1항·제2항 및 제4항에 따른 휴가는 1년간(계속하여 근로한 기간이 1년 미만인 근로자의 제2항에 따른 유급휴가는 최초 1년의 근로가 끝날 때까지의 기간을 말한다) 행사하지 아니하면 소멸된다. 다만, 사용자의 귀책사유로 사용하지 못한 경우에는 그러하지 아니하다.

2024. 3. 1. 2개	
2024. 4. 1. 3개	
2024. 5. 1. 4개	
2024. 6. 1. 5개	
2024. 7. 1. 6개	
2024. 8. 1. 7개	
2024. 9. 1. 8개	
2024. 10. 1. 9개	
2024. 11. 1. 10개	
2024. 12. 1. 11개	

근로연수별 휴가 산정 (연간 최대 휴가일수 25개)
1년차 15일
2년차 15일
3년차 16일
4년차 16일
5년차 17일
10년차 19일
15년차 22일
20년차 24일
25년차 25일
30년차 25일

2. 연차휴가 사용하지 않았다면 돈으로 받을 수 있을까?

연차휴가의 존속기간은 1년이다. 계속근로기간이 1년 미만인 근로자는 최초 1년의 근로가 끝날 때까지 휴가를 사용하여야 한다. 다만 근속연수에 따라 보장된 휴가일수가 상이하므로 1년 내 미처 다 사용하지 못하거나 일신의 사유로 중도 퇴사하는 경우 등에 있어서는 연차휴가를 전부 소진하지 못할 수 있다. 이 경우 미사용 연차휴가는 그 일수에 상응하는 수당청구권으로 변경되고, 금전(돈)으로 환가하여 사용자

노동편

에게 청구할 수 있게 된다. 이를 '연차휴가수당청구권'이라 한다.

다만 사용자가 연차휴가 사용촉진제도를 시행한 경우 상황은 달라진다. 사용자가 휴가사용기간이 만료되기 6월 전 근로자에게 미사용 연차휴가일수를 통지하고 그 사용계획을 제출하라고 요구하였음에도 근로자가 이에 응답하지 아니하였고, 휴가일의 소멸 2월 전 재차 미사용 연차휴가 내역을 통지하였다면, 가사 근로자가 기한 내 이미 발생한 연차휴가사용권을 전부 소진하지 못하였다고 하더라도 사용자에게는 연차휴가수당을 지급할 의무가 없다(근로기준법 제61조).

연차휴가수당은 성질상 임금이다. 따라서 임금채권의 단기 3년의 소멸시효가 적용된다.

돈과 관련된 문제
3) 퇴직금과 근로자성 판단기준

「근로자퇴직급여보장법」에 따른 퇴직금을 지급받기 위한 대전제는 「근로기준법」상 근로자에 해당하여야 한다는 점이다. 이와 관련하여 크게 '임원의 근로자성'과 '프리랜서의 근로자성' 여부가 자주 다투어진다.

여기서 잠깐!

퇴직금은 언제까지 지급되어야 할까?

퇴직금은 '후불임금'에 해당되므로 지급사유가 발생한 때부터 14일 이내 근로자에게 지급되어야 합니다(근로기준법 제36조, 근로자퇴직급여보장법 제9조). 사용자가 이를 위반한 경우 미지급임금에 대한 지연이자 지급은 물론 임금체불로서 형사 처벌의 대상이 될 수 있으므로 주의를 요합니다(근로기준법 109조, 근로자퇴직급여보장법 제44조).

1. 상법상 임원의 근로자성 판단문제

우선 상법상 임원은 근로자가 아니다. 주주총회의 선임 결의를 거쳐 임명되고 그 등기까지 마쳤다면 근로자로 볼 수 없는 것이 원칙이다. 다만 그러한 절차를 거치지 아니한 채 회사로부터 형식적, 명목적으로 임원의 직함을 부여받은 것에 불과하여 실제 사용자의 지휘·감독을 받아 근로를 제공하고 보수를 지급받았다는 등의 사용종속관계를 인정할 수 있다면, 퇴직급여보장법상 퇴직금의 지급대상인 근로자에 해당할 수 있다.

필자가 작년 서울중앙지방법원에서 진행했던 퇴직금지급청구소송 사건을 소개한다. 임원의 근로자성에 따라 퇴직금지급의무의 인정 여부와 그 금액이 달라지는 사건이었다. 필자의 의뢰인은 국내 모 중견기업에서 퇴직한 임원으로 재직기간 중 등기임원과 비등기임원으로서의 지위가 혼재되어 있었다. 등기임원으로의 재임기간에도 일정기간은 사용자 측의 지휘·감독을 받으며 임원 외 일반 근로자로서의 업무 수행성이 인정되는 부분이 있었다. 그럼에도 불구하고 피고회사는 단지 의뢰인이 회사의 '임원'이었다는 이유만으로, 비등기임원으로서의 재직기간은 물론 등기임원으로의 재임기간 전부의 근로자성을 부정하여 퇴직금 지급을 전면 거부하였다. 피고회사의 주장은 어디까지나 항변에 그쳤을 뿐, 본 소송의 결론은 의뢰인(원고)의 승소로 종결되었다.

2. 프리랜서, 학원강사의 근로자성 판단문제

프리랜서의 근로자성 인정 여부에 관한 문의도 많다. 흔히 4대보험이 적용되지 않는 직종을 일괄하여 프리랜서라고 칭한다. 그러나 4대보험 적용 및 월 소득에서 세금이 공제되는 형태 등 형식적인 기준이 아니라, 실제 근로자성이 부인되는 프리랜서에 해당하는지는 개별적으로 검토되어야 하는 문제이다.

대표적으로 학원강사는 4대보험의 적용을 받지 않고 사업소득세 3.3%를 징수하는 프리랜서 직종으로 알려져 있다. 그렇다면 모든 학원강사는 근로자성이 부인되는 프리랜서에 해당하는 걸까? 소위 말하는 일타강사를 제외한 대부분의 학원강사는 학원장(사용자)이 정한 업무내용에 따라 원생을 가르친다. 업무 수행 과정에서도 학원장이 정한 커리큘럼과 교습방법에 따른 상당한 지휘·감독을 받는다. 학원장이 정한 근무시간과 근무장소의 구속을 받아 강의한다. 학원에서 제공받은 강의 도구를 사용하여 할당된 강의를 진행하고, 수행한 강의 그 자체의 반대급부로서 매월 보수를 받으며, 정해진 계약기간 동안 다른 직업에의 겸직 없이 오로지 학원장에게만 전속되어 강의를 제공한다. 다만 4대 보험의 적용 없이 3.3%의 소득세를 제외하고 급여를 받는다. 이 경우 학원강사는 근로기준법의 적용을 받는 근로자에 해당할 여지가 높다. 따라서 사용자인 학원장은 1년 이상 근무한 학원강사에게 당연히 퇴직금을 지급하여야 한다. 계약서의 명칭이나 계약의 형식이 프리랜서였다 한들 아무 의미가 없다. 일반의 근로계약서이든 용역계약서이든, 서비스 공급계약서인지는 전혀 중요하지 않다는 말이다.

■ 근로자성 판단기준에 관한 주요 대법원 판결(대법원 2006. 12. 7. 선고 2004다29736 판결)

근로기준법상의 근로자에 해당하는지 여부는 계약의 형식이 고용계약인지 도급계약인지보다 그 실질에 있어 근로자가 사업 또는 사업장에 임금을 목적으로 종속적인 관계에서 사용자에게 근로를 제공하였는지 여부에 따라 판단하여야 하고, 여기에서 종속적인 관계가 있는지 여부는 업무 내용을 사용자가 정하고 취업규칙 또는 복무(인사)규정 등의 적용을 받으며 업무 수행 과정에서 사용자가 상당한 지휘·감독을 하는지, 사용자가 근무시간과 근무장소를 지정하고 근로자가 이에 구속을 받는지, 노무제공자가 스스로 비품·원자재나 작업도구 등을 소유하거나 제3자를 고용하여 업무를 대행케 하는 등 독립하여 자신의 계산으로 사업을 영위할 수 있는지, 노무 제공을 통한 이윤의 창출과 손실의 초래 등 위험을 스스로 안고 있는지, 보수의 성격이 근로 자체의 대상적 성격인지, 기본급이나 고정급이 정하여졌는지 및 근로소득세의 원천징수 여부 등 보수에 관한 사항, 근로 제공 관계의 계속성과 사용자에 대한 전속성의 유무와 그 정도, 사회보장제도에 관한 법령에서 근로자로서 지위를 인정받는지 등의 경제적·사회적 여러 조건을 종합하여 판단하여야 한다. 다만, 기본급이나 고정급이 정하여졌는지, 근로소득세를 원천징수하였는지, 사회보장제도에 관하여 근로자로 인정받는지 등의 사정은 사용자가 경제적으로 우월한 지위를 이용하여 임의로 정할 여지가 크기 때문에, 그러한 점들이 인정되지 않는다는 것만으로 근로자성을 쉽게 부정하여서는 안 된다.

쉬어가기 1

소송을 대하는
바람직한 자세

회피보다는 적극적 대처를

모든 일은 예고 없이 다가온다. 누구도 스스로가 송사에 휘말릴 것이라고는 생각하지 못한다. 때문에 문제의 주인공이 된 순간 패닉 상태에 빠지고야 만다. 어찌보면 당연한 것이다. 그러나 좋지 않은 감정을 오래 가져가서는 안된다. 성큼 다가온 송사는 나의 당황함을 알아주지 않고 계속된다. 지나간 시간은 돌아오지 않는다. 익숙지 않은 상황에 매몰되어 이탓저탓하기보다는 돌파구를 찾아야 한다. 마주한 상황을 직면하고 이겨낼 방법을 찾는 것이 필요하다.

증거를 최대한 확보하라

소송은 증거싸움이라고 해도 과언이 아니다. 증거의 영향력은 절대적이다. 사건과 관련된 문서(계약서), 사진, 동영상, 녹음 파일은 필수라고 생각하라. 사건에 대해 잘 알고 있는 제3자 또한 증인으로서 중요한 증거가 될 수 있다.

나는변호사다

'답정너[24]는 옳지 않아'

바야흐로 정보의 바다, 홍수를 넘어 정보에 잠식된 세상을 살아간다. 나와 비슷한 사건을 찾아 으레 '나 또한 그러겠지'라며 답을 정해놓고 소송을 하는 사람이 많다. 물론 옳은 답이라면 상관없다. 하지만 그릇된 답은 추후 패배라는 실망스러운 결과의 원인이 된다. 사건 해결을 위해 자신을 도와줄 조력자마저도 사건을 소극적으로 바라보게 만들고, 위기의 순간을 바로잡을 수 있었던 기회마저도 놓치게 만든다. 세상에 100% 똑.같은. 사건이란 없다. 당면한 사건을 객관적으로 바라보고 냉철하게 판단할 수 있어야 한다. 법률전문가의 조력을 받기로 하였다면, 자신의 견해만 앞세우기보다 그의 조언에도 귀 기울일 줄 알아야 한다.

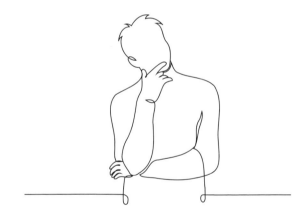

---

24 '답은 정해져 있고 너는 대답만 하면 된다'의 준말로, 듣고 싶은 답을 미리 정해 놓고 에둘러 질문하는 사람 또는 그런 상황을 일컫는 말

가사편

제1장
이혼·재산분할·위자료

현행법상 법률혼 관계를 깨는 방법은 협의이혼과 재판상 이혼(법원의 소송을 통한 이혼)이 있다. 법률혼은 혼인의사로 혼인신고까지 마친 상태를 의미하는데 일방적인 가출이나 장기간의 별거, 부부 중 일방의 의사만으로는 혼인신고가 강제로 삭제되지 않는다. 부부 쌍방의 일치한 의사로 협의이혼신고를 하거나 법원으로부터 이혼 판결을 받아 이혼신고를 하여야 비로소 법률혼 관계가 해소된다.

협의이혼

협의이혼에 정해진 사유는 없다. 특별한 이유가 없어도 부부 두 사람이 "우리 이혼하자"라고 합의한다면 이혼이 가능하다는 말이다. 물론 일정한 절차를 거치기는 하는데 '숙려기간'이 바로 그것이다. 미성년

자녀가 있으면 3개월, 없으면 1개월의 숙려기간이 있다. 이 기간을 지나야만 법원으로부터 이혼의사 확인을 받아 이혼신고를 할 수 있게 된다. 이혼은 본래 부부 둘의 협의로 자유롭게 가능하지만, 부부 사이 미성년 자녀가 있는 경우에는 추가절차가 필요한 것이다. 다만 양육권자 지정이나 양육비 부담에 관한 내용은 당사자의 합의에 의하는 것이 원칙이다.

협의이혼 시 양육비부담조서가 작성되는데 이는 집행권원이 된다. 따라서 추후 양육비를 지불하지 않는 타방 배우자에게 별도의 민사소송 없이 곧바로 강제집행을 할 수 있다. 참고로 협의이혼 과정에서 양육권자 지정 및 양육비 금액을 정하였다고 하더라도 추후 사정변경 등을 이유로 법원에 그 변경을 청구할 수 있음은 물론이다.

※ **민법** 제836조의2(이혼의 절차) ① 협의상 이혼을 하려는 자는 가정법원이 제공하는 이혼에 관한 안내를 받아야 하고, 가정법원은 필요한 경우 당사자에게 상담에 관하여 전문적인 지식과 경험을 갖춘 전문상담인의 상담을 받을 것을 권고할 수 있다.

② 가정법원에 이혼의사의 확인을 신청한 당사자는 제1항의 안내를 받은 날부터 다음 각 호의 기간이 지난 후에 이혼의사의 확인을 받을 수 있다.

1. 양육하여야 할 자(포태 중인 자를 포함한다. 이하 이 조에서 같다)가 있는 경우에는 3개월

2. 제1호에 해당하지 아니하는 경우에는 1개월

③ 가정법원은 폭력으로 인하여 당사자 일방에게 참을 수 없는 고통이 예상되는 등 이혼을 하여야 할 급박한 사정이 있는 경우에는 제2항의 기간을 단축 또는 면제할 수 있다.

④ 양육하여야 할 자가 있는 경우 당사자는 제837조에 따른 자의 양육과 제909조제4항에 따른 자의 친권자결정에 관한 협의서 또는 제837조 및 제909조제4항에 따른 가정법원의 심판정본을 제출하여야 한다.

⑤ 가정법원은 당사자가 협의한 양육비부담에 관한 내용을 확인하는 양육비부담조서를 작성하여야 한다. 이 경우 양육비부담조서의 효력에 대하여는 「가사소송법」 제41조를 준용한다.

협의이혼의 경우 재산분할에 관하여 별도의 합의가 없어도 이혼만 하는 데는 아무런 문제가 없다. 때문에 일단 협의이혼을 한 후 나중에 재산분할소송을 별도로 제기하는 사례가 많다. 이혼한 날로부터 2년 내에 별도로 '재산분할심판청구'가 가능한데 위 2년은 제척기간 중 출소[25]기간에 해당한다(민법 제839조의2). 민법에는 "이혼한 날로부터 2년"이라고 규정되어 있으나 협의이혼은 이혼신고 시, 재판상 이혼은 이혼 판결의 확정 시를 그 기산일로 해석하는 것이 판례의 입장이다. 재산분할청구권 행사에 관한 제척기간의 제한은 협의이혼뿐만 아니라 재판상 이혼에도 준용되므로, 소송을 통해 이혼 판결만 먼저 받은 이후에도 제척기간 이내라면 별도의 재산분할심판청구를 제기할 수 있다.

※ **민법** 제839조의2(재산분할청구권)
① 협의상 이혼한 자의 일방은 다른 일방에 대하여 재산분할을 청구할 수 있다.
② 제1항의 재산분할에 관하여 협의가 되지 아니하거나 협의할 수 없는 때에는 가정법원은 당사자의 청구에 의하여 당사자 쌍방의 협력으로 이룩한 재산의 액수 기타 사정을 참작하여 분할의 액수와 방법을 정한다.
③ 제1항의 재산분할청구권은 이혼한 날부터 2년을 경과한 때에는 소멸한다.

---

25 출소(出訴): 소를 제기함

재판상 이혼

재판상 이혼 사유는 민법 제840조 제1항 제1호~제6호에 규정되어 있다.

> ※ **민법** 제840조(재판상 이혼원인) 부부의 일방은 다음 각호의 사유가 있는 경우에는 가정법원에 이혼을 청구할 수 있다.
> 1. 배우자에 부정한 행위가 있었을 때
> 2. 배우자가 악의로 다른 일방을 유기한 때
> 3. 배우자 또는 그 직계존속으로부터 심히 부당한 대우를 받았을 때
> 4. 자기의 직계존속이 배우자로부터 심히 부당한 대우를 받았을 때
> 5. 배우자의 생사가 3년 이상 분명하지 아니한 때
> 6. 기타 혼인을 계속하기 어려운 중대한 사유가 있을 때

이 중 실무상 가장 많이 문제되는 이혼사유는 단연 제840조 제1호, 제3호, 제6호이다. 대부분의 이혼소송 소장과 판결문에는 민법 제840조 제1항 제6호의 이혼사유가 거의 기계적으로 포함되는데 이는 제6호가 가지는 포괄성 때문이다. 몇몇 이혼전문변호사가 TV 프로그램 등에 출연하여 "가장 많은 이혼사유는 배우자의 불륜이다"라고 설명하는 것을 본 적이 있는데 꼭 그렇지만도 않다. 표면적으로 보여지는 이혼사유는 불륜일지 몰라도 속사정을 깊이 들여다보면 여러 가지 보이지 않는 사유와 사정이 복합적으로 작용하여 이미 부부로서의 애정이 사라진 관계였던 경우가 많다.

필자도 수없이 많은 이혼소송을 대리해 보았지만 부부 사이 이혼에 대한 책임의 경중은 있을지언정, 어느 일방의 100% 잘못으로 이혼까

지 가는 경우는 드물었다. 물론 아주 드문 사례에서 부부 중 일방 당사자의 100% 유책으로 볼 수밖에 없는 사정도 있기는 하였으나, 상대방의 그런 성향과 문제점을 어느 정도 알면서도(알 수 있었으면서도) 결혼을 선택한 것에 대한 스스로의 과오를 부정할 수는 없었다. 특히 과거에는 결혼정보회사나 유흥업소를 통해 즉흥적으로 만나 결혼한 후 이혼하는 사례가 많았으나 최근에는 스마트폰 어플[26]로 배우자를 찾아 결혼한 후 이혼하는 사례가 빈번하다. 그들의 이야기를 들어보면 애초부터 배우자에 대한 신뢰가 상당히 낮았고 그 의심은 결국 혼인관계를 몇 개월 내지 몇 년만에 정리하는 단초가 된 듯하였다. 결혼은 필수가 아닌 선택이라는 생각이 그리 이상하게 취급되지 않는 사회가 된 지 오래이며 이러한 추세는 앞으로도 변하지 않을 것 같다. 결혼도 이혼도 개인의 선택이지만, 신중할 필요는 있지 않을까 생각하게 된다.

유책자의 이혼청구, 가능할까

오래전부터 학계나 실무계에서의 뜨거운 감자는 '유책배우자의 이혼청구권 인정 여부'였다. 이론적으로는 유책주의냐 파탄주의냐 하는 등의 이야기들이 오가는데 이는 '민법 제840조 제1항 제6호' 이혼사유의 법적 성격과 관련된다. 부부사이 혼인관계가 이미 파탄에 이르렀다면 그 자체로 이혼사유가 되는 것이 타당한지 아니면 그에 더해 '유책성

---

26 애플리케이션(application)의 준말

(혼인 파탄에 책임 있을 것)'이 필요한지의 문제이다.

사례를 하나 들어보자.

> 배우자가 바람나 어느 날 말없이 집을 나가 버렸고 연락조차 없이 살며 그렇게 10년의 세월이 흘렀다. 홀로 남은 배우자 일방은 힘들게 자식을 키우며 살아왔다. 부부는 10년간 서로의 생사도 몰랐으며 동거하지 않았음은 물론, 경제적으로도 전혀 별개의 삶을 살아왔다. 그러나 여전히 부부로서 혼인신고는 되어있는 상태이다. 그러던 어느 날, 집을 나갔던 배우자가 먼저 이혼소송을 제기하였다. 소장을 받은 배우자는 이혼을 원하지 않는다. 유책배우자의 이혼청구는 인용될 수 있을까?

위 사례에서 부부관계는 이미 파탄되었다고 보아야 할 것이다. 그런데 이혼소송을 제기한 사람(원고)에게는 유책성이 있으며 홀로 남겨졌던 배우자(피고)는 이혼을 원하지 않고 있다.

지난 수십 년간 법원의 원칙적인 입장은 유책배우자의 이혼청구권은 부정된다는 것이었다. 물론 예외는 있었으나 예외의 인정 폭이 넓지 않았다. 그런데 몇 년 전부터 이를 인정하는 폭을 점차 넓히면서, 어쨌거나 혼인관계가 파탄되었다면 그 파탄의 책임과는 무관하게 이혼청구를 받아들일 수밖에 없지 않겠느냐는 쪽으로 입장이 변화하고 있다(물론 유책자의 이혼청구권을 원칙적으로 부정한다는 법원의 입장은 아직 그대로이다[27]).

변호사 업무를 하다보면 '유책자'가 이혼소송을 하고 싶다며 찾아오는 경우를 종종 접하는데, 불과 몇 년 전까지만 해도 소송에서 이기기 어렵다며 돌려보내는 경우가 대부분이었다. 그런데 최근에는 별거 기간이 2~3년을 넘어서는 사안에 있어서는 일단 이혼소송을 제기해놓고 상황을 지켜보자며 상담하고 있다. 또한 유책자의 이혼청구소송을 맡

---

27   대법원 2015. 9. 15. 선고 2013므568 전원합의체 판결

은 소송대리인(변호사)은 (상대방 측이 이혼에 동의하지 않는 한) 절차 진행을 최대한 지연시키며 1심-2심-3심까지 사건을 지속시키는 방향으로 변론하는 것이 보통이다.

■ 유책자의 이혼청구에 대한 주요 대법원 판결(대법원 2022. 6. 16. 선고 2022므10109 판결)

혼인생활의 파탄에 주된 책임이 있는 배우자는 그 파탄을 사유로 하여 이혼을 청구할 수 없다. 그러나 혼인과 가족생활은 개인의 존엄과 양성의 평등을 지도원리로 하는 것으로, 혼인제도가 추구하는 이상과 신의성실의 원칙에 비추어 그 책임이 이혼청구를 배척해야 할 정도로까지 남아있지 않은 경우라면, 그러한 배우자의 이혼청구는 혼인과 가족제도를 형해화할 우려가 없고 사회의 도덕관·윤리관에 반하지 않는 것이어서 허용될 수 있다. 그리하여 상대방 배우자도 혼인을 계속할 의사가 없어 일방의 의사에 의한 이혼 내지 축출이혼의 염려가 없는 경우는 물론 이혼을 청구하는 배우자의 유책성을 상쇄할 정도로 상대방 배우자 및 자녀에 대한 보호와 배려가 이루어진 것으로 볼 수 있는 경우, 세월의 경과에 따라 최초 혼인파탄 상태 초래 당시 현저하였던 유책배우자의 유책성과 상대방 배우자가 받은 정신적 고통이 약화되어 쌍방의 책임의 경중을 엄밀히 따지는 것이 더 이상 무의미할 정도가 된 경우 등과 같이 혼인생활의 파탄에 대한 당초의 유책성이 상당 기간 경과 후에도 그 이혼청구를 배척해야 할 정도로 남아 있지 아니한 사정이 인정되는 경우에는 예외적으로 유책배우자의 이혼청구를 허용할 수 있다. 이와 같이 유책배우자의 이혼청구를 예외적으로 허용할 수 있는지를 판단함에 있어서는, 유책배우자의 책임의 태양·정도, 상대방 배우자의 온전한 형태로의 혼인관계 회복·유지에 대한 진지한 의사 및 유책배우자에 대한 감정, 당사자의 연령, 혼인생활의 기간과 혼인 후의 구체적인 생활관계, 별거기간, 부부간의 별거 후에 형성된 생활관계 등 혼인생활 파탄 이후의 사정변경 여부, 이혼이 인정될 경우의 상대방 배우자의 정신적·사회적·경제적 상태와 생활보장의 정도, 자녀의 유무·연령·상황 및 그 밖의 혼인관계의 여러 사정을 두루 고려하여야 한다(대법원 2015. 9. 15. 선고 2013므568 전원합의체 판결 등 참조). 혼인파탄 상태 초래의 직접적·일차적

책임이 부부 중 일방에게 있음에도 그 후 상대방의 대처 및 세월의 경과에 따라 그 유책이 희석되거나 상대방의 간접적·이차적인 책임과 불가분적으로 혼합·상쇄되어 최초의 유책배우자에게 파탄의 책임을 온전히 지우기 곤란한 상태인지를 판단함에 있어서는 다음과 같은 사정이 고려되어야 한다. 즉, 혼인은 서로 다른 인격체가 애정과 신뢰에 기초하여 하나의 공동생활체를 이루는 결합조직이므로, 민법 제826조 제1항은 부부의 동거 및 협조의무를 규정함으로써 부부가 동고동락하며 정신적·육체적·경제적인 각 방면에서 서로 협조하여 공동생활을 영위할 의무가 있음을 명시하고 있다. 그런데 단점이나 결함이 없는 인격체는 극히 드문 만큼 혼인생활 도중에 배우자의 일방 또는 쌍방의 인격적인 약점이 드러남으로써 상호간에 갈등과 불화가 일어 원만한 혼인생활에 지장이 초래되는 경우는 당연히 예상되는 일이므로, 혼인관계에서 부부가 협조하여 그와 같은 장애를 극복하는 일은 부부간의 협조의무에서 우러나는 보편적인 과제이다. 따라서 혼인생활 중에 그러한 장애가 발생하였다면 배우자 쌍방은 부부라는 공동생활체로서 결합관계를 유지하기 위한 의지를 갖고 각자 상대방에 대한 애정과 이해, 자제, 설득을 통하여 그러한 장애를 극복하기 위해 노력할 공동의 의무가 있다. 그러므로 배우자 일방의 성격적 결함이나 비판받을 행동으로 말미암아 혼인의 안녕을 해하는 갈등이나 불화가 일어났다고 하여도, 그로써 당장 혼인관계가 회복되지 못할 파탄상태에 빠진 것이 아닌 이상, 그와 같은 갈등과 불화를 치유하여 원만한 혼인관계 유지를 위하여 노력할 의무는 배우자 쌍방 모두에게 있고, 그럼에도 한쪽 배우자의 성격이나 행동에 결함이 있다는 이유로 그 상대방이 원만한 혼인관계를 유지하기 위한 노력을 도외시한 채 대화를 거부하고 적대시하는 등 부부 공동체로서의 혼인생활을 사실상 포기 또는 방기하는 태도로 일관한다면 그 상대방 역시 혼인관계에서 지켜야 할 의무를 다하지 못한 것으로 볼 수 있다. 이와 같은 상황이 개선되지 아니하고 배우자 쌍방이 모두 혼인관계를 유지하기 위한 의욕을 상실한 채 상호 방관 또는 적대하는 상태로 상당한 시간이 경과한 끝에 결국 혼인관계가 돌이킬 수 없을 정도의 파탄에 이르게 되었다면 배우자 쌍방이 혼인관계 파탄에 대한 책임을 나누어 가져야 할 것이고, 당초 어느 일방의 인격적 결함이 그러한 갈등 또는 불화의 단초가 되었다는 사정만으로 그에게 이혼청구를 할 수 없을 정도의 주된 책임이 있다고 단정할 수 없다(대법원 2010. 7. 29. 선고 2008므1475 판결 등 참조).

위자료와 재산분할은 어떻게 다를까

　연예인들의 이혼소송 결과를 다룬 기사의 제목은 '톱스타 A와 B 이혼, 위자료로 3억 원 지급'인데 내용을 보면 위 3억 원이 위자료가 아닌 재산분할을 뜻하는 경우가 많다. 각종 예능 프로그램이나 심지어 이혼전문변호사가 주인공인 법정드라마에서도 위자료와 재산분할을 혼동하여 엉뚱하게 표현하는 경우를 종종 보았다. 위자료와 재산분할은 전혀 다른 것이다. 위자료와 재산분할은 협의이혼이든 재판상 이혼이든 부부관계를 정산하는 과정에서 별책부록처럼 따라붙는 제도이기는 하지만 두 제도의 요건과 효과는 전혀 다르다.

　위자료는 민법 제750조 소정의 불법행위책임을 그 본질로 한다. 엄밀히 따지자면 가사법적 권리가 아니라 민사법적 권리라는 뜻이다. 따라서 민법 제750조 소정의 불법행위책임 성립요건을 모두 갖춘 사실을 주장·입증해야만 위자료를 인정받을 수 있다. 실제로 이혼소송에서 위자료를 인정받는 경우는 극히 한정되어 있으며, 위자료 배상책임 자체는 인정된다고 하더라도 그 금액은 일반인의 법 감정에 비하여 결코 많지 않다. 실무상 이혼소송에서 위자료까지 인정되는 사례는 배우자 일방의 부정행위, 지속적인 폭력·폭언, 경제적 낭비벽, 상당한 수준의 정신병 등으로 유형화할 수 있다. 위 사유는 모두 증거로서 입증할 수 있어야 하며 한두 차례 가벼운 정도로는 다소 부족하고 어느 정도의 지속성이 증명되어야 한다. 기본적인 위자료 수액은 1,000만 원~3,000만 원 사이에서 형성되고 있으며 객관적으로 보기에 심각한 불법 사유가 증명되면 5,000만 원 가까이 인정되기도 하나, 위자료만으로 5,000만 원 이상을 인정받기란 결코 쉽지 않다.

재산분할심판청구 주요 쟁점

재산분할은 협의이혼 또는 재판상 이혼과정에서 부부재산 관계의 청산을 목적으로 하는 가사법적 제도이다.

재산분할청구에 관한 법원의 심리에서 중요한 쟁점은 ① 재산분할 대상을 어떻게 특정할 것인가, ② 재산분할 대상 재산의 가액산정 기준 시점은 언제인가, ③ 기여도는 얼마인가 정도로 정리할 수 있다. 위 쟁점 중 기여도 부분은 혼인기간을 가장 중요한 기준으로 한다. 아내가 특별한 경제활동 없이 주부로서 가사일을 주로 전담하였다고 하더라도, 타방 배우자인 남편의 소득이 평균 일반의 수준을 크게 벗어나지 않는다면 혼인기간의 장단에 따라 기계적으로 기여도가 책정된다. 많은 남성이 "이 집은 100% 제 월급으로 마련했는데 어떻게 집안일만 한 아내의 기여도가 50%나 되나요?"라고 억울해하곤 한다. 기여도는 형성기여도와 유지기여도로 세분화되며, 그 재산의 형성 자체는 남성이 하였다고 하여도(형성기여도) 육아 및 가사일을 돌본 점에 있어 여성의 고유한 유지기여도가 인정된다. 혼인기간이 7년~8년 이상이라면, 가사일에 전념한 일방 배우자의 기여도는 보통 40%~50% 정도로 나오는 추세이다. 다만 배우자 일방이 보편적인 수준을 넘어서는 상당한 고수익을 창출하였다거나 양육할 자녀가 없었던 경우라면 홀로 경제활동에 참여한 배우자 일방에 65%~70%까지 기여도가 인정되기도 한다.

재산분할의 대상

혼인기간 중 타방 배우자의 재산 내역을 전혀 알지 못했다고 하더라도 소송을 통해 각종 증거신청(금융거래제출명령신청, 사실조회신청 등)을 함으로써 충분히 이를 확인할 수 있다.

확인된 재산분할 대상은 아래 인용하는 [분할대상재산명세표]를 작성하는 방법으로 변론하고 재판부는 이를 기초로 판결하게 된다.

서식례 분할대상재산명세표 및 기재요령(서울가정법원 홈페이지 제공)

[분할대상재산명세표]

재판부 : 제 ○ 가사부(또는 가사 ○ 단독)

사건번호 : 2024드단1234호 이혼 등

원고 : 성춘향   피고 : 이몽룡

※ 주의사항

1. 아래 표에 기재하지 않은 재산은 원칙적으로 재산분할 대상으로 고려하지아니할 예정이므로, 원고 및 피고 모두에 대하여 그 재산으로 주장하는 것은 빠짐없이 기재할 것.
2. 해당 재산에 관하여 특이사항이 있으면 비고란에 기재할 것.
3. 구체적인 명세표의 기재요령은 별지와 같음.
   - 분할대상 재산의 확정 및 가액산정의 기준시점은 원칙적으로 이혼소송의 사실심 변론종결일임.
   - 당사자 사이에 가액에 관한 다툼이 있을 경우 해당 자료를 반드시 제출할 것. 가액에 관한 의견이 일치하는 경우 '일치진술'로 표시할 수 있음.

4. 서울가정법원 홈페이지 '자주 묻는 질문' 게시판에 아래 표의 한글파일이 게시되어 있으니, 해당 파일을 다운로드 받아 작성하여도 됨(이 경우 작성한 문서를 준비서면에 파일로 첨부하기 바람).

소유자 등		순번	재산의 표시	재산의 가액 (단위: 원)	증거	비고
원고	적극재산	1	서울 성북구 길음동 ○○아파트 ○동 ○호	200,000,000	을 제1호증	
		2	○○은행 예금(계좌번호: ○○-○○-○○)	75,000,000	갑 제2호증	2014. 1. 1. 기준
		소계		275,000,000		
	소극재산	1	서울 성북구 길음동 ○○아파트 ○동 ○호 임대차보증금반환채무	130,000,000	갑 제10호증	
		소계		130,000,000		
	원고의 순재산			145,000,000		
피고	적극재산	1	서울 강남구 역삼동 ○○아파트 ○동 ○호	320,000,000	갑 제7호증	
		2	경기 여주군 ○○면 ○○리 275 전 ○○㎡	15,000,000	시가감정 촉탁결과	
		3	○○생명보험 예상해지환급금(증권번호: ○○-○○-○○)	2,000,000	을 제4호증	2014. 1. 1. 기준
		소계		337,000,000		
	소극재산	1	○○은행에 대한 대출금 채무(계좌번호: ○○-○○-○○-○)	50,000,000	금융거래정보제출명령 회신	2014. 1. 1. 기준
		소계		50,000,000		
	피고의 순재산			287,000,000		
원·피고의 순재산의 합계				432,000,000		

특유재산

특유재산은 부부 중 일방이 혼인 전부터 가진 고유재산과 혼인 중 자기 명의로 취득한 재산을 뜻하는데 민법은 부부는 그 특유재산을 각자 관리·사용·수익한다고 정하고 있다(민법 제831조).

따라서 특유재산은 원칙적으로 재산분할 대상이 되지 않는다. 다만 대법원은 특유재산이라도 부부 중 일방이 그 유지, 증가에 기여하였다면 재산분할대상에 포함된다는 입장을 취하고 있다. 예를 들어 보자.

갑은 5년 전 을과 결혼하여 한국에서 함께 살고 있다. 갑의 부친인 병은 일본에서 활동하는 사업가인데 크게 자수성가하여 일본에 자신 명의로 5,000억대 부동산을 소유하고 있다. 그러던 중 병은 일본에서 갑작스러운 교통사고로 사망하였다(갑의 어머니 정은 이미 10년 전 암으로 사망하였다). 병의 사망으로 갑은 병의 5,000억대 부동산을 전부 상속받았다. 3년 후 갑의 부정행위로 갑과 을은 이혼소송을 하게 되었다. 을은 갑에게 위 5,000억대 재산에 대하여 기여도 50%로의 재산분할을 청구한다. 을의 청구는 인용될 수 있을까?

위 사례에서 5,000억대 부동산은 갑의 특유재산이다. 민법에서 정한 대로라면 갑의 특유재산은 분할의 대상이 되는 재산에서 제외되는 것이 옳다. 실무적으로도 위 사례와 같이 아주 이례적인 상황에서는 특유재산으로 재산분할대상에서 제외될 가능성이 높다. 그러나 대부분의 평범한 사람의 삶에는 갑이 받은 5,000억대 상속재산 따위는 존재하지 않는다. 따라서 (특별히 큰 금액이 아닌) 평범한 정도의 상속재산과 같은 특유재산은 기본적으로 재산분할대상에는 포함되며 다만 전체적인 기여도 비율을 따질 때 고려될 뿐이다.

※ 민법 제830조(특유재산과 귀속불명재산) ① 부부의 일방이 혼인전부터 가진 고유재산과 혼인중 자기의 명의로 취득한 재산은 그 특유재산으로 한다.
② 부부의 누구에게 속한 것인지 분명하지 아니한 재산은 부부의 공유로 추정한다.

제831조(특유재산의 관리 등) 부부는 그 특유재산을 각자 관리, 사용, 수익한다.

　이혼소송에서 재산분할을 앞둔 많은 사람이 "변호사님 이 아파트는 제가 결혼 전 총각일 때 100% 제가 번 돈으로 산 것입니다. 결혼하면서 아내가 돈이 없다고 해서 일단 제가 구입했던 제 명의 아파트에서 같이 신혼 생활을 시작하였어요. 이 아파트는 특유재산이 맞죠? 특유재산은 재산분할대상에서 제외된다고 들었습니다."라고 왕왕 질문해오곤 하는데 필자는 "꼭 그렇지는 않습니다. 특유재산도 대부분은 일단 재산분할대상에 포함된다고 생각하시는 편이 좋습니다."라고 한다. '특유재산이라도 다른 일방이 그 유지에 협력하여 그 감소를 방지하였다면 재산분할의 대상이 된다'는 해석론 때문에 부부가 상당기간 함께 동거하며 생활해 온 아파트는 가사 특유재산이라고 하더라도 재산분할대상에는 포함될 가능성이 높다. 일반인의 법 감정으로는 정말 억울하고 납득하기 힘들 수 있다는 생각은 들지만 현재 법원의 해석론이 그렇기 때문에 받아들일 수밖에 없는 문제이다.

■ 특유재산이 이혼 시 재산분할대상에 포함된다고 판단한 주요 판결 1(대법원 1994. 5. 13. 선고 93므1020 판결)

　가. 특유재산이라 할지라도 다른 일방이 적극적으로 그 특유재산의 유지에 협력하여 그 감소를 방지하였거나 그 증식에 협력하였다고 인정되는 경우에는 재산분할의 대상이 될 수 있다.

나. 가사를 전담하는 외에 가업으로 24시간 개점하는 잡화상연쇄점에서 경리 업무를 전담하면서 잡화상 경영에 참가하여 가사비용의 조달에 협력하였다면 특유재산의 감소방지에 일정한 기여를 하였다고 할 수 있어 특유재산이 재산 분할의 대상이 된다고 본 사례.

■ 특유재산이 이혼 시 재산분할대상에 포함된다고 판단한 주요 판결 2(인 천가정법원 2022. 12. 21. 선고 2021르12382, 2021르12399 판결)

1) 전세보증금반환채권 관련

피고는 결혼 준비 단계에서 피고의 부친으로부터 차용한 9천만 원으로 〈주소〉(이하 '이 사건 주택'이라 한다)에 관한 임대차보증금을 지급하였으므로 위 주택에 관한 임대차보증금반환채권이 피고의 특유재산이라고 주장한다. 살피건대, 을 제6호증의 9, 제28, 29호증의 각 기재에 의하면, ① 피고의 부친이 2018. 6. 16. 및 다음 달 13일 〈주소〉에 관하여 피고와 임대차계약을 체결한 F에게 임대차보증금 중 1억 원을 지급한 사실, ② 피고가 2020. 6. 4. F으로부터 1,800만 원을 반환받아 그 무렵 피고의 부친에게 이를 지급한 사실, ③ 피고의 부친이 2020. 6. 13. 이 사건 주택의 임대인 G에게 임대차보증금 계약금으로 900만 원을 지급한 사실, ④ 피고가 2020. 7. 10. 이 사건 주택의 임대차보증금 잔금을 지급하기 위하여 위 〈주소〉에 관하여 반환받은 임대차보증금 중 8,100만 원을 G에게 지급한 사실이 인정된다. 그러나 위와 같은 사실만으로는 피고가 위 〈주소〉에 관한 임대차보증금 지급을 위하여 피고의 부친으로부터 1억 원을 차용하였다고 보기 부족하고, 피고가 피고의 부친으로부터 위 1억 원을 증여 받았다고 보더라도 위 1억 원이 원·피고의 공동주거지 보증금의 형식으로 유지된 점에 비추어 볼 때, 이는 분할대상재산에 해당한다고 봄이 상당하다. 따라서 피고의 위 주장은 받아들이기 어렵다.

2) 아반떼 차량 관련

피고는 혼인 전부터 피고가 소유한 아반떼 차량이 특유재산에 해당하므로 분할대상 재산에서 제외되어야 한다고 주장하나, 특유재산일지라도 다른 일방이 적극적으로 그 특유재산의 유지에 협력하여 그 감소를 방지한 경우에는 분할의 대상이 될 수 있는 바, 원고도 혼인기간 중 소득활동을 하면서 재산유지에 기여한 것으로 보이는 점 등의 사정을 고려하면 위 아반떼 차량도 분할대상재산에 포함하는 것이 타당하다. 따라서 피고의 위 주장도 받아들이지 아니한다.

재산분할의 기준시점

재산분할의 기준시점은 금융재산과 부동산재산으로 나눠서 봐야 한다. 부동산은 사실심 변론종결 시를 기준으로 하고, 금융재산은 혼인관계 파탄 시를 기준으로 한다. 여기서 파탄 시는 보통은 이혼소장을 접수한 때를 뜻하는데 그전에 별거가 선행되었다면 별거일이 그 기준이 된다. 아파트 등 부동산의 시세 변동이 심할 때 이혼소송을 진행하면, 소 제기 시점과 제1심 판결 선고기일 사이 몇 억씩 시세 차이가 생기고 그에 따라 재산분할금액의 앞자리가 바뀌는 경우도 있다. 때문에 아파트 값이 떨어지는 추세라면 재산분할금을 지급해야 하는 입장에서는 최대한 시간을 지연시키며 항소심 또는 상고심까지 억지 소송을 끌고 가는 경우가 생기기도 한다. 재산분할금은 이혼 판결이 확정되어야만 지연이자가 붙고 이혼 판결 확정 전에 재산분할에 대한 가집행선고도 붙을 수 없기 때문에 재산분할금을 지급해야 하는 입장에서는 일단 상고심까지 끌고 갈 실익이 있는 셈이다. 대부분의 판결문에서는 아래와 같은 문구를 그대로 인용하며 재산분할 기준시점에 대한 법리를 설명한다.

• "재판상 이혼에 따른 재산분할에 있어 분할의 대상이 되는 재산과 액수는 이혼소송의 사실심 변론종결일을 기준으로 하여 정하는 것이 원칙이지만(대법원 2000. 5. 2.자 2000스13 결정 등 참조), 혼인관계가 파탄된 후 변론종결일 사이에 생

긴 재산 관계의 변동이 부부 중 일방에 의한 후발적 사정에 의한 것으로서 혼인 중 공동으로 형성한 재산 관계와 무관하다는 등 특별한 사정이 있는 경우에는 그 변동된 재산은 재산분할 대상에서 제외하여야 한다(대법원 2013. 11. 28. 선고 2013므 1455, 1462 판결 등 참조). 따라서 위 법리를 바탕으로 이 사건 변론종결일 기준으로 재산분할의 대상 및 가액을 정하되, 예금 등과 같이 소비나 은닉이 용이하고 기준 시점을 달리할 경우 중복합산의 우려가 있는 재산의 경우에는 원고와 피고의 혼인 관계가 파탄되었다고 볼 수 있는 이 사건 본소 제기일인 2022. 10. 6.경을 기준으로 한다. 나아가 기준시점보다 재산이 감소한 경우 그 재산을 처분한 사람이 재산 처분의 경위와 사용처를 주장·입증하지 아니하는 이상 그 재산이 현존하는 것으로 추정하여 재산분할의 대상 및 가액을 정하고, 그와 반대로 재산이 증가한 경우에는 이를 재산분할의 대상으로 포함시켜야 한다고 주장하는 쪽에서 재산 증가에 대한 본인의 기여를 주장·입증하지 아니하는 이상 그 증가된 재산은 재산분할의 대상으로 삼지 않는다. 또한 원고와 피고가 일치하여 그 가액을 진술하거나 제출된 서증, 금융거래정보 제출명령 회신결과 등에 나타난 기준시점 및 가액에 관하여 이의를 제기하지 않는 경우에는 그에 따라 가액을 정한다." (전주지방법원 군산지원 2023. 6. 23. 선고 2022드합50263, 2023드합50024 판결)

• "재판상 이혼에 따른 재산분할에 있어 분할의 대상이 되는 재산과 그 액수는 이혼소송의 사실심 변론종결일을 기준으로 하여 정하는 것이 원칙이지만(대법원 2000. 5. 2.자 2000스13 결정 참조), 혼인관계가 파탄된 이후 변론종결일 사이에 생긴 재산관계의 변동이 부부 중 일방에 의한 후발적 사정에 의한 것으로서 혼인 중 공동으로 형성한 재산관계와 무관하다는 등 특별한 사정이 있는 경우에는 그 변동된 재산은 재산분할 대상에서 제외하여야 한다(대법원 2013. 11. 28. 선고 2013므 1455, 1462 판결 참고). 위와 같은 법리에 따라 이 사건 변론종결일을 기준으로 재산 분할의 대상과 가액을 정하되, 다만 금전과 같이 소비나 은닉이 용이하고 기준시점을 달리할 경우 중복합산의 우려가 있는 경우에는 혼인관계가 파탄되었다고 봄

이 상당한 이 사건 소가 제기된 2021. 2. 22.을 기준으로, 당시 보유하고 있던 돈이 부부공동생활에 사용되었다는 점에 관한 당사자의 명확한 입증이 없는 한 이를 그대로 보유하고 있는 것으로 추정하기로 하고, 원고와 피고가 일치하여 그 가액을 진술하는 경우에는 그에 따라 가액을 정하기로 한다." (수원가정법원 2023. 6. 22. 선고 2022르1232(본소), 2022르1522(반소) 판결)

서식례 **이혼소송 소장**

소 장

원 고	성 명	서춘향 (인) (800113-2012345)
	주 소	경기 안양시 법원로 77 조선빌라 101호
피 고	성 명	이몽룡 (인) (781107-1123450)
	주 소	경기 안양시 법원로 77 조선빌라 101호
사건본인	성 명	이몽이 (인) (091004-1122334)
	주 소	경기 안양시 법원로 77 조선빌라 101호

청 구 취 지

1. 원고와 피고는 이혼한다.
2. 피고는 원고에게 재산분할로서 250,000,000원 및 이에 대하여 이 사건 판결 확정일 다음날로부터 다 갚는 날까지 연 5%의 비율에 의한 금원을 지급하라.
3. 사건본인의 친권자 및 양육권자로 원고를 지정한다.
4. 피고는 원고에게 사건본인의 양육비로서 매월 100만 원을 매월 말일에 지급하라.
5. 소송비용은 피고가 부담한다.
6. 위 제4항은 가집행할 수 있다.
라는 판결을 구합니다.

청 구 원 인

1. 당사자관계

원고와 피고는 2008. 10. 10. 혼인하여 슬하 1남을 두고 있습니다.

2. 이혼청구

원고와 피고는 혼인기간 내내 성격차이를 비롯하여 종교 문제, 시가와의 갈등 등 각종 문제로 늘상 다툼뿐인 시간을 보내왔습니다. 이에 원고는 물론 피고 역시 원고에게 늘 이혼을 요구해왔으나 서로 간에 바쁜 시간을 보내면서 이혼이라는 결과에는 달하지 못하였습니다. 서류가 정리되지 못한 관계로 껍데기만 남은 형식적인 관계를 유지하고 있는 실정입니다.

원고는 조속한 이혼 판결을 통하여 속히 피고와의 관계를 청산하고 싶은 마음입니다.

3. 재산분할청구

원고와 피고의 총재산은 피고 명의 시가 5억 원 상당의 부동산입니다. 다만 위 부동산의 경우 그 명의만이 피고로 되어 있을 뿐, 2008년 혼인 당시 원고와 피고가 수중에 가진 재산을 합하여 함께 구매한 것으로서 사실상 원·피고의 공동 재산에 해당합니다.

한편 기여도에 관하여 위 부동산의 취득 당시 피고가 출자한 자본액이 보다 더 크다고 하더라도, 원고 역시 상당한 금원을 출자하여 부동산 취득에 기여한 점, 혼인기간 내내 원고는 활발한 경제활동과 가사돌봄 및 사건본인의 양육까지 도맡아왔던 점, 원고와 피고의 혼인기간이 15년 이상에 이르는 점 등을 비롯할 때 50:50으로 산정되어야 할 것입니다.

4. 양육자 지정 및 양육비청구

혼인 중 사건본인의 양육은 늘 원고의 몫이었습니다. 지금에 이르기까지도 그러하며, 사건본인 역시 엄마인 원고와 함께 생활하기를 바라고 있습니다. 사건본인의 친권자 및 양육권자로서 원고를 지정해주시기 바랍니다.

또한 비양육친인 피고는 양육자인 원고에게 사건본인의 양육비를 지급하여야 할 것인바, 그 금액은 원·피고의 경제력, 생활수준, 사건본인의 건강 및 교육형태 등을 참작하여 매월 120만 원으로 정함이 합당하다 사료됩니다.

5. 결론

이 사건 원고의 청구를 전부 인용하여 주시기 바랍니다.

입 증 방 법

1. 갑 제1호증 각 기본증명서
1. 갑 제2호증 각 가족관계증명서
1. 갑 제3호증 혼인관계증명서
1. 갑 제4호증 주민등록등본
1. 갑 제5호증 주민등록초본
1. 갑 제6호증 부동산등기사항전부증명서

2024. 7. 1.

원고 소송대리인
변호사 김 세 라

수원지방법원 안양지원 귀중

제2장
양육자와 양육비

이혼소송 중인 갑과 을 사이 미성년의 자녀 병이 있다. 병은 성년이 되기까지 누구와 살게 될까?

친권과 양육권

'친권'이란 부모가 미성년인 자녀에 대해 가지는 신분·재산상의 권리와 의무로, 쉽게 말해 부모가 미성년인 자녀의 법률상 행위를 대리하거나 그의 재산을 관리할 수 있는 권리를 가리킨다. 미성숙한 자녀 스스로 법률행위를 하거나 재산을 관리하기에는 어려움이 따른다. 이런 점을 고려하여 친권은, 부모가 아이를 대신하여 일정한 법률상 권리를 행사할 수 있도록 정한 법정의 권리이다. 부모는 미성년자인 자녀의 친권자가 되고, 양자의 경우는 양부모가 친권자가 된다. 부모가 혼인 중인 때에는 부모가 공동으로 친권을 행사한다. 부모가 이혼하는 경우, 부모의 협의 또는 재판을 통해서 친권자가 정해진다. 부모의 일방이 단독으로 친권을 행사할 수도 있지만 쌍방이 공동으로 행사하도록 정할 수도 있다.

'양육권'이란 미성년인 자녀를 양육하고 교양할 권리다. 아이의 양육에 필요한 사항을 정할 수 있는 권리로, 보다 쉽게는 아이를 키울 수 있는 권리로 이해할 수 있다. 실무상 대부분의 사례에서 친권과 양육권은 분리되지 않고 동일인으로 지정되고 있다.

아빠? 엄마? 양육자를 정하는 기준

가정법원은 '자의 복리'를 최우선으로 고려하여 양육자를 지정하는데, 양육자 지정을 위하여 가사조사(양육환경조사 등)를 진행하고 이를 통해 구체적인 양육환경 및 양육실태를 살피게 된다. 가사조사관이 직접 아이가 지낼 집에 방문하여 살펴보고, 아빠와 아이, 엄마와 아이 이렇게 각각 몇 시간을 함께 보내게 하며 그 시간 동안 아이의 정서적 안정과 부모 일방과의 친밀감의 정도 등을 관찰한다. 이후 가사조사보고서를 작성하여 제출하고, 재판부는 이 가사조사보고서를 중요한 심리자료로 활용하게 된다. 참고로 '양육계획서' 작성도 필요한데, 양육권을 실질적으로 다투는 친부 입장에서는 양육계획서를 잘 쓰는 것이 중요하다. 양육권자 지정은 아무래도 친모쪽에게 유리할 수 밖에 없기 때문이다.

실무상 피양육자인 미성년 자녀의 성별이 여자이고, 나이가 어릴수록 모친이 양육자로 결정되는 비중이 높다. 그러나 이는 어디까지나 그 비중이 높다는 것이지, 모든 경우에서 엄마가 양육자로 지정됨을 의미하지는 않는다. 필자의 경험상 모친이 어린 자녀에 대한 애착이 없고 오히려 아빠와 유대 관계가 깊은 경우, 아빠와 엄마 간 경제력의 편차가 크고 친가 쪽 조부모 등 양육보조자와도 우호적인 관계가 형성되어 있는 경우에는 아빠가 양육자로 결정되는 경우도 있었다.

양육비를 정하는 기준, 양육비 산정에도 '성 차별'이 존재한다?

양육비 금액을 정함에 있어 부모의 경제적 능력을 고려하지 않을 수는 없다. '양육비'라는 전문용어로 그럴싸하게 포장해서 그렇지, 결국에는 돈을 낼 사람의 경제력을 보겠다는 말이지 않는가.

양육비 산정의 주요 골자는 서울가정법원이 공표한 [양육비산정기준표]이다. 그에 따라 양육비는 기본적으로 양육비 부담주체인 부모의 합산소득과 양육대상자인 미성년 자녀의 연령을 기준으로 정해진다.

가사편

2021년 양육비 산정기준표

부모합산소득 / 자녀 만 나이	0~199만 원	200~299만 원	300~399만 원	400~499만 원	500~599만 원	600~699만 원	700~799만 원	800~899만 원	900~999만 원	1,000~1,199만 원	1,200만 원 이상
	평균양육비(원) / 양육비 구간	평균양육비(원) / 양육비 구간	평균양육비(원) / 양육비 구간	평균양육비(원) / 양육비 구간	평균양육비(원) / 양육비 구간	평균양육비(원) / 양육비 구간	평균양육비(원) / 양육비 구간	평균양육비(원) / 양육비 구간	평균양육비(원) / 양육비 구간	평균양육비(원) / 양육비 구간	평균양육비(원) / 양육비 구간
0~2세	621,000 / 264,000~686,000	752,000 / 687,000~848,000	945,000 / 849,000~1,021,000	1,098,000 / 1,022,000~1,171,000	1,245,000 / 1,172,000~1,323,000	1,401,000 / 1,324,000~1,491,000	1,582,000 / 1,492,000~1,685,000	1,789,000 / 1,686,000~1,893,000	1,997,000 / 1,894,000~2,046,000	2,095,000 / 2,047,000~2,151,000	2,207,000 / 2,152,000 이상
3~5세	631,000 / 268,000~695,000	759,000 / 696,000~854,000	949,000 / 855,000~1,031,000	1,113,000 / 1,032,000~1,189,000	1,266,000 / 1,190,000~1,344,000	1,422,000 / 1,345,000~1,510,000	1,598,000 / 1,511,000~1,702,000	1,807,000 / 1,703,000~1,912,000	2,017,000 / 1,913,000~2,066,000	2,116,000 / 2,067,000~2,180,000	2,245,000 / 2,181,000 이상
6~8세	648,000 / 272,000~707,000	767,000 / 708,000~863,000	959,000 / 864,000~1,049,000	1,140,000 / 1,050,000~1,216,000	1,292,000 / 1,217,000~1,385,000	1,479,000 / 1,386,000~1,546,000	1,614,000 / 1,547,000~1,732,000	1,850,000 / 1,733,000~1,957,000	2,065,000 / 1,958,000~2,101,000	2,137,000 / 2,102,000~2,224,000	2,312,000 / 2,225,000 이상
9~11세	667,000 / 281,000~724,000	782,000 / 725,000~885,000	988,000 / 886,000~1,075,000	1,163,000 / 1,076,000~1,240,000	1,318,000 / 1,241,000~1,406,000	1,494,000 / 1,407,000~1,562,000	1,630,000 / 1,563,000~1,758,000	1,887,000 / 1,759,000~2,012,000	2,137,000 / 2,013,000~2,158,000	2,180,000 / 2,159,000~2,292,000	2,405,000 / 2,293,000 이상
12~14세	679,000 / 295,000~734,000	790,000 / 735,000~894,000	998,000 / 895,000~1,139,000	1,280,000 / 1,140,000~1,351,000	1,423,000 / 1,352,000~1,510,000	1,598,000 / 1,511,000~1,654,000	1,711,000 / 1,655,000~1,847,000	1,984,000 / 1,848,000~2,071,000	2,159,000 / 2,072,000~2,191,000	2,223,000 / 2,192,000~2,349,000	2,476,000 / 2,350,000 이상
15~18세	703,000 / 319,000~830,000	957,000 / 831,000~1,092,000	1,227,000 / 1,093,000~1,314,000	1,402,000 / 1,315,000~1,503,000	1,604,000 / 1,504,000~1,699,000	1,794,000 / 1,700,000~1,879,000	1,964,000 / 1,880,000~2,063,000	2,163,000 / 2,064,000~2,204,000	2,246,000 / 2,205,000~2,393,000	2,540,000 / 2,394,000~2,711,000	2,883,000 / 2,712,000 이상

🖊 전국의 양육자녀 2인 가구 기준

기본원칙
① 자녀에게 이혼 전과 동일한 수준의 양육환경을 유지하여 주는 것이 바람직함
② 부모는 현재 소득이 없더라도 최소한의 자녀 양육비에 대하여 책임을 분담함

산정기준표 설명
① 산정기준표의 표준양육비는 양육자녀가 2인인 4인 가구 기준 자녀 1인당 평균양육비임
② 부모합산소득은 세전소득으로 근로소득, 사업소득, 부동산 임대소득, 이자수입, 정부보조금, 연금 등을 모두 합한 순수입의 총액임
③ 표준양육비에 아래 가산, 감산 요소 등을 고려하여 양육비 총액을 확정할 수 있음
　1) 부모의 재산상황(가산 또는 감산)
　2) 자녀의 거주지역(도시 지역은 가산, 농어촌 지역 등은 감산)
　3) 자녀 수(자녀가 1인인 경우 가산, 3인 이상인 경우 감산)
　4) 고액의 치료비
　5) 고액의 교육비(부모가 합의하였거나 사건본인의 복리를 위하여 합리적으로 필요한 범위)
　6) 비양육자의 개인회생(회생절차 진행 중 감산, 종료 후 가산 고려)

양육비산정기준표 (서울가정법원 공표)

표준양육비 결정 예시

○ 가족 구성원 : 양육자, 비양육자, 만 15세인 딸 1인, 만 8세인 아들 1인인 4인 가구
○ 부모의 월 평균 세전 소득 : 양육자 180만 원, 비양육자 270만 원, 합산소득 450만 원

부모합산 소득 / 자녀 만 나이	0~199만 원 평균양육비(원) 양육비 구간	200~299만 원 평균양육비(원) 양육비 구간	300~399만 원 평균양육비(원) 양육비 구간	400~499만 원 평균양육비(원) 양육비 구간	500~599만 원 평균양육비(원) 양육비 구간	600~699만 원 평균양육비(원) 양육비 구간	700~799만 원 평균양육비(원) 양육비 구간	800~899만 원 평균양육비(원) 양육비 구간	900~999만 원 평균양육비(원) 양육비 구간	1,000~1,199만 원 평균양육비(원) 양육비 구간	1,200만 원 이상 평균양육비(원) 양육비 구간
0~2세	621,000 264,000~686,000	752,000 687,000~848,000	945,000 849,000~1,021,000	1,098,000 1,022,000~1,171,000	1,245,000 1,172,000~1,323,000	1,401,000 1,324,000~1,491,000	1,582,000 1,492,000~1,685,000	1,789,000 1,686,000~1,893,000	1,997,000 1,894,000~2,046,000	2,095,000 2,047,000~2,151,000	2,207,000 2,152,000 이상
3~5세	631,000 268,000~695,000	759,000 696,000~854,000	949,000 855,000~1,031,000	1,113,000 1,032,000~1,189,000	1,266,000 1,190,000~1,345,000	1,422,000 1,345,000~1,511,000	1,598,000 1,511,000~1,702,000	1,807,000 1,703,000~1,912,000	2,017,000 1,913,000~2,066,000	2,116,000 2,067,000~2,180,000	2,245,000 2,181,000 이상
6~8세	667,000 272,000~707,000	708,000 708,000~863,000	864,000 864,000~1,049,000	**1,140,000** 1,050,000~1,216,000	1,292,000 1,217,000~1,385,000	1,479,000 1,386,000~1,546,000	1,614,000 1,547,000~1,732,000	1,850,000 1,733,000~1,957,000	2,065,000 1,958,000~2,101,000	2,137,000 2,102,000~2,224,000	2,312,000 2,225,000 이상
9~11세	667,000 281,000~724,000	782,000 725,000~885,000	988,000 886,000~1,075,000	1,163,000 1,076,000~1,240,000	1,318,000 1,241,000~1,406,000	1,494,000 1,407,000~1,562,000	1,630,000 1,563,000~1,758,000	1,887,000 1,759,000~2,012,000	2,137,000 2,013,000~2,158,000	2,180,000 2,159,000~2,292,000	2,405,000 2,293,000 이상
12~14세	679,000 295,000~734,000	790,000 735,000~894,000	998,000 895,000~1,139,000	1,280,000 1,140,000~1,351,000	1,423,000 1,352,000~1,511,000	1,598,000 1,511,000~1,655,000	1,711,000 1,655,000~1,847,000	1,984,000 1,848,000~2,071,000	2,159,000 2,072,000~2,191,000	2,223,000 2,192,000~2,349,000	2,476,000 2,350,000 이상
15~18세	319,000~830,000	831,000 831,000~1,092,000	1,093,000 1,093,000~1,314,000	**1,402,000** 1,315,000~1,503,000	1,604,000 1,504,000~1,699,000	1,794,000 1,700,000~1,879,000	1,964,000 1,880,000~2,063,000	2,163,000 2,064,000~2,204,000	2,246,000 2,205,000~2,393,000	2,540,000 2,394,000~2,711,000	2,883,000 2,712,000 이상

아들의 표준양육비

딸의 표준양육비

✎ 전국의 양육자녀 2인 가구 기준

1. 표준양육비 결정
가. 딸의 표준양육비 : 1,402,000원
   (자녀 나이 15~18세 및 부모합산소득 400만 원~499만 원의 교차구간)
나. 아들의 표준양육비 : 1,140,000원
   (자녀 나이 6~8세 및 부모합산소득 400만 원~499만 원의 교차구간)
다. 딸, 아들의 표준양육비 합계 : 2,542,000원(= 1,402,000원 + 1,140,000원)

2. 양육비 총액 확정
가산, 감산 요소가 있다면 결정된 표준양육비에 이를 고려하여 양육비 총액 확정
- 가산, 감산 요소가 없다면 2,542,000원

3. 양육비 분담비율 결정
비양육자의 양육비 분담비율 : 60%(= 270만 원 / (180만 원+270만 원))

4. 비양육자가 지급할 양육비 산정
양육비 총액 × 비양육자의 양육비 분담비율의 방식으로 산정
- 비양육자가 지급할 양육비 : 1,525,200원(= 2,542,000원 × 60%)

양육비산정기준표에 따른 양육비 결정 예시 (서울가정법원)

여기에 부모의 월 소득을 제외한 다른 재산상황(예컨대, 양육비 부담주체인 아버지가 급여소득 외 여러 채의 상가건물을 소유하고 있어 매월 임대소득이 발생하는 경우), 거주지역, 고액의 치료비, 부모의 합의된 사항에 따른 고액의 교육비 등 기타 요소를 고려하여 가산·감산된 최종의 양육비가 결정된다.

그런데 양육비사건에는 또 다른 보이지 않는 기준이 존재한다. 양육비 부담자의 성별, 즉 '아빠인가 엄마인가'의 문제이다. 필자가 몇 해 전 인천가정법원에서 진행했던 사건을 소개한다. 사실관계를 간략히 요약하자면, 10년 전 부모가 이혼하며 양육자를 아빠로 정하였고 엄마는 양육자인 아빠에게 매월 일정액의 양육비를 지급하기로 양육비부담조서를 작성했다. 그러나 10년이 넘도록 양육자인 아빠는 엄마로부터 양육비를 받지 못했고, 수해 전 합의된 부담조서 역시 현실에서 필요한 양육비와도 상당한 괴리가 있었다. 이에 의뢰인은 과거 미지급된 양육비의 지급과 장래 지급될 양육비의 변경을 원했다.

양육비청구 소장을 받은 엄마는 심문기일에 출석하여 울부짖었다. 돈이 없다고, 벌이가 적고 몸도 아파 제대로 일할 수 없다고 사정사정했다. 월 30만 원은커녕 단 한 푼의 양육비도 주기 어렵다고 손사래를 쳤다. 물론 소득이 없어도 최소한의 양육비 부담의 책임을 분담시키는 것이 법원의 입장이기에 본 사건의 청구 전부가 기각될 리는 만무했다. 그렇지만 법원의 최종적인 판단은 경제적 능력이 사실상 전무한 엄마의 어려운 형편을 일부분 반영하는 것으로 마무리되었다.

그러나 필자의 경험상 양육비 부담주체가 '아빠'가 되는 순간 분위기는 묘하게 달라진다. 양육비 청구를 받은 이가 남성인 아빠라면, 법원은 그가 설사 지금 당장에 소득이 없더라도 향후 육체노동을 통해서 상당한 소득을 형성할 수 있을 것으로 추측한다. 소득이 없다고, 형편이 어렵다고 호소해도 양육비 채무자가 엄마인 경우와는 다른 분위기가 조성된다.

　서울가정법원이 공표한 양육비 산정 기준 그 어디에도 양육비부담자의 성별이 양육비 결정의 기준이라고 적혀있지는 않다. 그럼에도 불구하고 실무에서는 양육비 사정의 근간이 되는 기준과 상이한 조건까지 고려하여 양육비를 달리 정하는 모양새임을 부정할 수는 없다.

■ 과거 양육비 판단에 관한 주요 대법원 판결(대법원 1994. 5. 13.자 92스21 전원합의체 결정)

가. 어떠한 사정으로 인하여 부모 중 어느 한쪽만이 자녀를 양육하게 된 경우에, 그와 같은 일방에 의한 양육이 그 양육자의 일방적이고 이기적인 목적이나 동기에서 비롯한 것이라거나 자녀의 이익을 위하여 도움이 되지 아니하거나 그 양육비를 상대방에게 부담시키는 것이 오히려 형평에 어긋나게 되는 등 특별한 사정이 있는 경우를 제외하고는, 양육하는 일방은 상대방에 대하여 현재 및 장래에 있어서의 양육비 중 적정 금액의 분담을 청구할 수 있음은 물론이고, 부모의 자녀양육의무는 특별한 사정이 없는 한 자녀의 출생과 동시에 발생하는 것이므로 과거의 양육비에 대하여도 상대방이 분담함이 상당하다고 인정되는 경우에는 그 비용의 상환을 청구할 수 있다.

나. 한쪽의 양육자가 양육비를 청구하기 이전의 과거의 양육비 모두를 상대방에게 부담시키게 되면 상대방은 예상하지 못하였던 양육비를 일시에 부담하게 되어 지나치고 가혹하며 신의성실의 원칙이나 형평의 원칙에 어긋날 수도 있으므로, 이와 같은 경우에는 반드시 이행청구 이후의 양육비와 동일한 기준에서 정할 필요는 없고, 부모 중 한쪽이 자녀를 양육하게 된 경위와 그에 소요된 비용의 액수, 그 상대방이 부양의무를 인식한 것인지 여부와 그 시기, 그것이 양육에 소요된 통상의 생활비인지 아니면 이례적이고 불가피하게 소요된 다액의 특별한 비용(치료비 등)인지 여부와 당사자들의 재산 상황이나 경제적 능력과 부담의 형평성 등 여러 사정을 고려하여 적절하다고 인정되는 분담의 범위를 정할 수 있다.

판결 전 양육비 지급도 가능하다 (양육비사전처분신청)

모든 양육비 사건이 그렇지는 않지만 다수의 양육자 지정 및 양육비 청구사건은 이혼소송과 결부되어 진행된다. 부모가 이혼을 결심하며 이혼소송과 동시에 양육할 미성년 자녀들에 관한 책임 문제까지 함께 정해지는 셈이다.

여기서 문제가 생긴다. 이혼을 결심한 부모가 동거하며 소송을 진행하면 다행이겠지만 다수의 사례에서 아빠와 엄마는 별거를 택한다. 그도 그럴 것이 이혼을 택한 상황에서 한집에 살며 잦은 접촉이 이는 상황은 불편할 수 있다. 별거를 택한 상황에서 비양육친으로부터 양육비를 받아야만 생활이 가능한 양육친의 입장은 난감하기 그지없다. 최소한의 경제활동이라도 하면 다행이겠다만 그렇지 못한 경우라면 자칫 생계에 중대한 문제가 생길 수 있다. 이때 활용하는 것이 바로 '사전처분'이다. 사전처분을 통해 임시 양육자를 지정하고, 임시 양육자는 당장에 비양육친으로부터 일정액의 양육비를 지급받으면서 이혼소송을 진행할 수 있다.

양육비 사전처분은 본안사건이 계속되는 가정법원의 전속관할에 속한다. 따라서 일반적으로는 양육자의 지정과 양육비 청구를 포함한 이혼소송 소장 제출과 함께 같은 법원에 사전처분신청을 접수하게 된다.

사전처분신청서

신 청 인 성 명   성 춘 향 (인) (800113-2012345)

       주 소   경기 안양시 법원로 77 조선빌라 101호

피신청인 성 명   이 몽 룡 (인) (781107-1123450)

       주 소   경기 안양시 법원로 7 대한빌라 202호

사건본인 성 명   이 장 남 (인) (070123-1012345)

       주 소   경기 안양시 법원로 77 조선빌라 101호

신 청 취 지

1. 수원가정법원 안양지원 2024드단1234호 이혼 등 사건의 판결선고 시까지 사건본인의 양육자로 신청인을 지정한다.
2. 피신청인은 신청인에게 사건본인의 양육비로 2024. 3. 1.부터 수원가정법원 안양지원 2024드단1234호 이혼 등 사건의 판결선고 시까지 매월
3. 신청비용은 피신청인이 부담한다.

라는 결정을 구합니다.

신 청 이 유

1. 신청인과 피신청인 사이 이 법원 2024드단1234호 이혼 등 사건이 진행 중에 있으며, 슬하 사건본인은 현재 신청인과 함께 생활하며 온전히 신청인의 부담 아래 양육되고 있습니다.
2. 이에 신청취지와 같이 위 이혼 등 사건의 판결선고 시까지 신청인을 사건본인의 양육자로 지정해주실 것과, 신청인과 피신청인의 수입 및 재산상황을 고려하여 사건본인의 양육비로서 월 100만 원의 지급해줄 것을 구하오니 전부 인용하여 주시기 바랍니다.

첨 부 서 류

1. 소송위임장

2024. 7. 1.

신청인 소송대리인
변호사 김 세 라

수원가정법원 안양지원 귀중

양육비직접지급명령 신청

일명 '배드파더스(현 양육비 해결하는 사람들)'라는 사설 사이트가 등장하며 한때 논란이 있었다. 본래 설립목적은 양육비를 주지 않는 부모의 신상을 널리 알려 사회적 처벌과 미지급된 양육비의 지급을 심리적으로 강제하고자 함에 있었던 듯하다. 배드파더스의 등장으로 불량한 양육비 지급 실태가 집중 조명되며 뜨거운 사회적 관심사가 되었다. 참고로 최근 배드파더스 운영자에게 정보통신망법위반(명예훼손) 유죄판결이 확정된 바 있다(대법원 2024. 1. 4. 선고 2022도699 판결[28]).

---

28 [1] 정보통신망 이용촉진 및 정보보호 등에 관한 법률 제70조 제1항은 "사람을 비방할 목적으로 정보통신망을 통하여 공공연하게 사실을 드러내어 다른 사람의 명예를 훼손한 자는 3년 이하의 징역 또는 3천만 원 이하의 벌금에 처한다."라고 정한다. 이 규정에 따른 범죄가 성립하려면 피고인이 공공연하게 드러낸 사실이 다른 사람의 사회적 평가를 떨어트릴 만한 것임을 인식해야 할 뿐만 아니라 사람을 비방할 목적이 있어야 한다. 비방할 목적이 있는지는 피고인이 드러낸 사실이 사회적 평가를 떨어트릴 만한 것인지와 별개의 구성요건으로서, 드러낸 사실이 사회적 평가를 떨어트리는 것이라고 해서 비방할 목적이 당연히 인정되는 것은 아니다. 그리고 이 규정에서 정한 모든 구성요건에 대한 증명책임은 검사에게 있다.
[2] '사람을 비방할 목적'이란 가해의 의사 내지 목적을 요하는 것으로, 사람을 비방할 목적이 있는지 여부는 해당 적시 사실의 내용과 성질, 해당 사실의 공표가 이루어진 상대방의 범위, 표현의 방법 등 표현 자체에 관한 제반 사정을 감안함과 동시에 표현에 의하여 훼손되거나 훼손될 수 있는 명예의 침해 정도 등을 비교·형량하여 판단되어야 한다. 또한 비방할 목적이란 공공의 이익을 위한 것과는 행위자의 주관적 의도의 방향에서 서로 상반되는 관계에 있으므로, 적시한 사실이 공공의 이익에 관한 것인 경우에는 특별한 사정이 없는 한 비방할 목적은 부인된다. 여기에서 '적시한 사실이 공공의 이익에 관한 경우'란 적시된 사실이 객관적으로 볼 때 공공의 이익에 관한 것으로서 행위자도 주관적으로 공공의 이익을 위하여 그 사실을 적시한 것이어야 하는데, 공

공의 이익에 관한 것에는 널리 국가·사회 기타 일반 다수인의 이익에 관한 것뿐만 아니라 특정한 사회집단이나 그 구성원 전체의 관심과 이익에 관한 것도 포함하는 것이다. 나아가 적시된 사실이 이러한 공공의 이익에 관한 것인지 여부는 해당 명예훼손적 표현으로 인한 피해자가 공무원 내지 공적 인물과 같은 공인인지 아니면 사인에 불과한지, 표현이 객관적으로 국민이 알아야 할 공공성·사회성을 갖춘 공적 관심 사안에 관한 것으로 사회의 여론형성 내지 공개토론에 기여하는 것인지 아니면 순수한 사적인 영역에 속하는 것인지, 피해자가 명예훼손적 표현의 위험을 자초한 것인지, 그리고 표현에 의하여 훼손되는 명예의 성격과 침해의 정도, 표현의 방법과 동기 등 제반 사정을 고려하여 판단하여야 한다. 행위자의 주요한 동기 내지 목적이 공공의 이익을 위한 것이라면 부수적으로 다른 사익적 목적이나 동기가 내포되어 있더라도 비방할 목적이 있다고 보기는 어렵다.

[3] 피고인 갑은 양육비채권자의 제보를 받아 양육비 미지급자의 신상정보를 공개하는 인터넷 사이트 'Bad Fathers'의 운영에 관계된 사람이고, 피고인 을은 위 사이트에 자신의 전 배우자 병을 제보한 사람인데, 피고인들은 각자 또는 공모하여 위 사이트에 병을 비롯한 피해자 5명의 이름, 얼굴 사진, 거주지, 직장명 등 신상정보를 공개하는 글이 게시되게 하고, 피고인 을은 자신의 인스타그램에 위 사이트 게시글의 링크 주소를 첨부하고 병에 대하여 '미친년'이라는 표현 등을 덧붙인 글을 게시함으로써 피해자들을 비방할 목적으로 사실을 적시하였다는 정보통신망 이용촉진 및 정보보호 등에 관한 법령 위반(명예훼손)의 공소 사실로 기소된 사안에서, 피고인들이 위 사이트의 신상정보 공개를 통해 양육비 미지급 사실을 알린 것은 결과적으로 양육비 미지급 문제라는 공적 관심 사안에 관한 사회의 여론형성이나 공개토론에 기여하였다고 볼 수 있으나, 글 게시 취지·경위·과정 등에 비추어 그 신상정보 공개는 특정된 개별 양육비채무자를 압박하여 양육비를 신속하게 지급하도록 하는 것을 주된 목적으로 하는 사적 제재 수단의 일환에 가까운 점, 위 사이트에서 신상정보를 공개하면서 공개 여부 결정의 객관성을 확보할 수 있는 기준이나 양육비채무자에 대한 사전 확인절차를 두지 않고 양육비 지급 기회를 부여하지도 않은 채 일률적으로 공개한 것은 우리 법질서에서 허용되는 채무불이행자 공개 제도와 비교하여 볼 때 양육비채무자의 권리를 침해하는 정도가 커 정당화되기 어려운 점, 위 사이트에서 공개된 신상정보인 얼굴 사진, 구체적인 직장명, 전화번호는 그 특성상 공개 시 양육비채무자가 입게 되는 피해의 정도가 매우 큰 반면, 피고인들에게 양육비 미지급으로 인한 사회적 문제를 공론화하기 위한 목적이 있었더라도 얼굴 사진 등의 공개는 위와 같은 공익적인 목적과 직접적인 관련성이 있다고 보기 어렵고, 얼굴 사진 등을 공개하여 양

※ **가사소송법** 제63조의2(양육비 직접지급명령) ① 가정법원은 양육비를 정기적으로 지급할 의무가 있는 사람(이하 "양육비채무자"라 한다)이 정당한 사유 없이 2회 이상 양육비를 지급하지 아니한 경우에 정기금 양육비 채권에 관한 집행권원을 가진 채권자(이하 "양육비채권자"라 한다)의 신청에 따라 양육비채무자에 대하여 정기적 급여채무를 부담하는 소득세원천징수의무자(이하 "소득세원천징수의무자"라 한다)에게 양육비채무자의 급여에서 정기적으로 양육비를 공제하여 양육비채권자에게 직접 지급하도록 명할 수 있다.

② 제1항에 따른 지급명령(이하 "양육비 직접지급명령"이라 한다)은「민사집행법」에 따라 압류명령과 전부명령을 동시에 명한 것과 같은 효력이 있고, 위 지급명령에 관하여는 압류명령과 전부명령에 관한「민사집행법」을 준용한다. 다만,「민사집행법」제40조 제1항과 관계없이 해당 양육비 채권 중 기한이 되지 아니한 것에 대하여도 양육비 직접지급명령을 할 수 있다.

③ 가정법원은 양육비 직접지급명령의 목적을 달성하지 못할 우려가 있다고 인정할 만한 사정이 있는 경우에는 양육비채권자의 신청에 의하여 양육비 직접지급명령을 취소할 수 있다. 이 경우 양육비 직접지급명령은 장래에 향하여 그 효력을 잃는다.

④ 가정법원은 제1항과 제3항의 명령을 양육비채무자와 소득세원천징수의무자에게 송달하여야 한다.

⑤ 제1항과 제3항의 신청에 관한 재판에 대하여는 즉시항고를 할 수 있다.

⑥ 소득세원천징수의무자는 양육비채무자의 직장 변경 등 주된 소득원의 변경사유가 발생한 경우에는 그 사유가 발생한 날부터 1주일 이내에 가정법원에 변경사실을 통지하여야 한다.

육비를 즉시 지급하도록 강제할 필요성이나 급박한 사정도 엿보이지 않는 점 등 제반 사정을 종합하면, 피고인들에게 신상정보가 공개된 피해자들을 비방할 목적이 인정된다는 이유로, 같은 취지에서 피고인들에 대한 위 공소사실을 모두 유죄로 판단한 원심판결이 정당하다고 한 사례.

양육비 직접지급명령제도의 주요 골자는 이렇다. 양육비 채무자가 정당한 사유 없이 2회 이상 양육친에게 양육비를 지급하지 않는 경우, 법원은 양육비 채무자를 고용하는 회사로 하여금 그 채무자의 급여에서 양육비에 해당하는 금액을 공제하여 이를 양육친에게 직접 지급하도록 명할 수 있다. 기존에도 양육비 채무자의 급여 압류를 통해 동일한 효과를 얻을 수 있었지만 급여 압류는 양육비도 못 받는 상황에서 양육친으로 하여금 불확실한 시간과 비용을 가중시킨다는 비판을 면치 못했다. 직접지급명령제도의 신설로 기존 제도적 불합리성이 완화되고, 양육비 채무자의 사용자로부터 보다 안정적인 양육비 지급이 가능해졌다. 다만 양육비채무자가 급여소득자가 아닌 경우에는 양육비직접지급명령제도를 활용하기 어렵다는 한계가 있다.

서식례 양육비직접지급명령신청서

양육비직접지급명령신청서

신 청 인	성 명	성춘향 (인) (800113-2012345)
	주 소	경기 안양시 법원로 77 조선빌라 101호
피신청인	성 명	이몽룡 (인) (781107-1123450)
	주 소	경기 안양시 법원로 7 대한빌라 202호
소득세원천징수의무자		주식회사 조선시대
	주 소	서울시 종로구 종로대로 1길
	대표자	변학도

신 청 취 지

1. 채무자의 소득세원천징수의무자에 대한 별지 압류채권목록 기재의 채권을 압류한다.

가사편

2. 소득세원천징수의무자는 채무자에게 위 채권에 관한 지급을 하여서는 안된다. 채무자는 위 채권의 처분과 영수를 하여서는 안된다.

3. 소득세원천징수의무자는 매월 25일에 위 채권에서 별지 청구채권목록 기재의 양육비 상당액을 채권자에게 지급하라.

라는 결정을 구합니다.

청구채권 및 그 금액: 별지 청구채권목록 기재와 같음(별지생략)

<h2 style="text-align:center">신 청 이 유</h2>

피신청인이 신청인에게 지급하여야 할 양육비채권이 별지 청구채권과 같이 인정됨에도 불구하고 피신청이 그 지급을 차일피일 미루고 있는바, 조속한 문제 해결을 위하여 신청취지와 같은 결정을 구합니다.

<h2 style="text-align:center">첨 부 서 류</h2>

1. 집행력 있는 정본
2. 송달(확정)증명서
3. 채무자의 주민등록표등(초)본
4. 소득세원천징수의무자의 자격증명서류

2024. 7. 1.

신청인 소송대리인
변호사 김 세 라

서울가정법원 귀중

제3장
입양과 성과 본의 변경

　우리나라는 '부성주의' 원칙을 취하고 있다(민법 제781조 제1항). 태어날 때는 아버지의 성을 따르는 것이 원칙이라는 뜻이다. 하지만 여기에는 몇 가지 예외가 존재하는데, ① 부모가 혼인신고할 때 모의 성을 따르기로 협의한 경우에는 모의 성을 따를 수 있도록 한 것, ② 부를 알 수 없는 자는 모의 성을 따르는 것, ③ 부가 외국인인 경우 모의 성을 따를 수 있도록 한 것이 바로 그것이다.

> ※ **민법** 제781조(자의 성과 본) ① 자는 부의 성과 본을 따른다. 다만, 부모가 혼인신고시 모의 성과 본을 따르기로 협의한 경우에는 모의 성과 본을 따른다.
> ② 부가 외국인인 경우에는 자는 모의 성과 본을 따를 수 있다.
> ③ 부를 알 수 없는 자는 모의 성과 본을 따른다.
> ④ 부모를 알 수 없는 자는 법원의 허가를 받아 성과 본을 창설한다. 다만, 성과 본을 창설한 후 부 또는 모를 알게 된 때에는 부 또는 모의 성과 본을 따를 수 있다.
> ⑤ 혼인외의 출생자가 인지된 경우 자는 부모의 협의에 따라 종전의 성과 본을 계속 사용할 수 있다. 다만, 부모가 협의할 수 없거나 협의가 이루어지지 아니한 경우에는 자는 법원의 허가를 받아 종전의 성과 본을 계속 사용할 수 있다.

⑥ 자의 복리를 위하여 자의 성과 본을 변경할 필요가 있을 때에는 부, 모 또는 자의 청구에 의하여 법원의 허가를 받아 이를 변경할 수 있다. 다만, 자가 미성년자이고 법정대리인이 청구할 수 없는 경우에는 제777조의 규정에 따른 친족 또는 검사가 청구할 수 있다.

한번 정해진 성, 바꿀 수 있을까

바꿀 수 있다. 앞서 설명한 대로 부모가 혼인신고 시 "자식을 낳으면 엄마 성으로 합시다"라고 합의하였다면 출생한 자녀는 엄마 성을 쓰게 된다(민법 제781조 제1항 단서). 그런데 이러한 법을 알고 있는 사람이 몇 명이나 될 것이며 혼인신고 할 때 엄마 성을 따를 것으로 구체적으로 정하는 사람은 또 몇 명이나 되겠는가. 보통의 사람들은 아무 생각 없이 그냥 혼인신고를 마치게 되고 나중에 자녀를 출산할 때 무렵에서야 "아이가 엄마 성을 쓰게 할 수는 없을까?"라고 고민할 것이다. 그때는 아버지 성을 따를 수밖에 없고 향후 성과 본의 변경신청을 검토해 볼 여지가 있을 뿐이다.

문제는 민법 제781조 제6항에 대한 해석론이다. "자의 복리를 위하여 자의 성과 본을 변경할 필요가 있을 때에는 부, 모 또는 자의 청구에 의하여 법원의 허가를 받아 이를 변경할 수 있다."의 의미는 어떻게 구체화될 수 있을까? 현재까지는 친부와 친모의 이혼 및 재혼, 친부모 중 일방의 사망으로 인한 재혼 등의 사정으로 친모의 단독 양육 또는 친모와 계부의 공동양육을 받은 자녀의 경우를 의미하는 것으로 해석되고 있다. 따라서 양친의 결혼이 유지되고 양친과 동거하는 상태에서 그저 아버지 성이 마음에 들지 않는다거나 아버지가 싫어서 어머니 성으로 바꾸고 싶다거나, 아버지와 어머니 성이 아닌 제3의 성으로 바꾸고 싶다는 등의 신청은 받아들여지기 힘들다. 다만 이것도 어디까지나 현재 시점에서의 설명이며, 세상은 얼마든지 변하고 관점은 달라질 수 있기 때문에 몇 년 후에는 그러한 형태의 성본변경도 폭넓게 허용될지도 모를 일이다.

(성인성본변경)

필자가 수행했던 성년자 대상 성본변경허가신청사건들은 100% 성본변경허가결정을 받았다. 성년자라고 하더라도 본인의 성을 변경할 권리가 있으며(민법 제781조 제6항에서 성년자와 미성년자를 구별하고 있지 않다), 특히 친부와의 유대관계가 단절된 지 오래로 친모 또는 계부와의 가족관계가 실질적으로 유지되고 있다면 단순히 신청인의 나이가 성인이라는 이유만으로 성본변경신청을 기각하지는 않는다. 물론 성년자로서 그 나이가 너무 많거나(예를 들어 50세~60세에 성본변경허가신청을 한다면 판사도 고민을 할 수밖에 없다), 성년자에게 범죄 경력이 있다거나, 채무상태가 좋지 않아 신분 세탁의 의심이 강하게 드는 경우에는 허가되지 않을 여지도 있다. 단순히 나이가 성년자이고 결혼을 하여 아이가 있다는 등의 사정은 불허가 사유가 되지 않는다.

또한 친생부의 동의를 받지 못하면 성본변경허가결정을 받기 어렵

가사편

다고 생각하는 사람들이 많으나, 법원이 절차상 친생부의 주민등록초본상 주소지로 의견청취서(성본변경에 대한 동의 여부 의사를 묻는 것)를 발송하기는 하지만, 설령 친생부가 성본변경에 동의하지 않는다고 하더라도 그것 때문에 성본변경신청이 기각되지는 않는다. 친생부의 의견은 하나의 참고자료에 불과하며 '자의 복리'를 위해 필요하다면 성본변경을 폭넓게 허용하는 것이 현재 가정법원 실무이다.

서식례 자의성본변경허가 심판청구서

자의성본변경허가 심판청구서

청구인 겸 사건본인   강하늘(991010-1974911)

         서울 강남구 언주로8길 78

         등록기준지: 경기도 성남시 분당구 행복로87

         청구인 소송대리인
         변호사 김세라
         서울 서초구 서초대로 286, 802호 (서초동, 서초프라자)
         법률사무소 예감
         (전화: 02-585-2927, 휴대전화:010-****-****
         팩스: 02-585-2928, 이메일: ******@********)

자의 성과 본의 변경허가

청구취지

사건본인의 성을 "이(한자:李)"로, 본을 "청주(한자:淸州)"로 변경할 것을 허가한다. 라는 심판을 구합니다.

청구원인

1. 청구인이 가족관계 등에 관하여

   청구인은 친생부 소외 강격정과 친생모 이수지 사이에 출생한 자입니다(첨

부서류 1 가족관계증명서, 첨부서류 2 기본증명서, 첨부서류 3 혼인관계증명서, 첨부서류 4 주민등록표초본). 친생모와 친생부는 1995년 3월경 혼인하여 2001년 7월경 협의이혼하였습니다. 협의이혼신고 이후 청구인은 친생모와 함께 생활해 왔고 친생부와는 연락이 완전히 끊겼으며 친생부 강꺽정으로부터 양육비 및 면접교섭 등 어떠한 보호·양육도 받아본 사실이 없습니다.

2. 청구인이 성과 본의 변경을 청구하는 이유

친생모와 친생부의 협의이혼 이후 청구인의 친생부와의 모든 유대 관계는 단절되었습니다. 친생부로부터 양육비를 받아본 적은 단 한번도 없으며, 만남이나 연락을 나눈 사실도 없었습니다. 청구인에게 부모는 오직 친생모 한 명이 있을 뿐입니다. 친가와의 유대 관계도 완전히 단절되었으며 외가쪽 친인척들과만 교류하며 화목하게 지내고 있습니다.

사정이 이러함에도 외부적으로는 친생부의 성인 '강씨' 가 그대로 남아있어 친생부에 관한 질문을 받을때마다 상당한 정신적 고통과 인격적 모멸감을 느껴왔습니다. 청구인도 이제 성인이 되었고 곧 결혼과 취업을 앞두고 있는 만큼 청구인의 유일한 가족인 친생모의 성본으로 변경함으로써 남은 삶에 온전한 행복과 안정감을 찾고자 합니다(첨부서류 5 청구인 진술서 및 인감증명서, 첨부서류 6 친생모 진술서 및 인감증명서).

3. 참고사항

가. 친생부 강꺽정의 주민등록초본을 첨부하는바 의견청취서 송부에 활용하여 주시기 바랍니다(첨부서류 7 주민등록표초본(친생부)).

나. 청구인의 신용정보조회서를 제출합니다(첨부서류 8 신용정보조회서).

4. 결어

사정이 이러한바 이 사건 심판청구를 인용하여 주시기 바랍니다.

첨부서류

1. 가족관계증명서
2. 기본증명서
3. 혼인관계증명서
4. 주민등록표초본

5. 청구인 진술서 및 인감증명서
6. 친생모 진술서 및 인감증명서
7. 소송위임장

2024. 7. 1.

청구인 소송대리인
변호사 김세라

서울가정법원 귀중

공적장부까지 변경하고 싶다면
입양신청은 별도로 해야 한다

  법원의 성본변경허가를 받아 계부의 성본을 따르게 되면, 친부의 존재는 자동으로 가족관계증명서에서 삭제되고 계부가 공적 장부상 아버지로 등재될까?

  그렇지 않다. 가족관계증명서 등의 신분상 기재 내용은 누군가의 뜻에 따라 마음대로 삭제하거나 변경될 수 없다. 성본을 바꾼 것은 그저 성과 본에 있어 계부의 것을 따르기로 한 것일 뿐, 친생부와의 친자관계가 소멸되거나 계부와의 사이에서 친생자관계가 성립됨을 의미하는 것은 아니다.

  다만 사건본인이 미성년자인 경우 '친양자 입양'을 통해 친생부모와의 친자관계를 단절시키고 양부모와의 친자관계를 형성시킬 수 있다(민법 제908조의2[29]). 성년자인 경우에도 '성년(일반)입양'을 통해 계부를 아버지로 추가 등재시킬 수는 있다.

한편 양자가 될 이는 성년인지 미성년인지의 여부와 관계없이 친생부모의 '입양 동의'를 받아야 한다. 가정법원은 부모가 정당한 이유 없이 동의를 거부하는 경우 양부모가 될 사람이나 양자가 될 사람의 청구에 따라 부모의 동의를 갈음하는 심판을 할 수 있다.

---

29 ※ 민법 제908조의2(친양자 입양의 요건 등) ① 친양자(親養子)를 입양하려는 사람은 다음 각 호의 요건을 갖추어 가정법원에 친양자 입양을 청구하여야 한다.
  1. 3년 이상 혼인 중인 부부로서 공동으로 입양할 것. 다만, 1년 이상 혼인 중인 부부의 한쪽이 그 배우자의 친생자를 친양자로 하는 경우에는 그러하지 아니하다.
  2. 친양자가 될 사람이 미성년자일 것
  3. 친양자가 될 사람의 친생부모가 친양자 입양에 동의할 것. 다만, 부모가 친권상실의 선고를 받거나 소재를 알 수 없거나 그 밖의 사유로 동의할 수 없는 경우에는 그러하지 아니하다.
  4. 친양자가 될 사람이 13세 이상인 경우에는 법정대리인의 동의를 받아 입양을 승낙할 것
  5. 친양자가 될 사람이 13세 미만인 경우에는 법정대리인이 그를 갈음하여 입양을 승낙할 것
  ② 가정법원은 다음 각 호의 어느 하나에 해당하는 경우에는 제1항제3호·제4호에 따른 동의 또는 같은 항 제5호에 따른 승낙이 없어도 제1항의 청구를 인용할 수 있다. 이 경우 가정법원은 동의권자 또는 승낙권자를 심문하여야 한다.
  1. 법정대리인이 정당한 이유 없이 동의 또는 승낙을 거부하는 경우. 다만, 법정대리인이 친권자인 경우에는 제2호 또는 제3호의 사유가 있어야 한다.
  2. 친생부모가 자신에게 책임이 있는 사유로 3년 이상 자녀에 대한 부양의무를 이행하지 아니하고 면접교섭을 하지 아니한 경우
  3. 친생부모가 자녀를 학대 또는 유기하거나 그 밖에 자녀의 복리를 현저히 해친 경우
  ③ 가정법원은 친양자가 될 사람의 복리를 위하여 그 양육상황, 친양자 입양의 동기, 양부모의 양육능력, 그 밖의 사정을 고려하여 친양자 입양이 적당하지 아니하다고 인정하는 경우에는 제1항의 청구를 기각할 수 있다.

가사편

제4장
상속

상속인은 누구인가

    상속인, 상속순위 및 상속순위에 따른 상속분 모두 민법에 상세히 정해져 있다.

> ※ **민법** 제1000조(상속의 순위) ① 상속에 있어서는 다음 순위로 상속인이 된다.
> 1. 피상속인의 직계비속
> 2. 피상속인의 직계존속
> 3. 피상속인의 형제자매
> 4. 피상속인의 4촌 이내의 방계혈족
> ② 전항의 경우에 동순위의 상속인이 수인인 때에는 최근친을 선순위로 하고 동친등의 상속인이 수인인 때에는 공동상속인이 된다.
> ③ 태아는 상속순위에 관하여는 이미 출생한 것으로 본다.

제1003조(배우자의 상속순위) ① 피상속인의 배우자는제1000조 제1항 제1호와 제2호의 규정에 의한 상속인이 있는 경우에는 그 상속인과 동순위로 공동상속인이 되고 그 상속인이 없는 때에는 단독상속인이 된다.

② 제1001조의 경우에 상속개시전에 사망 또는 결격된 자의 배우자는 동조의 규정에 의한 상속인과 동순위로 공동상속인이 되고 그 상속인이 없는 때에는 단독상속인이 된다.

제1003조(배우자의 상속순위) ① 피상속인의 배우자는제1000조 제1항 제1호와 제2호의 규정에 의한 상속인이 있는 경우에는 그 상속인과 동순위로 공동상속인이 되고 그 상속인이 없는 때에는 단독상속인이 된다.

② 제1001조의 경우에 상속개시전에 사망 또는 결격된 자의 배우자는 동조의 규정에 의한 상속인과 동순위로 공동상속인이 되고 그 상속인이 없는 때에는 단독상속인이 된다.

제1009조(법정상속분) ① 동순위의 상속인이 수인인 때에는 그 상속분은 균분으로 한다.

② 피상속인의 배우자의 상속분은 직계비속과 공동으로 상속하는 때에는 직계비속의 상속분의 5할을 가산하고, 직계존속과 공동으로 상속하는 때에는 직계존속의 상속분의 5할을 가산한다.

③ 삭제

  법정 상속인이 누군지 살펴보자. 피상속인이 사망한 때 1순위 상속인은 피상속인의 직계비속, 2순위 상속인은 피상속인의 직계존속, 3순위는 피상속인의 형제자매, 4순위는 피상속인의 4촌 이내 방계혈족이 된다. 한편 1,2순위 상속인이 있을 때 그들과 피상속인의 배우자는 공동상속인이 되며, 1,2순위 상속인이 없을 때는 피상속인의 배우자가 단독상속인이 된다. 선순위 상속인에게 상속이 이뤄지면 후순위 상속인은 상속을 받지 못한다.

상속순위에 따른 상속분은 어떻게 될까. 동순위의 상속인 사이 상속분은 균분상속을 원칙으로 하되, 다만 그 동순위 상속인 중 피상속인의 배우자가 있는 경우 그 배우자의 상속분은 공동상속인의 상속분에 5할을 가산한다(민법 제1009조). 예컨대 갑이 배우자 을, 자녀 병과 정, 재산 3억 5천만 원을 남기고 사망하였다고 가정해보자(갑의 직계존속은 없는 것으로 한다). 피상속인 갑의 사망으로 직계비속인 병과 정이 1순위 상속인이 되고, 배우자 을은 병·정과 공동상속인이 된다. 상속분에 관하여는 (배우자에게 5할을 가산한다는 원칙에 따라) 1.5:1:1의 비율로서 을은 1억 5천만 원, 병과 정은 각 1억 원씩 상속받게 된다.

대습상속이란 무언인가요?

대습상속이란, 원래 상속받을 사람이 있었는데 상속받기 전 사망한 경우 그 사람의 직계비속이나 배우자가 그 순위를 대신하여 상속받는 것을 말합니다. 흔히 '상속순위를 상속받는 것'으로 표현하기도 합니다.

예를 들어봅시다. 할머니가 아들 둘을 자식으로 남겨 두고 사망했습니다. 5억 원 상당의 상속재산을 남겨두고 말이죠. 상속의 효과로서 상속인인 두 아들은 균분하여 1:1, 각 2억 5천만 원씩 상속을 받게 됩니다.

그런데 불의의 사고로 할머니의 사망을 열흘 앞둔 상황에서 할머니의 큰아들이 먼저 사망했다고 가정해봅시다. 고인이 된 큰아들에게는 배우자와 딸이 한 명 있었습니다. 상속은 남겨진 이들을 위한 제도와 다름 없습니다. 떠난 이는 빈손으로 떠나고 남은 이들이 그 재산을 물려받아 이승에서의 삶을 영위하기 때문입니다. 그런데 고인(큰아들)의 배우자와 자녀 입장에서는 본래 자연적인 순서대로 고인이 사망하였다면, 고인이 받을 수 있었던 상속의 효과를 전혀 누릴 수 없게 되는 문제가 발생합니다. 법은 이런 공백을 방지하고자 상속순위의 상속인 대습상속을 규정한 것입니다.

대습상속은 본래 상속인이 될 자의 상속순위에 갈음하여 그의 직계비속 또는 형제자매, 배우자에게 상속순위를 보전시킵니다. 이러한 대습상속을 통하여 고인의 배우자와 자녀는 고인(큰아들)의 본래 상속순위를 상속함으로써 할머니의 남겨진 재산을 상속받을 수 있습니다. 결과적으로 할머니의 상속재산 5억 원 중, 고인의 배우자와 딸은 대습상속에 따라 각 1억 5천, 1억을 상속하고(배우자와 직계비속의 상속분 1.5:1), 작은 아들은 본래 자신의 상속순위에 따라 2억 5천을 상속받게 됩니다.

뱃속에 있는 태아도 상속인이 될까

태아도 살아서 출생한다면 누군가의 자녀가 됨에는 틀림없다. 다만 아직 출생하지 않았기 때문에 그 지위와 자격에 있어서는 불안정한 상태이다. 민법은 태아의 상속순위에 관하여 이미 출생한 것으로 간주하는 규정을 두고 있다(민법 제1000조 제3항). 피상속인의 사망 당시 뱃속에 있던 태아라도, 살아서 출생하였다면 상속개시시로 소급하여 공동상속인의 자격을 가질 수 있다.

다만 이러한 논의는 어디까지나 뱃속의 태아가 살아서 출생함을 전제한다. 만일 뱃속 태아가 태중 유산되었거나 사산된 경우라면 애초에 태아의 상속자격을 논의할 필요가 없다.

빚도 상속될까요

상속의 효과는 포괄적이다. 부동산, 자동차 등은 물론이고 예금재산 등 각종 금융재산과 피상속인이 생전에 쓰던 각종 물건에 대한 권리는 물론, 대출, 사업상 채무 등 모든 재산상의 의무도 상속된다. 재산뿐만 아니라 빚도 원칙적으로 상속의 대상이 된다는 말이다.

상속인은 피상속인의 사망과 동시에 선택의 순간에 놓인다. 상속을 받을 것인지(단순상속), 상속을 받기는 받되 상속재산의 범위 내에서만 채무를 책임질 것인지(한정승인), 아니면 애초에 상속 자체를 거부할 것인지(상속포기)를 결정해야 한다(민법 제1019조). 결정의 기한은 원칙적으로 피상속인이 사망한 때부터 3개월이다. 3개월 동안 아무런 조치를 취하지 않았다면 단순승인이 되어, 피상속인의 권리와 의무를 포괄적으로 상속하게 된다.

상속포기와 한정승인의 차이점

상속이 마냥 좋은 것이라고 할 수만은 없다. 특히 권리보다 의무, 즉 채무가 주를 이루는 상속은 상속인에게 득보다 실이 많을 수도 있기 때문에 상속인 보호의 필요성도 고려되어야 한다.

상속인은 피상속인이 사망한 날로부터 3개월 내 상속의 효과를 전면적으로 부인할 수 있다. 이를 가리켜 '상속의 포기'라 한다. 상속포기는 상속의 효력을 부인하여 피상속인의 권리·의무가 자신에게 이전되는 상속의 효력을 소멸시키는 의사표시이다.

> ※ **민법** 제1019조(승인, 포기의 기간) ① 상속인은 상속개시있음을 안 날로부터 3월내에 단순승인이나 한정승인 또는 포기를 할 수 있다. 그러나 그 기간은 이해관계인 또는 검사의 청구에 의하여 가정법원이 이를 연장할 수 있다.
> ② 상속인은 제1항의 승인 또는 포기를 하기 전에 상속재산을 조사할 수 있다.
> ③ 제1항에도 불구하고 상속인은 상속채무가 상속재산을 초과하는 사실(이하 이 조에서 "상속채무 초과사실"이라 한다)을 중대한 과실 없이 제1항의 기간 내에 알지 못하고 단순승인(제1026조 제1호및 제2호에 따라 단순승인한 것으로 보는 경우를 포함한다. 이하 이 조에서 같다)을 한 경우에는 그 사실을 안 날부터 3개월 내에 한정승인을 할 수 있다.
> ④ 제1항에도 불구하고 미성년자인 상속인이 상속채무가 상속재산을 초과하는 상속을 성년이 되기 전에 단순승인한 경우에는 성년이 된 후 그 상속의 상속채무 초과사실을 안 날부터 3개월 내에 한정승인을 할 수 있다. 미성년자인 상속인이 제3항에 따른 한정승인을 하지 아니하였거나 할 수 없었던 경우에도 또한 같다.

한정승인과 어떤 차이가 있을까. 한정승인은 일단 상속의 효력은 받되, 상속재산의 범위 내에서만 상속채무에 대한 책임을 지는 제도이다. 상속재산이 분명하지 않은 상황에서, 특히 채무가 과다할 것으로 넉넉히 예상되는 상황에서는 어쩌면 한정승인이 현명한 판단일 수 있다. 한정승인은 상속포기와 마찬가지로 피상속인이 사망한 날로부터 3개월 내에 하여야 한다.

여 기 서 잠 깐 !

빚만 남은 상속, 안전한 처리 방법은?

고인(피상속인)이 생전 잦은 사업 실패로 빚이 많다고 가정해봅시다. 사망 후 남겨진 상속재산 역시 채무가 적극재산을 초과할 수밖에 없을텐데요. 이때 1순위 상속인인 고인의 배우자와 자녀들은 대체로 상속포기를 선택하게 됩니다. 여기서 상속재산의 처리가 끝나는 걸까요?

아닙니다. 상속의 효과는 끊임없이 되물림됩니다. 1순위 상속인들의 상속포기로서 법정의 상속순위에 따라 2순위→3순위…, 즉 후순위 상속인에게로 그 상속의 효과가 넘어갑니다. 때문에 피상속인의 사망을 알지 못하는 연 끊긴 형제나 먼 친척들은 추후 예상치 못한 피해를 입을 수도 있는 것이죠.

안전한 상속포기는 어떻게 할 수 있을까요? 선순위 상속인뿐만 아니라 후순위 상속인들까지 만약의 상황을 대비하여 모두 상속포기를 하는 것이 좋습니다. 또는 상속재산 중 유의미한 자산이 있다면 일부 상속인이 한정승인 함으로써 상속재산이 되물림되는 것을 막을 수도 있으니 참고하시기 바랍니다.

다만 상속채무가 상속재산을 초과하는 사실을 중대한 과실 없이 알지 못한 경우에는 한정승인 또는 상속포기 기간을 지나서도 한정승인할 수 있다. 이를 '특별한정승인'이라 한다(민법 제1019조 제3항).

예컨대 생전에 여러 개의 사업체를 운영하던 부친이 갑자기 사망하였고 가족들은 단순승인으로 상속절차를 일응 마무리하였다. 그로부터 2년 뒤, 상속인들은 고인의 생전 거래처로부터 채권추심 통지를 받게 된다. 상속인들로서는 피상속인이 생전 거래하던 개별 채무까지는 확인할 방도가 없었던바, 여기에 중대한 과실을 인정하는 것은 사회통념에 반하는 결과에 이를 수 있다. 이 경우 법원은 특별한정승인심판청구를 인용함으로써 한정승인 기간을 도과한 채무에 대해서도 상속재산의 범위 내에서만 그 책임을 인정하게 된다.

상속재산포기 심판청구서

청 구 인(상속인)

　1. 성　　명:　홍길동 (인) (840901-1184920)

　　　주　　소:　서울 송파구 잠실대로 1 한국아파트 101동 305호

　2. 성　　명:　홍길순 (인) (860214-2012345)

　　　주　　소:　서울 송파구 잠실대로 1 한국아파트 101동 405호

사건본인(피상속인)

성　　명:　홍상직 (인) (500601-1234567)

사 망 일 자:　202X. XX. XX.

최 후 주 소:　서울 송파구 잠실대로 1 한국아파트 101동 305호

청 구 취 지

　"청구인들이 피상속인 망 홍상직의 재산상속을 포기하는 신고는 이를 수리한다."라는 심판을 구합니다.

청 구 원 인

　청구인들은 피상속인 망 홍상직의 재산상속인으로서 202X. XX. XX. 상속개시가 있음을 알았는바, 민법 제1019조에 따라 재산상속을 포기하고자 이 심판청구에 이르렀습니다.

첨 부 서 류

1. 청구인들의 가족관계증명서(상세), 주민등록등본
2. 청구인들의 인감증명서
3. 피상속인의 폐쇄가족관계등록부에 따른 기본증명서(상세), 가족관계증명서(상세)
4. 피상속인의 말소된 주민등록등본
5. 소송위임장

2024. 7. 1.

위 청구인 1.　홍길동

　　　　　 2.　홍길순

청구인들 소송대리인

변호사 김 세 라

서울동부지방법원 귀중

상속한정승인 심판청구서

청 구 인(상속인)

1. 성　명:　홍길동 (인) (840901-1184920)

　주　소:　서울 송파구 잘실대로 1 한국아파트 101동 305호

2. 성　명:　홍길순 (인) (860214-2012345)

　주　소:　서울 송파구 잘실대로 1 한국아파트 101동 405호

사건본인(피상속인)

성　명:　홍상직 (인) (500601-1234567)

사 망 일 자:　202X. XX. XX.

최 후 주 소:　서울 송파구 잘실대로 1 한국아파트 101동 305호

청 구 취 지

"청구인(들)이 피상속인 망 홍상직의 재산상속을 함에 있어 별지 재산목록을 첨부하여 한 한정승인신고는 이를 수리한다."라는 심판을 구합니다.

청 구 원 인

[일반한정승인 - 3개월 이내]

청구인들은 피상속인의 재산상속인으로서 2024. 5. 1. 피상속인의 사망으로 개시된 재산상속에서 청구인들이 상속으로 얻은 별지목록 표시 상속재산의 한도에서 피상속인의 채무를 변제할 조건으로 상속을 승인하고자 이 심판청구에 이른 것입니다.

[특별한정승인 - 3개월 이후]

청구인들은 2024. 5. 1. 사망한 피상속인의 재산상속인으로서 처음에는 청구인들의 과실 없이 상속채무가 상속재산을 초과하는 사실을 알지 못하였으나, 2024. 8. 1.에 채권자의 변제청구(채무승계 안내문 등)를 받고서야 이를 알게 되어, 청구인들이 상속으로 인하여 얻은 별지목록 표시 상속재산의 한도에서 피상속인의 채무를 변제할 것을 조건으로 상속을 승인하고자 이 심판청구에 이른 것입니다.

첨부서류

1. 청구인들의 가족관계증명서(상세), 주민등록등본
2. 청구인들의 인감증명서
3. 피상속인의 폐쇄가족관계등록부에 따른 기본증명서(상세), 가족관계증명서(상세)
4. 피상속인의 말소된 주민등록등본
5. 상속재산 목록
6. 소송위임장

2024. 7. 1.

청구인들 소송대리인
변호사 김 세 라

서울동부지방법원 귀중

상속포기, 미리 할 수 있을까

불가능하다. 상속은 피상속인의 사망으로 개시되므로, 상속개시 전 상속포기란 있을 수 없다. 법정의 상속포기기간은 상속인이 상속개시 있음을 안 날(일반적으로 피상속인이 사망한 때로부터 기산한다)로부터 3월이다. 이 기간이 지나면 더 이상 상속포기는 불가능하다. 다만 경우에 따라 특별한정승인[30]만 가능하다.

30　※ 특별한정승인 제1019조(승인, 포기의 기간) ① 상속인은 상속개시있음을 안 날로부터 3월내에 단순승인이나 한정승인 또는 포기를 할 수 있다. 그러나 그 기간은 이해관계인 또는 검사의 청구에 의하여 가정법원이 이를 연장할 수 있다.

② 상속인은 제1항의 승인 또는 포기를 하기 전에 상속재산을 조사할 수 있다.

피상속인이 사망한 이후 장례절차를 포함하여 부수적인 절차를 마치기까지 최소 한 달의 시간이 필요하다. 실무상 피상속인의 사망 후 한 달이 지난 시점에 이르러서야 법원에 상속포기청구서를 제출하는 편이다.

상속재산을 나누는 가장 공평한 방법 [상속재산분할]

"상가는 큰아들, 아파트는 작은 아들, 막내는 겨우 시골 땅 10필지?"

필자가 송무변호사로 활동하며 가장 힘든 사건을 꼽으라 하면 단연 가족 간의 소송이다. 가족 간의 소송은 한때 애정이 넘쳤던 만큼, 분쟁으로 비화되는 순간 그 분노의 수준 또한 유달리 높고 격하다. 가족 간의 소송 중 대표적인 것이 바로 상속과 관련된 소송, 특히 상속재산분할에 관한 소송이다.

③ 제1항에도 불구하고 상속인은 상속채무가 상속재산을 초과하는 사실(이하 이 조에서 "상속채무 초과사실"이라 한다)을 중대한 과실 없이 제1항의 기간 내에 알지 못하고 단순승인(제1026조제1호 및 제2호에 따라 단순승인한 것으로 보는 경우를 포함한다. 이하 이 조에서 같다)을 한 경우에는 그 사실을 안 날부터 3개월 내에 한정승인을 할 수 있다.
④ 제1항에도 불구하고 미성년자인 상속인이 상속채무가 상속재산을 초과하는 상속을 성년이 되기 전에 단순승인한 경우에는 성년이 된 후 그 상속의 상속채무 초과사실을 안 날부터 3개월 내에 한정승인을 할 수 있다. 미성년자인 상속인이 제3항에 따른 한정승인을 하지 아니하였거나 할 수 없었던 경우에도 또한 같다.

본래 상속의 효과로서 법정의 상속분은 공동상속인에게 균분하여 귀속된다. 따라서 원칙적으로 상속재산이 부동산인 경우, 각 상속인의 상속분만큼 지분을 나누어 갖는 공동소유 형태가 된다. 상속인들은 공유 형태로 상속재산을 유지·보전하거나, 지분대로 상속재산을 분할하여 단독소유로 귀속시킬 수 있으며, 제3자에게 지분을 처분하여 그 재산을 현금화하는 것도 가능하다. 물론 권리뿐만 아니라 의무 역시 상속되므로 상속채무 역시 상속분에 상응하여 각 상속인에게 속한다.

이러한 상속재산의 귀속에는 원칙적으로 공동상속인의 협의가 최우선으로 고려된다. 권리와 의무를 향유할 주체들이 자유롭게 그 내용에 관하여 합의하였다면 이를 존중하자는 것이 법의 태도이다. 상속재산의 협의분할은 구체적으로 상속재산을 나누어 갖는 것에 있어 어떤 방법을 취할 것인지, 누가 얼만큼 가져갈 것인지 상속인 전원의 합의로 정해진다. 누구 하나라도 빼놓은 합의는 무효이다. 이러한 협의분할의 효력은 상속이 이뤄진 때로 소급하여 발생한다. 따라서 상속재산분할에 의하여 재산을 취득한 상속인은 분할이 이루어진 때가 아니라 상속개시 시 직접 피상속인으로부터 승계취득한 것이 된다.

물론 협의에 이르지 못하는 경우도 있다. 우선 망인의 재산이 산발적으로 흩어져 있어 애초에 상속재산이 제대로 파악되지 못하는 경우가 대표적이다. 이럴 땐 재판을 통해 산재된 상속재산을 정확히 확인하여 판결로서 상속재산을 분할하는 것이 좋다.

다음으로 당장에 상속재산의 정확한 가액을 확인할 수 없거나 확인하기 어려운 경우도 있다. 예를 들어, 상속재산으로 여러 채의 부동산이 남겨졌다. 그중 큰아들은 상가를 상속받고, 둘째 아들은 아파트 한 채를 가져갔다. 셋째 아들도 서울 근교 작은 상가를 가져갔다. 그리고 막내아들에게 남겨진 것은 지방 산중 어딘가에 소재한 토지 10필지였다. 개발호재가 있는 땅이라고는 하나 막내아들 입장에서는 어딘지 모르게 불공평하다고 느낄 수 있다. 부동산 가격은 마트에서처럼 정찰제로 딱딱 떨어지지 않고 시시각각 변한다. 여러 채의 부동산이 상속재산이라면, 부모의 사망 후 시일 내 매각하여 현금화하지 않는 이상 초장부터 재판을 통해 공평한 결과를 도모함이 좋을 수 있다.

생전 부모와 주고받은 특별한 재산이 있는 경우도 마찬가지이다. "형은 결혼할 때 결혼자금으로 몇 천을 받아가지 않았냐, 나는 십 원 한 장 못 받았다"라며 특별수익에 대한 다툼이 있을 수 있다. 그러면 큰아들은 이렇게 맞선다. "나는 아버지가 돌아가시기 전까지 자그마치 30년 넘는 세월 홀로 아버지를 부양했다. 아버지 재산을 내가 다 상속해도 본전도 못 찾는다"라고 기여분을 주장한다. 여기에 더해 부모 생전 미리 받아간 몫과 기여한 부분까지 조목조목 따져가며 불을 지피는 경우라면 그 싸움은 더욱 치열해진다. 평화롭게 협의로 상속재산을 나누어 갖기란 태생에 불가한 상황이다. 처음부터 법원을 통해 판단을 받는 것이 부모를 먼저 떠나보내고 그나마 남은 형제끼리 최소한의 우애를 지킬 수 있는 유일한 방법이다.

기여분 [부모 생전 잘했으니 더 받아가세요]

나이 들면 아픈 곳이 늘어난다. 아무리 건강한 사람이라도 생물학적 노화는 막지 못한다. 일명 100세 시대라고, 환갑이면 한창이고 칠순도 요즘에는 어디가서 노인으로 대접받기 이르다고 하나, 환갑을 앞두고서부터 허다하게 병원신세를 지는 것은 예삿일이다. 쇠약해진 부모를 온전히 부양하기란 쉽지 않다. 부양에는 필연적으로 금전적인 지출이 수반된다. 일상적인 생활에서 지출되는 최소한의 생계비는 물론이고 지병이 있다면 그에 따른 치료비도 무시 못한다. 자연적인 노환에 따라 수반되는 병원비도 적지 않게 들어간다. 자식 중 누군가는 이러한 비용을 부담해야 한다. 형제 간 우애가 돈독하고 경제적으로 윤택한 삶을 살고 있다면, 큰 지출이 필요할 때마다 일정액을 각출하거나 있는 사람이 더 내는 것으로 해결될 수 있다. 그러나 보통의 삶을 살아가는 대다수 가정은 그렇지 못하다. 때문에 대개 장남 혹은 형제 중 형편이 낫거나 결혼하지 않은 미혼의 형제가 가까이서 부모를 모시며 봉양한다. 이렇듯 부모 생전 알뜰살뜰 보살핀 공로가 인정된다면, 사후 남겨진 재산에 대해 특별한 기여도를 인정해줘야 하지 않을까?

'기여분'은 부모 생전의 공헌도를 인정하여 상속재산의 일부를 '먼저' 떼어 주는 것이다(민법 1008조의 2[31]). 구체적인 기여분을 두고 상속인들 사이 합의가 되지 않는다면 가정법원의 판단을 구할 수 있다. 법원

---

31 ※ 민법 제1008조의2(기여분) ① 공동상속인 중에 상당한 기간 동거·간호 그 밖의 방법으로 피상속인을 특별히 부양하거나 피상속인의 재산의 유지 또는 증가에 특별히 기여한 자가 있을 때에는 상속개시 당시의 피상속인의 재산가액에서 공동상속인의 협의로 정한 그 자의 기여분을 공제한 것을 상속재산으로 보고 제1009조 및 제1010조에 의하여 산정한 상속분에 기여분을 가산한 액으로써 그 자의 상속분으로 한다.
② 제1항의 협의가 되지 아니하거나 협의할 수 없는 때에는 가정법원은 제1항에 규정된 기여자의 청구에 의하여 기여의 시기·방법 및 정도와 상속재산의 액 기타의 사정을 참작하여 기여분을 정한다.
③ 기여분은 상속이 개시된 때의 피상속인의 재산가액에서 유증의 가액을 공제한 액을 넘지 못한다.
④ 제2항의 규정에 의한 청구는 제1013조제2항의 규정에 의한 청구가 있을 경우 또는 제1014조에 규정하는 경우에 할 수 있다.

은 미혼의 자식이 장기간 부모와 동거하며 생활비를 지출하였거나, 부모의 사업을 도와 오랜 기간 보수를 받지 않고 일한 때 특별한 기여를 인정한다. 반드시 무보수여야 하는 것은 아니다. 생전 부모로부터 일정한 보수를 받았다고 하더라도, 기여 대비 충분한 보상이 아니었다면 특별한 기여로 인정될 수 있다. 단 기여분은 어디까지나 상속받을 자들 사이에서 생겨나는 문제다. 애초에 후순위 상속인이라면 실질적으로는 상속의 자격이 없으므로 상속재산에 대한 기여분을 주장할 수 없다.

예를 들어보자. 부친이 5억 원의 상속재산을 남기고 세상을 떠났다. 그에게는 생전 3명의 아들이 있었다. 원래대로라면 균분상속 원칙에 따라 3명의 아들은 각 5억/3명의 상속을 받는다. 그러나 부친 생전 장남은 홀로 30년이 넘는 세월 부친을 부양하였다. 이뿐이랴. 장남은 최초 자본금 3백만 원으로 시작하였던 부친의 사업을 도와 이를 크게 신장시킨바 있다. 형제들은 큰형(장남)의 특별한 기여를 인정하여 그의 기여분을 2억 원으로 합의하였다. 기여분은 처음부터 받을 사람의 몫이다. 따라서 장남의 기여분 2억 원을 먼저 떼주고 남은 3억 원을 아들 셋이서 상속분대로 균분하여 각 1억 원씩 나누어 가지게 된다. 결과적으로는 장남 3억 원(기여분 2억+상속재산 1억), 차남 1억 원, 삼남 1억 원을 받게 된다.

특별수익
[부모 생전 더 받아갔으니 상속재산은 덜 가져가세요]

　결혼을 가리켜 인륜지대사 중 하나라고 한다. 부모 입장에서는 어쩌면 평생 한 번 있을 경사에 최대한 잘해 보내고 싶은 마음뿐일 것이다. 없는 형편에서도 그러할 것인데 있는 집안이라면 오죽하랴. 집도 해주고, 차도 해주고, 온갖 예물도 해주다 보면 많게는 수십억 원을 혼수비용으로 치른다. 이처럼 상속인이 피상속인의 생전에 피상속인으로부터 증여받은 재산이 있거나 유증을 받은 경우, 이를 상속분의 선급으로 보아 현실의 상속분의 산정에서 이를 참작하도록 한 것이 '특별수익'이다 (민법 1008조[32]).

　특별수익은 상속재산을 미리 받은 것으로 볼 수 있을 정도여야 한다. 특별수익을 판단하는 기준은 피상속인의 생전 자산, 수입, 생활수준 등을 바탕으로, 장차 상속인으로 될 자에게 돌아갈 상속재산 중 일부를 미리 준 것으로 볼 수 있는지에 따라 결정된다. 법원은 결혼자금 (혼수비, 지참금), 유학자금, 경제적 독립을 위한 전세보증금 등은 대체로 특별수익으로 본다. 그러나 대학교 학자금 등 일반적인 교육비는 부모로서 으레 지출할 비용으로 보아 특별수익에서 제외하는 입장이다.

32　※ 민법 제1008조(특별수익자의 상속분) 공동상속인 중에 피상속인으로부터 재산의 증여 또는 유증을 받은 자가 있는 경우에 그 수증재산이 자기의 상속분에 달하지 못한 때에는 그 부족한 부분의 한도에서 상속분이 있다.

제5장
유류분

　상속은 남겨진 자들을 위한 제도라고 했다. 누군가 이승과의 작별을 고하는 순간, 그 사람이 쥐고 있던 재산은 남아 있는 사람들의 몫으로 돌아간다. 그걸 알기에 가족 같지도 않은 누군가가 있다면 그 사람에게는 십 원 한 장도 남겨주고 싶지 않은 것이 부를 축적한 이의 진정한 의사일 수 있다. 다수가 이에 공감하는 듯하다. 그러나 법은 이에 완벽히 공감하지 않는다. 남겨진 이를 위한 최소한의 법적 보호장치도 필요하다고 여긴다. 특히 남겨진 이들이 가족이라면, 그 가족들의 생계도 중요하다고 판단하기에 최소한의 받을 몫을 인정하고자 한다. 이를 '유류분'이라고 한다.

유류분, 얼마나 받을 수 있을까

유류분은 피상속인과 일정한 친족의 범위에 있는 자에게 (고인의 의사와는 관련 없이) 법이 보장해 주는 최소한의 상속분이다. 따라서 유류분권자는 법정의 상속권자로서 상속을 받을 수 있는 지위에 있어야 한다. 상속순위에 따라 실질적으로 상속을 받을 수 있었을 자가 최소한의 상속도 받지 못한 경우, 원래 받아야 할 상속분의 일정액을 유류분의 침해라는 명명하에 반환청구할 수 있는 것이 본 제도의 취지이기 때문이다.

> ※ **민법** 제1112조(유류분의 권리자와 유류분) 상속인의 유류분은 다음 각호에 의한다.
> 1. 피상속인의 직계비속은 그 법정상속분의 2분의 1 [2024. 4. 25. 헌법불합치결정]
> 2. 피상속인의 배우자는 그 법정상속분의 2분의 1 [2024. 4. 25. 헌법불합치결정]
> 3. 피상속인의 직계존속은 그 법정상속분의 3분의 1 [2024. 4. 25. 헌법불합치결정]
> 4. ~~피상속인의 형제자매는 그 법정상속분의 3분의 1~~ [2024. 4. 25. 위헌결정]

현행(2024. 06. 22.기준) 민법상 유류분권자는 ①피상속인의 직계비속, ②피상속인의 배우자, ③피상속인의 직계존속, ④~~피상속인의 형제자매~~ [*2024. 04. 25. 위헌결정]이며, 유류분율은 피상속인의 직계비속과 배우자는 그 법정상속분의 1/2, 피상속인의 직계존속은 그 법정상속분의 1/3이다.

예컨대 고인이 생전 자신의 전 재산인 5억 원을 전액 사회에 환수한다는 유언을 남기고 사망하였다고 가정해보자. 고인의 사망 당시 가족으로는 배우자와 슬하 아들이 한 명 있다. 만약 유언이 없었다면, 고인의 사망으로 그 상속인인 배우자와 아들은 1.5:1의 상속비율에 따라 각 3억 원과 2억 원을 상속받을 수 있었다. 따라서 배우자와 아들은 각 그의 절반인 1억 5천만 원과 1억 원을 유류분 침해로서 청구할 수 있게 된다.

한편 유류분제도는 1977년 민법에 도입된 이래 꾸준한 비판을 받아 왔는데, 그중 대표적인 것이 형제자매의 유류분에 관한 논란이었다. 대부분의 장성한 형제자매는 생계를 같이 하지도 않을뿐더러, 이미 출가하여 오랜 기간 경제적으로 독립·분리된 삶을 살아간다. 이렇듯 형제자매에게는 상속재산 형성에 대한 기여는 물론 상속재산에 대한 기대 등이 거의 인정되지 않음에도 우리 법은 오랜 기간 형제자매의 유류분을 인정하여왔다. 긴 논란 끝에 최근 헌법재판소는 형제자매의 유류분을 인정하는 민법 규정에 대한 위헌결정[33]을 하였다(헌법재판소 2024. 4. 25. 선고 2020헌가4 전원재판부 결정). 위 결정으로 해당 규정은 곧바로 효력을 상실하였고 조만간 이를 반영한 민법 개정이 있을 것으로 보인다.

> 원래 유류분제도는 과거 농경 사회에서 여러 가족이 함께 모여 사는 대가족을 중심으로 가족 구성원들이 작물을 수확하고 가축을 기르는 등의 노동을 함께 하면서 재산을 공동으로 형성하는 이른바 '가산'제도가 존재하였던 시절에, 집안의 가장인 피상속인의 무분별한 유언이나 증여에 따른 재산의 무상처분으로부터 각 가족구성원의 상속재산형성에 대한 기여의 대가를 일정 부분 보장하기 위하여 생겨난 제도이다.

---

33 헌법재판소는 위 결정에서 기여분에 관한 제1008조의2를 유류분에 준용하지 아니한 민법 제1118조에 대하여도 헌법불합치결정을 내렸다. 이에 따라 유류분에도 기여분이 준용되는 것으로 법 개정이 이루어질 것으로 보인다.

그러나 오늘날 사회구조가 산업화를 거쳐 정보화 사회로 변화하면서 가산의 개념이 사라지고, 가족구조도 부모와 자녀로만 구성되는 핵가족제도로 보편화되었으며, 1인 가구도 증가하는 등 가족의 의미와 형태에 많은 변화가 이루어진 상황에서, 피상속인의 형제자매는 상속재산형성에 대한 기여나 상속재산에 대한 기대 등이 거의 인정되지 않음에도 불구하고 피상속인의 의사를 제한하여 유류분권을 부여하는 것은 그 타당한 이유를 찾기 어렵다. 유류분제도에 관한 외국의 입법례를 살펴보아도, 독일·오스트리아·일본 등에서는 피상속인의 형제자매를 유류분권리자에서 제외하고 있다(독일민법 제2303조 및 제2309조; 오스트리아일반민법 제757조; 일본민법 제1042조 각 참조).

결국 민법 제1112조에서 유류분권리자와 각 유류분을 획일적으로 정하고 있는 것 자체는 불합리하다고 보기 어렵다. 그러나 민법 제1112조 제1호부터 제3호가 유류분상실사유를 별도로 규정하지 않고, 같은 조 제4호가 유류분권리자의 범위에 피상속인의 형제자매를 포함하는 것은 현저히 불합리하다고 할 것이다.

피상속인의 형제자매의 유류분을 규정한 민법 제1112조 제4호는 헌법 제37조 제2항에 따른 기본권제한의 입법한계를 일탈하여 피상속인 및 유류분반환청구의 상대방인 수증자 및 수유자의 재산권을 침해하므로 헌법에 위반된다.

- 헌법재판소 위헌결정례 중 일부 발췌 [2020헌가4]

가사편

유류분반환청구권의 행사 시기

유류분반환청구권은 권리행사기간이 매우 짧다는 점을 유념해야 한다. 유류분반환의 청구권은 유류분권리자가 상속의 개시와 반환하여야 할 증여 또는 유증을 한 사실을 안 때로부터 1년, 상속을 개시한 때로부터 10년을 경과하면 시효에 의하여 소멸한다(민법 제1117조). 여기서 1년 및 10년 기간의 관계는 선택적인 것으로, 둘 중 어느 하나라도 먼저 도과하면 소멸시효기간은 지난 것이 된다. 간단히 정리하자면, '(대부분의 경우는 고인의 사망사실을 알 수 있으므로) 피상속인이 사망한 때로부터 1년이 지나면 유류분반환청구소송을 할 수 없다'고 정리할 수 있다.

다만 예외도 있다. 예컨대 상속인이 해외에 거주하여 피상속인의 사망 사실을 뒤늦게 알게 된 경우 등 이례적인 사정이 그것이다. 이 경우, 위 1년의 소멸시효기간의 기산점은 피상속인이 사망한 때로부터 진행하지 않는다. 법문 그대로 '유류분권리자가 상속의 개시와 반환하여야 할 증여 또는 유증을 한 사실을 안 때로부터 1년 내' 그 권리를 행사할 수 있는 것으로 보아야 한다.

한편 유류분반환청구권의 행사를 꼭 소송으로만 해야 하는 것은 아니다. 재판 외에서 상대방에 대한 의사표시의 방법으로도 할 수 있다.

쉬어가기 2

좋은 변호사를
선임하는 법

이른바 '사무장' 로펌을 피하라

사무장은 법률전문가가 아니다. '변호사 무료상담'을 내걸고 내방 초기단계에서부터 사무장이 법률상담을 도맡아 진행하는 법무법인이 적지 않다. 소송대리는 변호사 자격을 갖춘 자만이 할 수 있다. 사무장을 만나 사무장과 상담하는 로펌은 재판 출석만 변호사가 할 뿐이지, 소송 관련 서류 작성 등 실질적인 변호활동은 오롯이 사무장의 몫일 수 있다. 법률전문가 아닌 자가 맡은 사건의 결과는 불 보듯 뻔하지 않을까?

소통이 전혀 안되는 변호사는 피하라

일주일에 수십 개의 법률상담을 하다보면 의도치 않게 다른 변호사를 욕하는 상황을 마주하게 된다. 상도의라고 하던가. 필자에게는 그런 상황이 영 익숙지만은 않다. 온갖 비속어를 섞어가며 이전 사건을 담당했던 변호사를 욕하는 상담의뢰인을 맞장구쳐줄 수도 없고 그렇다고 그만 하시라고 말을 끊어버릴 수도 없어 난감할 때가 많다. 가끔은 흠칫 놀라기도 한다. 나와 사건을 진행했던 의뢰인도 다른 변호사를 찾아가 내 욕을 하는 것은 아닐까 하는 생각에 말이다.

모든 사건이 잘 될 수는 없다. 드라마에서나 승소율 100%의 변호사가 있는 것이지 현실에서는 이루어질 수 없는 일이다. 잘되는 사건만을 고르고 골라 맡을 수는 없다. 승소한 이가 있으면 패소한 이도 있을 것이고, 형사사건의 무죄율은 통계상 10%도 채 되지 않는데 매번 무죄를 이끌어낼 수도 없는 노릇이지 않는가. 원치 않는 결론이 나왔다면 사건을 담당한 변호사를 욕할 수는 있다. 최선을 다했지만 그럼에도 원치 않는 결과가 나왔다면 아쉬움에 쓴소리를 할 수 있고 어찌 보면 그게 당연하다.

다만 상담의뢰인의 볼멘소리 중 이것 하나만큼은 주의하라고 당부드리고 싶다.

> "사건 진행하면서, 변호사님과 통화 한 번 해본 적이 없어요. 얼굴이라도 한 번 뵙고자 재판일에 출석하면, 출석하는 변호사님이 매번 달라요. 사건이 어떻게 진행되고 있는 건지 소통이 전혀 안됩니다."

송무변호사의 업무 특성상, 변호사가 사건의뢰인의 정서적 불안감을 어느 정도 감수해야 하는 것은 부득이하다. 그러다보니 365일 24시간, 밤낮을 가리지 않고 전화가 걸려오는 것은 흔한 일상이다. 몸은 하나인데 상담도 해야 하고 재판도 나가야 한다. 때문에 그때그때 전화 오는 응대에 즉각 회신하는 것은 물리적으로 불가능하다. 당일 들어온 전화에 답신하지 못했다면 다음날에라도 한다.

사건의 진행과정에서 부득이 발생하는 공백기간이 있다. 민사사건의 경우는 소장 접수 후 답변서 제출까지 두 세달, 형사고소사건의 경우도 고소장 제출 이후 1주~2주는 보통 그냥 흘러가는 시간이다. 그 시간에의 소통은 크게 필요하지 않다. 다만 재판일을 목전에 두고 있다거나 상대방으로부터 사건을 다투는 서면이나 증거 등이 제출되었다면, 사건의뢰인과의 빈번한 소통은 필수이다. 사건의 사실관계에 대해 잘 아는 것은 사건 당사자인 의뢰인이지 않겠는가.

또한 소송에는 못해도 6개월의 시간이 걸린다. 이는 소장 제출, 소장부본의 송달, 상대방의 답변서 제출, 변론기일의 통지, 변론기일의 진행, 판결선고기일, 사건 확정까지 일련의 절차를 한 번에 다이렉트로 진행했을 때를 의미한다. 쌍방 다툴 것이 크게 없는 사건에서는 6개월이라는 비교적 단기간에 이 모든 것이 종결된다. 그렇지만 이런 경우는 많지 않다. 일단 소장 송달에서부터 송달이 제대로 되지 않아 2개월~3개월의 시간을 잡아먹는 경우도 허다하다. 쟁점이 많은 사건에서는 3회 이상의 변론이 진행되며 몇 년의 기간이 소요된다. 그렇게 흘러가는 시간 속에 사건을 담당하는 변호사와 제대로 된 소통 한 번 하지 못했다는 것은 문제이다. 소송대리인은 사건의 당사자가 아니다. 위임받은 사건의 대리인으로서 재판 과정에 임할 뿐이다. 당사자 본인과 전혀 소통이 이루어지지 않는 변호사라면, 진정 당사자의 이익을 위할 수 있을지 다시금 생각해 보아야 할 문제이다.

무조건 이겨준다?
100% 승소를 장담하는 변호사는 조심하라

승리는 언제나 달콤하다. 소송에서의 승리는 장고 끝에 원하는 결과를 얻게 해주는 것으로, 좋은 것임에는 분명하다. 다만 게임장에 들어서기도 전 승리를 100% 확신하는 언행에는 주의를 요한다. 승부의 세계는 예측불가다. 99%의 확률을 가지고 게임판 위에 올라갔어도 1%의 확률로 사건을 뒤집는 증거가 나타나 판이 뒤집어지기도 한다. 100%의 승소를 장담하는 것은 위험하다.

그런 면에서 100%의 확률로 승패를 장담하는 것보다는 99%의 승리와 1%의 패배 가능성을 알려 주는 조력자가 필요한 것이다.

형사편

제1장
고소와 고발

어떠한 범죄 피해를 당한 경우 경찰서나 검찰청에 사건 접수를 고민하게 되는데 이를 '형사고소'라고 부른다. 많은 사람이 고소와 고발 용어를 구분하지 않고 혼동하여 쓰는데 법적으로 고소와 고발은 전혀 다른 말이다.

'고소'는 범죄의 피해자 또는 그와 일정한 관계에 있는 고소권자가 수사기관에 대하여 범죄 사실을 신고하여 범인의 처벌을 구하는 의사표시를 말한다. 한편 '고발'은 고소권자와 범인 이외의 제3자가 수사기관에 범죄 사실을 신고하여 범인의 소추를 구하는 의사표시를 가리킨다. 즉 형사고소는 형사소송법에서 정한 고소권자인 피해자 또는 그와 일정한 관계에 있는 자가 제기하는 민원이고, 형사고발은 고소권자 이외의 제3자가 제기하는 민원인 것이다. 공익을 위한다는 이유나 정치적인 목적으로 직접적 피해자도 아닌 시민단체 등이 나서서 경찰서에 특정인을 상대로 고발장을 접수하는 사례를 생각하면 고발사건의 특징을 쉽게 이해할 수 있을 것이다.

※ **형사소송법** 제223조(고소권자) 범죄로 인한 피해자는 고소할 수 있다.

··

제234조(고발) ① 누구든지 범죄가 있다고 사료하는 때에는 고발할 수 있다.
② 공무원은 그 직무를 행함에 있어 범죄가 있다고 사료하는 때에는 고발하여야
한다.

고소권자는 누구인가

고소권자는 크게 5가지로 구분할 수 있다.

범죄피해자	범죄로 인한 피해자는 고소할 수 있다(형사소송법 제223조).
법정대리인	피해자의 법정대리인은 독립하여 고소할 수 있다(형사소송법 제225조 제1항).
친족	법정대리인이 피의자이거나 법정대리인의 친족이 피의자인 때에는 피해자의 친족이 독립하여 고소할 수 있다(형사소송법 제226조).
배우자등	피해자가 사망한 때에는 그 배우자·직계친족 또는 형제자매는 고소할 수 있다. 단, 피해자의 명시적 의사에는 반하지 못한다(형사소송법 제225조 제2항).
지정고소권자	친고죄에 대하여 고소할 자가 없는 경우에, 이해관계인의 신청으로 10일 이내에 고소할 수 이는 자를 검사가 지정한다(형사소송법 제228조).

참고로 자기 또는 배우자의 직계존속은 고소하지 못한다(형사소송법
제224조). 따라서 자식이 부모를 고소하겠다고 경찰서에 고소장을 가져

가면 접수를 받아주지 않는다[34](반대해석상 부모는 자식을 형사고소할 수 있다. 또한 제3자가 부모를 고발하는 것은 가능하다). 이에 대해 위헌성의 논란이 꾸준히 있어 왔으나 현재까지는 합헌이다. 세상의 이치는 늘 변하는 것이므로 언젠가는 위 조항이 사라질 가능성도 있겠다. 위 고소 제한 규정의 입법취지는 한국의 전통적인 가정질서를 보호하기 위한 것인데, 그 입법취지를 무색하게 하는 상황, 예컨대 친부가 딸을 성폭행하는 등의 범죄에서는 예외를 두고 있다. 성폭력범죄와 가정폭력범죄에 대하여는 자기 또는 배우자의 직계존속을 고소할 수 있다(성폭력범죄의 처벌 등에 관한 특례법 제18조,[35] 가정폭력범죄의 처벌 등에 관한 특례법 제6조 제2항[36]).

고소 취소 후 재고소할 수 있을까

일단 고소장을 접수한 이후에 어떠한 이유에서든 고소를 취소하는 경우가 있다. 고소 취소 자체는 고소인의 자유이기 때문에 특별한 제한 없이 가능하다. 문제는 고소를 취소한 후 나중에 다시 고소할 수 있는지 여부에 있다. 고소 취소 후 재고소 가능성은 고소했던 범죄가 친고죄 및 반의사불벌죄인지에 따라 달라진다. 친고죄나 반의사불벌죄의

---

34 다만 친고죄와 비친고죄는 구별하여 처리함

35 ※ 성폭력범죄의 처벌 등에 관한 특례법 제18조(고소 제한에 대한 예외) 성폭력범죄에 대하여는 「형사소송법」 제224조(고소의 제한) 및 「군사법원법」 제266조에도 불구하고 자기 또는 배우자의 직계존속을 고소할 수 있다.

36 ※ 가정폭력범죄의 처벌 등에 관한 특례법 제6조(고소에 관한 특례) (중략) ② 피해자는 「형사소송법」 제224조에도 불구하고 가정폭력행위자가 자기 또는 배우자의 직계존속인 경우에도 고소할 수 있다. 법정대리인이 고소하는 경우에도 또한 같다.

경우 고소를 취소한 자는 다시 고소할 수 없다(형사소송법 제232조 제2항, 제3항). 고소기간이 남아있어도 다시 고소할 수 없다. 친고죄나 반의사 불벌죄가 아닌 범죄들은 이론상 고소를 취소한 후 재고소가 가능하나, 실무적으로 한 번 고소했다 취소한 후 다시 고소하면 특별히 새로운 다른 증거가 없는 한 제대로 조사가 이루어지지 않는 것이 현실이다. 따라서 고소를 취소할 때는 신중하게 생각해야 한다.

고소기간 제한이 있을까

고소기간에는 제한이 없는 것이 원칙이다. 그러나 특정범죄에 대해서는 고소기간에 제한이 있다. 고소기간의 제한이 있는 특정범죄를 '친고죄'라고 한다. 친고죄는 피해자 기타 고소권자의 고소가 있어야만 공소 제기를 할 수 있는 범죄이다. 고소를 할지 말지는 개인인 피해자가 결정하는 것인데 기소권이라는 공권력이 장기간 불확정 상태에 놓이는 것도 옳지 않으므로 친고죄에 한하여 고소기간을 제한하고 있는 것이다. 친고죄임에도 고소기간을 도과하여 고소장을 접수하면 공소권없음 처분을 받게 된다.

친고죄에 대하여는 범인을 알게 된 날로부터 6월을 경과하면 고소하지 못한다(형사소송법 제230조 제1항). 여기서 '범인을 알게 된 날'이란 통상인의 입장에서 보아 고소권자가 고소를 할 수 있을 정도로 범죄 사실과 범인을 아는 것을 의미한다. 따라서 단순히 범죄 사실을 안다는 것만으로는 고소기간이 진행되지 않는다. 참고로 '범인을 안다'함은 범인의 동일성을 식별할 수 있을 정도로 인식하면 되는 것이므로, 범인의 성명, 주소, 연령까지 알았어야만 고소기간이 기산되는 것은 아니다.

친고죄는 범인과 피해자 사이 일정한 신분관계가 있어 비로소 친고죄가 되는 상대적 친고죄(제328조 제2항의 친족 간의 재산죄)와 상대적 친고죄 이외의 친고죄인 절대적 친고죄로 분류할 수 있다. 예를 들어 형부가 처제를 횡령죄나 사기죄로 형사고소할 경우 상대적 친고죄에 해당하므로 고소기간의 제한을 받게 된다.

1) **상대적 친고죄:** 직계혈족, 배우자, 동거친족, 동거가족 또는 그 배우자 간 이외의 친족 간에 권리행사방해죄, 절도죄, 사기와 공갈의 죄, 횡령과 배임의 죄 등을 범한 경우에 고소가 있어야만 공소제기가 가능하며 범인을 알게 된 날로부터 6월을 경과하면 고소하지 못한다.

2) **절대적 친고죄:** 비밀침해죄(형법 제316조), 업무상비밀누설죄(동법 제317조), 모욕죄(제311조), 사자명예훼손죄(308조) 등이 대표적인 절대적 친고죄로, 고소가 있어야만 공소 제기가 가능하며 범인을 알게 된 날로부터 6월을 경과하면 고소하지 못한다.

고소장 접수 이후의 절차는

고소장 접수 이후 담당수사관이 배정되는 데에 통상 1주일~2주일의 시간이 걸린다. 배정된 수사관은 먼저 고소인에게 유선으로 사건접수 사실을 알려주며 고소인 조사 일정을 정한다. 실무상 늦은 저녁시간에 전화로 "내일 오전 10시까지 나올 수 있으신지?"를 물어보는 사례

형사편

가 적지 않다. 피고소인이라면 이렇게 촉박한 일정이 부담스러울 수 있으나 고소인은 범죄 피해자 입장이기 때문에 굳이 조사를 미룰 이유는 없다. 그러나 고소인도 변호사와 상담이 필요하거나 고소인 조사에 변호사 동행을 고려 중이라면 수사관에게 "변호사님과 이야기해보고 다시 연락드릴 테니 며칠만 시간을 달라"라고 말하는 것이 좋다. 얼렁뚱땅 급하게 조사일정이 진행될 경우 자칫 조사가 부족한 상황이 생길 가능성이 있기 때문이다.

고소인 조사를 통해 고소인 진술조서가 작성된 뒤, 수사관은 비로소 피고소인에게 연락한다. 피고소인에게 "갑으로부터 A죄로 고소당하셨다. M경찰서에 조사받으러 나오셔야 한다."라는 통보를 하는 것인데, 형사고소를 당할 가능성을 인지하고 있었다면 모를까 갑작스러운 상황이라면 몹시 당황스러울 것이다. 그렇지만 수사관이 급하게 조사일정을 잡자고 하여도 차분하게 대응하는 것이 좋다. 일단 정보공개포털사이트[37] 또는 담당경찰서 내방을 통해 고소장 정보공개청구를 하여 대체 무슨 내용과 죄명으로 고소를 당한 것인지를 확인해야 한다. 정보공개청구를 통해 열람한 고소장을 가지고 변호사 상담을 받아 보고 억울한 부분이 있는지, 있다면 어떻게 대응해야 하는지, 변호사 선임이 필요한지 아니면 혼자서 대처가 가능한 부분인지 등을 면밀히 검토하기를 권한다. 별일 아니겠거니 하는 안일한 마음으로 대처하였다가 기소까지 일사천리로 이루어질 수 있고, 형사절차라는 것이 뒤로 가면 갈수록 대응하기 힘들어지기 때문이다. 검·경수사권 조정으로 경찰의 수사권이 확대되었고 경찰의 1차적 수사종결권이 생겨나면서부터 초동수사에 대한 대처의 중요성은 더욱 커졌다.

---

37 https://www.open.go.kr

■ 공공기관의 정보공개에 관한 법률 시행규칙 [별지 제1호의2서식] <개정 2021. 6. 23.> 정보공개시스템(www.open.go.kr)에서도 청구할 수 있습니다.

정보공개 청구서

※ 색상이 어두운 칸은 신청인(대리인)이 작성하지 않습니다.

접수번호	접수일	처리기간

청구인	성명(법인·단체명 및 대표자 성명)	생년월일(성별) (　　)
	여권·외국인등록번호(외국인의 경우 작성)	사업자(법인·단체)등록번호
	주소(소재지)	전화번호(또는 휴대전화번호)
	전자우편주소	팩스번호

청구 내용	

공개 방법	[　]열람·시청　　[　]사본·출력물　　[　]전자파일　　[　]복제·인화물　　[　]기타(　　)
수령 방법	[　]직접 방문　　[　]우편　　　　[　]팩스 전송　　[　]정보통신망　　[　]전자우편 등(　　)

수수료	[　]감면 대상임　　　　　　　[　]감면 대상 아님
	감면 사유
	※「공공기관의 정보공개에 관한 법률 시행령」제17조제3항에 따라 수수료 감면 대상에 해당하는 경우에만 적으며, 감면 사유를 증명할 수 있는 서류를 첨부하시기 바랍니다.

「공공기관의 정보공개에 관한 법률」제10조제1항 및 같은 법 시행령 제6조제1항에 따라 위와 같이 정보의 공개를 청구합니다.

년　　　월　　　일

청구인　　　　　　　　　　　　　　　　　　(서명 또는 인)

(접수 기관의 장) 귀하

························· 접 수 증 ·························

접수번호	청구인 성명
접수부서	접수자 성명　　　　　　　(서명 또는 인)

귀하의 청구서는 위와 같이 접수되었습니다.

년　　　월　　　일

접 수 기 관 　장 직인

유 의 사 항

1. 공개 청구된 공개 대상 정보의 전부 또는 일부가 제3자와 관련이 있다고 인정되는 경우에는 「공공기관의 정보공개에 관한 법률」제11조제3항에 따라 청구사실이 제3자에게 통지됩니다.
2. 정보공개를 청구한 날로부터 20일이 경과하도록 정보공개 결정이 없는 경우에는 「공공기관의 정보공개에 관한 법률」제18조부터 제20조까지의 규정에 따라 해당 공공기관에 이의신청을 하거나, 행정심판(서면 또는 온라인 : www.simpan.go.kr) 또는 행정소송을 제기할 수 있습니다.
3. 청구인은 정보공개시스템 및 타 시스템 연계를 통해 통지된 문서를 대외적으로 활용하기 위해 필요한 경우 직인날인의 보완을 요구할 수 있습니다.
4. 본인확인이 필요한 정보를 청구하시는 경우「공공기관의 정보공개에 관한 법률」제10조제1항제2호에 따라 공공기관에서 청구인의 주민등록번호를 추가로 요구할 수 있습니다.

210mm×297mm[백상지 80g/㎡(재활용품)]

불송치결정이 나왔다면

열심히 준비하여 고소장을 작성해 제출하였고 조사에도 성실히 응하였으나 경찰에서 혐의없음을 이유로 불송치결정[38]을 내린 경우 어떻게 대처해야 할까?

이런 경우 고소인은 조속히 이의신청을 접수하는 것이 좋다. 경찰의 1차적 수사종결권이 생긴 이후 경찰단계에서 혐의없음을 이유로 불송치결정을 내리는 사건의 비중이 높은 편인데, 억울한 고소인은 반드시 이의신청을 하여 검사로부터 사건을 검토받을 수 있는 기회를 가질 필요가 있다.

과거에는 혐의가 있든 없든 무조건 사건을 검찰에 송치하여야만 했고 최종적인 판단을 검사가 하였다. 그러나 몇 년 전 법이 바뀌어 경찰이 검사에게 사건을 송치하지 않고 임의로 판단하여 사건을 끝낼 수 있게 되었다. 현재까지 이의신청에 기간 제한은 없으나 이왕이면 미루는 것보다는 빨리 하는 것이 좋다. 필자의 경험상 이의신청을 통해 잘못된 불송치결정이 정정되는 경우가 왕왕 있었다. 특히 경찰이 법리적인 판단을 잘못한 사건은 반드시 이의신청해야 하며 가급적 꼭 변호사 상담을 받아보길 권유한다.

---

38 사법경찰관이 범죄 혐의가 인정되지 않는다고 판단한 경우 사건을 검찰에 송치하지 않고 수사를 종결하는 결정을 의미

고 소 장

(고소장 기재사항 중 * 표시된 항목은 반드시 기재하여야 합니다.)

1. 고소인*

성 명 (상호 · 대표자)		주민등록번호 (법인등록번호)	—
주 소 (주사무소 소재지)	(현 거주지)		
직 업		사무실 주소	
전 화	(휴대폰)	(자택)	(사무실)
이메일			
대리인에 의한 고소	☐ 법정대리인 (성명 : , 연락처) ☐ 고소대리인 (성명 : 변호사 , 연락처)		

※ 고소인이 법인 또는 단체인 경우에는 상호 또는 단체명, 대표자, 법인등록번호 (또는 사업자등록번호), 주된 사무소의 소재지, 전화 등 연락처를 기재해야 하며, 법인의 경우에는 법인등기부 등본이 첨부되어야 합니다.

※ 미성년자의 친권자 등 법정대리인이 고소하는 경우 및 변호사에 의한 고소대리의 경우 법정대리인 관계, 변호사 선임을 증명할 수 있는 서류를 첨부하시기 바랍니다.

---

39 고소장을 고발장으로 바꾸어 사용해도 무방합니다. 고발장으로 접수하는 경우, 고소인을 고발인으로, 피고소인을 피고발인으로, 고소취지를 고발취지 등으로 그 명칭을 변경하시기 바랍니다.

2. 피고소인*

성 명			주민등록번호	—
주 소		(현 거주지)		
직 업		사무실 주소		
전 화	(휴대폰)	(자택)	(사무실)	
이메일				
기타사항				

※ 기타사항에는 고소인과의 관계 및 피고소인의 인적사항과 연락처를 정확히 알
  수 없을 경우 피고소인의 성별, 특징적 외모, 인상착의 등을 구체적으로 기재
  하시기 바랍니다.

3. 고소취지*

(죄명 및 피고소인에 대한 처벌의사 기재)

고소인은 피고소인을 ○○죄로 고소하오니 처벌하여 주시기 바랍니다.*

4. 범죄사실*

※ 범죄사실은 형법 등 처벌법규에 해당하는 사실에 대하여 일시, 장소, 범행방
  법, 결과 등을 구체적으로 특정하여 기재해야 하며, 고소인이 알고 있는 지식
  과 경험, 증거에 의해 사실로 인정되는 내용을 기재하여야 합니다.

5. 고소이유

※ 고소이유에는 피고소인의 범행 경위 및 정황, 고소를 하게 된 동기와 사유 등
  범죄사실을 뒷받침하는 내용을 간략, 명료하게 기재해야 합니다.

6. 증거자료

(■ 해당란에 체크하여 주시기 바랍니다)

☐ 고소인은 고소인의 진술 외에 제출할 증거가 없습니다.

☐ 고소인은 고소인의 진술 외에 제출할 증거가 있습니다.

　→ 제출할 증거의 세부내역은 별지를 작성하여 첨부합니다.

7. 관련사건의 수사 및 재판 여부*

(■ 해당란에 체크하여 주시기 바랍니다)

① 중복 고소 여부	본 고소장과 같은 내용의 고소장을 다른 검찰청 또는 경찰서에 제출하거나 제출하였던 사실이 있습니다 □ / 없습니다 □
② 관련 형사사건 수사 유무	본 고소장에 기재된 범죄사실과 관련된 사건 또는 공범에 대하여 검찰청이나 경찰서에서 수사 중에 있습니다 □ / 수사 중에 있지 않습니다 □
③ 관련 민사소송 유 무	본 고소장에 기재된 범죄사실과 관련된 사건에 대하여 법원에서 민사소송 중에 있습니다 □ / 민사소송 중에 있지 않습니다 □

※ ①, ②항은 반드시 표시하여야 하며, 만일 본 고소내용과 동일한 사건 또는 관련 형사사건이 수사 · 재판 중이라면 어느 검찰청, 경찰서에서 수사 중인지, 어느 법원에서 재판 중인지 아는 범위에서 기타사항 난에 기재하여야 합니다.

8. 기타

(고소내용에 대한 진실확약)

본 고소장에 기재한 내용은 고소인이 알고 있는 지식과 경험을 바탕으로 모두 사실대로 작성하였으며, 만일 허위사실을 고소하였을 때에는 형법 제156조 무고죄로 처벌받을 것임을 서약합니다.

2024년   월   일*

고소인   (인)*

제출인   (인)

※ 고소장 제출일을 기재하여야 하며, 고소인 난에는 고소인이 직접 자필로 서명 날(무)인 해야 합니다. 또한 법정대리인이나 변호사에 의한 고소대리의 경우에는 제출인을 기재하여야 합니다.

○○경찰서 귀중

※ 고소장은 가까운 경찰서에 제출하셔도 됩니다.

제2장
차용금 사기

갑은 을로부터 "5,000만 원만 빌려달라. 3개월 후에 5,500만 원을 갚겠다"라는 제안을 받았다. 을이 좋은 직장에 다니며 재력이 상당한 것으로 알려져 있었고 돈을 빌려주는 과정에서 차용증도 작성하였다. 그런데 3개월 후 을은 연락두절되었다.

을에게 사기죄가 성립할까?

돈을 빌려주고 돌려받지 못한 경우, "사기죄로 고소되나요?"라는 질문을 많이 받는다. 일단 고소와 소송(소의 제기)은 전혀 다른 것이다. 고소는 수사기관에 대하여 형사범죄 여부를 가려달라는 수사촉구의 의사표시이고, 소의 제기는 법원에 하는 것이다. 고소와 소의 제기는 전혀 다른 별개의 절차이기 때문에 구별해서 이해해야 한다.

형사적으로 범죄가 성립하여 법원에서 처벌을 받게 되면 전과가 되어 기록에 남는다. 주민등록증에 빨간 줄이 실제로 그이는 것은 아니지만 처벌의 수위에 따라서 형사 처벌의 전력이 일정기간 기록으로 남고 이는 본인의 신상과 신분에 큰 영향을 끼친다. 그래서 형사 처벌의 기준이 되는 범죄 성립 여부는 매우 엄격한 기준으로 심리될 수밖에 없다. 결국 사기죄 처벌까지는 어렵고 단순히 민사상 채무불이행 문제로 풀

어갈 수밖에 없는 사례도 많다.

　채무자에게 민사상 채무불이행 책임만 성립된다면 결국 채권자는 채권회수를 하지 못하게 될 가능성이 크다. 통상 사기꾼들은 자력이 없는 경우가 태반이기 때문에, 소송에서 승소 판결을 받는다 한들 실질적인 채권의 추심이 어렵다. 그렇다면 채권자는 채무불이행자명부등재와 같은 이른바 신용불량자로 만드는 것을 생각해 볼 수 있는데 그것도 생각만큼 큰 타격을 주지는 못한다. 채무자의 지위를 악용하여 개인회생이나 파산을 해버리는 경우는 더 심각하다. 그런데 채무자가 사기죄로 형사 처벌받게 되면 개인회생에도 어려움을 줄 수 있기 때문에 채권자 입장에서는 어떻게든 채무자를 사기죄로 처벌받게 해야 할 필요성이 크다(채무자 회생 및 파산에 관한 법률 제625조 제2항 제4호). 일단 사기죄로 기소되면 피해액이 3,000만 원~4,000만 원 정도라도 피해자와 합의하지 못한 경우, 초범이라도 징역 6개월 이하의 실형이 선고될 수 있음을 알아 두자.

차용금 사기죄 성립하려면

① 사기의 고의를 입증해야 한다.

　형사범죄 성립의 출발점은 '고의'이다. 채무자에게 사기범죄를 저지른다는 인식과 의사, 즉 사기의 고의가 있어야만 사기죄 성립이 가능하다. 사기의 고의가 없다면 채권자에게 금전적인 손해가 발생하였다고 하더라도 사기죄는 성립하지 않는다. 사기꾼이 깔끔하게 "일부러 속여

형사편

돈을 뜯어낸 것이다"라며 자백하면 간단하겠지만 대부분은 그렇지 않다. 고의가 없었다고 부인한다. 대법원은 "기망행위에 대한 고의로서 편취의 범의는, 피고인이 자백하지 아니하는 한, 범행 전후의 피고인의 재력, 환경, 범행의 내용, 거래의 이행과정, 피해자와의 관계 등과 같은 객관적인 사정을 종합하여 판단하여야 한다(대법원 1996. 3. 26. 선고 95도 3034 판결 참조)."라는 입장이다. 채무자가 '사기고의는 없었다'면서 범행을 부인한다고 하더라도 위 각 요소에 대한 객관적인 평가를 통해 고의가 인정될 수 있는 것이다.

② 기망행위 및 그에 따른 착오가 있어야 한다.

사기죄는 타인을 기망하여 착오에 빠뜨리고 그 처분행위를 유발하여 재물을 교부받거나 재산상 이익을 얻음으로써 성립하는 것으로서, 기망, 착오, 재산적 처분행위 사이에 인과관계가 있어야 한다(대법원 2000. 6. 27. 선고 2000도1155 판결 등 참조).

③ 기망행위와 착오에 따른 처분행위 사이의 인과관계도 필요하다.

어떠한 행위가 타인을 착오에 빠지게 한 기망행위에 해당하는지 및 그러한 기망행위와 재산적 처분행위 사이에 인과관계가 있는지 여부는 거래의 상황, 상대방의 지식, 성격, 경험, 직업 등 행위 당시의 구체적 사정을 고려하여 일반적·객관적으로 판단하여야 한다(대법원 1988. 3. 8. 선고 87도1872 판결 등 참조).

④ 판단 기준 시기는 행위 당시이다.

고의, 기망행위, 착오, 처분행위, 인과관계 등 사기죄 성립요건이 존재하는지 여부의 판단 기준 시점은 '행위 당시'이다. 즉 차용금 사기라면 차용행위 당시를 기준으로 한다. 따라서 차용행위 이후에 어떠한 사정 변경으로 결국 변제하지 못한 경우라면 사기죄 성립은 어려울 수 있다.

제3장
명예훼손과 모욕

> ## 명예훼손과 모욕, 그 모호한 경계에 관하여

뜻하지 않은 언쟁 속에 상대방으로부터 듣게 된 말 중, 인격적 가치가 폄하되는 느낌도 들었고 모욕적인 감정 또한 감출 수 없었다면 이는 명예훼손일까 모욕일까.

언뜻 들어서는 구별이 잘 되지 않는 범죄가 바로 '명예훼손'과 '모욕'이다.

일단 양죄의 구별은 그 성질에서부터 나뉜다. 우선 명예훼손죄는 '반의사불벌죄'이다. 반의사불벌죄란, 말 그대로 피해자의 의사에 반하여(反意思) 처벌할 수 없는(不罰) 범죄를 의미한다. 물론 반의사불벌죄라 하여도 피해자의 고소 없이 수사기관이 수사하여 그 혐의가 인정되는 경우 기소할 수는 있다. 다만 추후 피해자가 처벌을 원하지 않거나 고소를 취하하는 경우 더 이상 재판하여 처벌할 수 없게 된다. 즉 피해자가 가해자의 처벌을 원치 않는다는 의사를 표하였다면(피해자와 합의하였다면),

마치 처음부터 아무 일도 일어나지 않았던 것으로 돌아가는 셈이다.

비교하여 모욕죄는 '친고죄'이다. 친고죄는 수사 단계에서부터 피해자의 직접적인 고소를 요한다. 흔히 '피해자께서 친히 고소까지 해주셔야 처벌되는 범죄'로 불리기도 한다. 친고죄는 피해자의 고소가 있어야만 공소제기가 가능하므로, 고소가 없어도 일단 수사·기소가 가능한 반의사불벌죄와는 분명한 차이를 가진다.

보다 구체적으로 살펴보자. 명예훼손죄는 공연히 사실(허위사실)을 적시하여 타의 명예를 훼손한 경우 성립한다(형법 제307조). 여기서 명예란 사회적 평판을 말한다. 명예훼손죄의 성립에는 구체적인 사실을 적시할 것이 필요하므로, 사실에 해당하지 않는 것 예컨대 주관적인 견해나 감정을 표현한 것은 명예훼손이 아니다.

※ **형법** 제307조(명예훼손) ① 공연히 **사실을 적시하여** 사람의 명예를 훼손한 자는 2년 이하의 징역이나 금고 또는 500만원 이하의 벌금에 처한다.
② 공연히 **허위의 사실을 적시하여** 사람의 명예를 훼손한 자는 5년 이하의 징역, 10년 이하의 자격정지 또는 1천만원 이하의 벌금에 처한다.

제310조(위법성의 조각) 제307조제1항의 행위가 진실한 사실로서 오로지 공공의 이익에 관한 때에는 처벌하지 아니한다.

명예훼손죄와 관련된 흔한 오해가 있다. 진실한 사실을 적시하면 처벌되지 않는다고 여기는 것이 바로 그것이다. 거짓의 내용을 알려 누군가의 인격적 가치를 침해했다면 처벌되는 게 당연하겠지만 사실을 있는 그대로 이야기했으니 처벌되지 않는다고 생각하는 것이다. 그러나 진실한 사실의 적시도 누군가의 명예를 훼손시킬 수 있다. 예컨대 우연한 기회로 상급자의 부정한 사생활을 알게 되었다고 가정해보자. 아무

리 그 내용이 도덕적으로 지탄받을 것이었다고 하더라도, 이를 회사까지 가져와 불특정 다수에게 알리는 행동이 바람직하다고 보기는 어렵다. 진실한 사실의 적시도 명예훼손죄로 처벌될 수 있다(형법 제307조 제2항).

다만 진실한 사실을 적시한 것으로서 그것이 오로지 공공의 이익에 관한 것인 때에는 위법성이 조각되어 처벌대상에서 제외될 수 있다(형법 제310조).

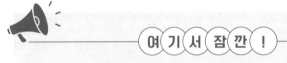

여기서 잠깐!
한 사람에게 이야기 해도 명예훼손죄가 성립할까요?

형법상 명예훼손죄는 "공연히 사실을 적시하여"라고 규정하여 범죄 성립요건으로서 '공연성', 즉 불특정 또는 다수의 사람이 인식할 수 있는 상태에 있을 것을 요구합니다. 그러나 대법원은 이러한 공연성 요건에 관하여 '전파 가능성'이라는 개념을 내세워, 비록 한 사람에게 발언하였다고 하더라도 그 한 사람에 의하여 불특정 또는 다수의 사람에게 전파될 가능성이 있다면 공연성이 충족되는 것으로 판단하고 있습니다.

발 없는 말이 천리가듯, 한 사람에게 전한 사소한 발언이 누군가의 명예를 훼손하여 형사 처벌 될 수 있음에 주의하여야 합니다.

비교하여 모욕죄는 공연히 사람의 인격이나 사회적 평가를 저하시킬 만한 추상적 판단이나 경멸적 감정을 표현함으로써 성립하는 범죄이다(형법 제311조). 공개적인 장소에서의 상대방에 대한 비속어의 사용, 욕설적 표현이 모욕죄가 성립할 수 있는 대표적인 사례이다. 모욕의 수단과 방법에는 제한이 없다. 언어적 수단이 아닌 비언어적·시각적 수단만을 사용하였다고 하더라도 그것이 사람의 사회적 평가를 저하시킬 만한 추상적 판단이나 경멸적 감정을 전달하는 것이라면 모욕죄로

형사편

처벌될 수 있다. 최근 영상 편집·합성 기술이 발전함에 따라 합성 사진 등을 이용한 모욕범행의 가능성이 높아지고 있다. 시각적 수단만을 사용한 모욕이라 하더라도 그 행위로 인하여 피해자가 입는 피해나 범행의 가벌성 정도는 언어적 수단을 사용한 경우와 비교하여 차이가 없으므로 모욕죄의 처벌을 피하기는 어렵다는 점에 유의하여야 한다.

■ 모욕죄 성립에 관한 주요 판결(대법원 2023. 2. 2. 선고 2022도4719 판결)

1. 형법 제311조의 모욕죄는 사람의 가치에 대한 사회적 평가를 의미하는 외부적 명예를 보호법익으로 하는 범죄로서, 모욕죄에서 말하는 모욕이란 사실을 적시하지 아니하고 사람의 사회적 평가를 저하시킬 만한 추상적 판단이나 경멸적 감정을 표현하는 것을 의미한다. 따라서 어떠한 표현이 상대방의 인격적 가치에 대한 사회적 평가를 저하시킬 만한 것이 아니라면 설령 그 표현이 다소 무례한 방법으로 표시되었다 하더라도 이를 두고 모욕죄의 구성요건에 해당한다고 볼 수 없다.

2. 모욕의 수단과 방법에는 제한이 없으므로 언어적 수단이 아닌 비언어적·시각적 수단만을 사용하여 표현을 하더라도 그것이 사람의 사회적 평가를 저하시킬 만한 추상적 판단이나 경멸적 감정을 전달하는 것이라면 모욕죄가 성립한다. 최근 영상 편집·합성 기술이 발전함에 따라 합성 사진 등을 이용한 모욕범행의 가능성이 높아지고 있고, 시각적 수단만을 사용한 모욕이라 하더라도 그 행위로 인하여 피해자가 입는 피해나 범행의 가벌성 정도는 언어적 수단을 사용한 경우와 비교하여 차이가 없다.

3. 피고인이 자신의 유튜브 채널에 갑의 방송 영상을 게시하면서 갑의 얼굴에 '개' 얼굴을 합성하는 방법으로 갑을 모욕하였다는 내용으로 기소된 사안에서, 원심판단 중 피고인이 갑을 '개'로 지칭하지는 않은 점 및 효과음, 자막을 사용하지 않았다는 사정을 무죄의 근거로 든 것은 적절하지 않으나, 영상의 전체적인 내용을 살펴볼 때, 피고인이 갑의 얼굴을 가리는 용도로 동물 그림을 사용하면서 갑에 대한 부정적인 감정을 다소 해학적으로 표현하려 한 것에 불과하다고 볼 여지도 상당하므로, 해당 영상이 갑을 불쾌하게 할 수 있는 표현이기

는 하지만 객관적으로 갑의 인격적 가치에 대한 사회적 평가를 저하시킬 만한 모욕적 표현을 한 경우에 해당한다고 단정하기 어렵다는 취지에서 공소사실을 무죄로 판단한 것은 수긍할 수 있다고 한 사례.

사이버상의 범죄, 가중 처벌의 이유

2020년을 기점으로 그 이전과 이후를 구분하는 기준은 단연 '코로나바이러스(COVID-19)'이다. 코로나바이러스 확산은 삶의 전반에 많은 변화를 가져왔는데, 특히 인터넷을 활용한 스마트 플랫폼이 활성화되며 사람을 직접 만나지 않고 네트워크를 통하는 소통이 일상화되었다. 일견 삶이 보다 간소화되고 편리하게 바뀐 듯하다. 반드시 좋은 점만 있을까?

심리학적으로 사람은 보이는 것보다 보이지 않는 공간에서 자유로워진다고 한다. 제3자의 시각에 노출되는 환경에서는 예의를 갖추고 잘 정돈된 모습을 보인다. 반대의 경우는 이야기가 달라진다. 익명의 가면을 쓴 상황에서 사람은 거침없는 날것의 모습을 드러낸다. 쉽게 화내고, 쉽게 분개하며, 사소한 불편감에 아무 거리낌 없이 타인을 비방한다.

이런 상황을 직장 생활에 적용시켜 보자. 여기 모 기업에 재직 중인 갑이 있다. 갑은 평소 직장 동료 을에 대한 불만과 앙심을 품고 있었다. 다만 소심한 성격의 갑은 을에 대한 불만을 겉으로 결코 드러내지 못하였다. 어느 날, 갑과 을 사이 업무 수행 과정에서 큰 마찰이 있었다. 퇴근 후 사내 게시판에 접속하게 된 갑은 을에 대한 원색적인 비난은 물론 난잡한 헛소문까지 만들어 장문의 글을 게시하였다. 을에 대한 각종 비난이 담긴 이 게시물은 업로드 즉시 수백 명의 동료들에 의해 클릭되었고, 곧 인터넷 신문사에까지 제보되어 진실인 양 가정사실화되었다.

이처럼 시간적·공간적 한계를 지닌 현실에서와 달리, '인터넷'이라는 네트워크를 통한 정보의 파급력은 그 한계가 없다. 전달되는 정보의 진위 여부는 중요치 않다. 단번에 시선을 사로잡을 수 있는, 자극적인 것일수록 그 내용은 빠르게 시공간을 초월하여 불특정 다수에게 전송된다. 그로 인한 피해는 엄청나다. 거짓 정보로 인해 한순간 몰상식하고 비도덕적인 사람으로 몰리게 된 누군가는 벼랑 끝에 서게 된다. 설사 유포된 내용이 진실한 것이라고 하더라도, 제3자에게까지 그 내용이 알려져야 할 이유는 없다. 아무리 그 내용이 진실해도 기밀한 사생활까지 노출된 혹자는 공중의 마녀사냥으로부터 도망치다 끝끝내 도망갈 곳을 잃는다. 자살로 생을 마감하며 이승과의 작별을 고하기도 한다.

기업, 사업체의 경우는 어떨까. 잘못된 사회적 낙인이 찍힌 기업 역시 다르지 않다. 사람으로 따지자면 목숨줄이 끊어지는 것과 다름없는 결과에 도달한다. 심각한 경영상 위기를 겪으며 존폐 위기에 놓이게 된다. 때문에 온라인상에서 이루어지는 사이버범죄는 일상의 범죄보다 그 처벌에 있어 가중치를 두어야 할 필요가 있다.

정보통신망을 활용한 명예훼손죄를 가리켜 흔히 '사이버명예훼손죄'라고 한다. 사이버명예훼손죄의 성립요건은 형법상 명예훼손죄에서의 그것에 더하여 '비방의 목적'을 요구한다. 또한 각종 커뮤니티, SNS 등 인터넷상의 공간을 활용함으로써 보다 큰 파급력을 가지게 되기 때문에 형법상의 명예훼손죄보다 중하게 처벌된다.

※ 정보통신망 이용촉진 및 정보보호 등에 관한 법률 제70조(벌칙) ① 사람을 비방할 목적으로 정보통신망을 통하여 공공연하게 **사실을 드러내어** 다른 사람의 명예를 훼손한 자는 **3년 이하의 징역 또는 3천만원 이하의 벌금**에 처한다.
② 사람을 비방할 목적으로 정보통신망을 통하여 공공연하게 **거짓의 사실을 드러내어** 다른 사람의 명예를 훼손한 자는 **7년 이하의 징역, 10년 이하의 자격정지 또는 5천만원 이하의 벌금**에 처한다.
③ 제1항과 제2항의 죄는 피해자가 구체적으로 밝힌 의사에 반하여 공소를 제기할 수 없다.

※ 비교; 형법 제307조(명예훼손) ① 공연히 <u>사실을 적시하여</u> 사람의 명예를 훼손한 자는 <u>2년 이하의 징역이나 금고 또는 500만원 이하의 벌금</u>에 처한다.
② 공연히 허위의 사실을 적시하여 사람의 명예를 훼손한 자는 <u>5년 이하의 징역, 10년 이하의 자격정지 또는 1천만원 이하의 벌금</u>에 처한다.

사이버범죄 피해자를 위한 Tip

사이버범죄를 당했다면 응당 그 가해자(피의자)를 벌하고 싶을 것이다. 가해자의 처벌을 위해서는 가해자와 범죄피해사실을 특정하여 수사기관에 신고하여야 한다. 아무리 피해사실을 신고하여도 가해자를 특정하지 못한다면 결국 처벌이 어려우므로 신고과정에서 최대한의 자료를 확보하여 수사기관에 제출하는 것이 좋다.

필자의 고소대리 경험상 네이버, Daum 등 대형 포털사이트 공간에서 발생한 사이버범죄는 비교적 가해자 특정이 용이한 편이다. 포털사이트는 가입단계에서 가입자의 성명, 주민등록번호, 휴대전화번호 인증단계를 거친다. 이러한 단계를 거쳐 생성된 계정을 통해 범죄가 이루어졌다면, 가입정보를 추적하여 피의자를 특정할 수 있게 된다.

그렇다면 고소에 앞서 구체적으로 무엇을 준비해야 할까? 우선 증거수집을 해야 한다. 증거 없이 단순한 피해 진술만으로는 처벌이 어렵다. 넷상에 퍼져있는 게시물 화면을 그대로 캡처하자. 인격적·사회적 가치를 훼손하는 내용이 담겨 있을수록 강력한 증거가 된다. 게시물의 링크, 아이디(일부여도 좋다) 또는 닉네임이 특정될 수 있도록 계정에 관한 정보도 캡처하여 제출하면 좋다.

국민 메신저라 불리우는 '카카오톡' 대화방에서 명예훼손 피해를 당한 경우는 어떨까. 대화 상대방과 주로 1:1 채팅방을 통해 직접적인 대화를 나눈 경우는 가입된 휴대전화번호를 알지 못해도 피의자 특정이 비교적 용이하다. 다만 불특정다수인이 아이디를 공개하지 않고 가상의 닉네임으로 활동하는 오픈 카카오톡 채팅방에서는 채팅방 자체가 계속 유지되지 않고 주기적으로 개설과 탈퇴 등이 반복되어 수사에 어려움이 올 수 있다. '블라인드' 사이트와 같이 익명성이 강하게 보장되는 사이트도 마찬가지이다. 모든 유저가 익명으로 활동하며 별도의 회원기록을 확보하지 않기 때문에 피의자 특정이 어려울 수 있다. 그렇다고 포기하란 말은 아니다. 필자의 경험상 결과는 때마다 달랐다. 수백명이 참여한 오픈카톡방에서 닉네임만으로 피의자 특정이 되는 경우도 있었고, 그 반대의 경우도 있었다. 수사는 수사기관의 몫이다. 일단 대화 내용과 피의자 특정에 필요한 아이디, 닉네임, 오픈카카오톡 채팅방 링크 등 수집할 수 있는 자료는 최대한으로 확보하여 수사기관에 제출하도록 하자.

사이버공간에서의 사기피해도 적지 않다. 중고나라, 번개장터 등에서 사기피해를 당했다면, 사기에 활용된 계좌정보 제출은 필수이다. 은행명, 예금주명, 정확한 계좌번호가 반드시 확인되어야 한다. 뿐만 아니라 구체적으로 재산상 손해가 있었다는 점을 증명하기 위한 송금거래내역, 사기꾼과 주고받은 채팅/문자/카카오톡 등 대화 내역에 대한 정보도 제출해야 한다.

네이버플레이스나 후기(리뷰)성 댓글을 통한 업무방해죄는 어떻게 대응해야 할까. 문제시되는 댓글 내용 그 자체를 캡처하자. 그리고 댓글에 함께 표기된 계정 아이디와 닉네임을 함께 표기하고, 실제 주문 내지 방문한 이력과 대비하여 피의자를 추정할 수 있는 이름/주소/휴대전화 연락처를 수사기관에 함께 제출하여야 한다.

여 기 서 잠 깐 !

고소했다가 무혐의로 종결됐는데, 무조건 무고죄로 처벌될까요?

범죄 피해를 당했으나 객관적인 증거가 불충분한 상황을 가정해봅시다. 피해 자는 자칫 무고죄로 처벌받을 것을 두려워한 나머지 가해자에 대한 고소를 망설 일 수 있습니다.

무고는 타인으로 하여금 형사처분 또는 징계처분을 받게 할 목적으로 공무소 또는 공무원에 대하여 허위의 사실을 신고함으로서 처벌되는 범죄입니다(형법 제156조 제1항). 즉 무고죄는 고의범이자 목적범으로서, 구체적으로 해당 사실 이 허위사실이고 오로지 타인의 형사 처벌을 위해 고소한 점이 증거 등으로 명확 하게 입증되어야 성립하는 것이죠.

피해자는 수사기관도 법률전문가도 아닙니다. 때문에 피해사실을 진술하는 과 정에서 정황을 다소 과장하거나 증거를 완벽하게 제출하지 못할 수도 있습니다. 법원은 신고 사실의 진실성을 인정할 수 없다는 소극적 증명만으로는 무고죄를 인정하지 않으며, 특히 무고죄는 고소사건 대비 기소율이 매우 낮은 범죄입니다. 그러니 고소하기 전에 무고죄 처벌 위험성에 대하여 너무 크게 걱정할 필요는 없 습니다.

제4장
위증죄

갑은 친구 을이 병과 민사소송을 하는 데 필요하다고 하여 을이 작성해 온 '사실확인서'에 갑의 도장을 날인해 주었다. 을은 병과의 민사소송에 갑의 도장이 날인된 사실확인서를 제출하였고 재판에서 승소하였다. 병은 갑의 사실확인서에 거짓말이 많다며 갑을 위증죄로 고소하였다. 갑을 위증죄로 처벌할 수 있을까?

위증죄는 법률에 따른 선서를 한 증인이 허위의 진술을 한 때에 성립하는 범죄이다(형법 제152조 제1항). 위증죄의 주체는 '선서를 한 증인'이라는 말인데, 위 사례에서의 갑은 선서를 한 증인이 아니다. 따라서 아무리 거짓말로 사실확인서를 썼다고 하더라도 위증죄로 처벌할 수는 없다. 많은 사람이 그저 재판이나 수사 과정에서 거짓진술을 하거나 거짓자료를 제출하며 위증죄가 된다고 생각하는데 이는 위증의 주체를 이해하지 못하는 데서 비롯된 오해이다.

증언거부권이 있는 증인도 위증죄로 처벌될까

　　민사소송법과 형사소송법이 정한 증언거부권이 있는 증인이 재판장으로부터 증언거부권을 고지받지 못하여, 혹은 증언거부권을 고지받기는 하였으나 증언거부권을 행사하지 않고 그냥 증언한 경우 위증죄가 성립하는지는 검토가 필요하다.

　　증언거부권 고지와 관련한 민사소송법과 형사소송법 규정에는 차이가 있다. 민사소송법에는 증언거부권 고지에 관한 규정이 없고, 형사소송법에는 증언거부권 고지에 관한 규정이 있다. 따라서 민사소송에서 출석한 증인에게 증언거부권이 있었으나 판사로부터 증언거부권을 고지받지 않은 상태에서 선서하고 증언을 하였어도 절차에 위법은 없으므로 그 증언에 허위사실이 포함되어 있다면 위증죄 성립이 가능하다(대법원 2011. 7. 28. 선고 2009도14928 판결).

　　그러나 형사재판에 출석한 증인에게 증언거부권을 고지하지 않은 상황에서 증인이 선서 후 증언을 하였고 그 증언에 허위사실이 포함된 경우는 다르다. 형사소송법에는 증언거부권 고지가 명문화되어 있으므로 재판장이 증언거부권을 고지하지 않았다는 것은 절차를 지키지 않은 것이 된다. 따라서 형사재판에서 증인이 증언거부권을 고지받지 못하고 허위진술한 경우, 증인이 증언거부권을 고지받지 못함으로 인하여 그 증언거부권을 행사하는 데 사실상 장애가 초래되었다고 볼 수 있는 경우에는 위증죄의 성립이 부정될 수 있다(대법원 2010. 1. 21. 선고 2008도942 전원합의체 판결).

■ 위증죄 성립 기준에 관한 주요 판결(대법원 2010. 1. 21. 선고 2008도 942 전원합의체 판결)

1. 위증죄와 형사소송법의 취지, 정신과 기능을 고려하여 볼 때, 형법 제152조 제1항에서 정한 '법률에 의하여 선서한 증인'이라 함은 '법률에 근거하여 법률이 정한 절차에 따라 유효한 선서를 한 증인'이라는 의미이고, 그 증인신문은 법률이 정한 절차 조항을 준수하여 적법하게 이루어진 경우여야 한다고 볼 것이다.

2. 위증죄의 의의 및 보호법익, 형사소송법에 규정된 증인신문절차의 내용, 증언거부권의 취지 등을 종합적으로 살펴보면, 증인신문절차에서 법률에 규정된 증인 보호를 위한 규정이 지켜진 것으로 인정되지 않은 경우에는 증인이 허위의 진술을 하였다고 하더라도 위증죄의 구성요건인 "법률에 의하여 선서한 증인"에 해당하지 아니한다고 보아 이를 위증죄로 처벌할 수 없는 것이 원칙이다. 다만, 법률에 규정된 증인 보호 절차라 하더라도 개별 보호절차 규정들의 내용과 취지가 같지 아니하고, 당해 신문 과정에서 지키지 못한 절차 규정과 그 경위 및 위반의 정도 등 제반 사정이 개별 사건마다 각기 상이하므로, 이러한 사정을 전체적·종합적으로 고려하여 볼 때, 당해 사건에서 증인 보호에 사실상 장애가 초래되었다고 볼 수 없는 경우에까지 예외 없이 위증죄의 성립을 부정할 것은 아니라고 할 것이다.

3. 증언거부권 제도는 증인에게 증언의무의 이행을 거절할 수 있는 권리를 부여한 것이고, 형사소송법상 증언거부권의 고지 제도는 증인에게 그러한 권리의 존재를 확인시켜 침묵할 것인지 아니면 진술할 것인지에 관하여 심사숙고할 기회를 충분히 부여함으로써 침묵할 수 있는 권리를 보장하기 위한 것임을 감안할 때, 재판장이 신문 전에 증인에게 증언거부권을 고지하지 않은 경우에도 당해 사건에서 증언 당시 증인이 처한 구체적인 상황, 증언거부사유의 내용, 증인이 증언거부사유 또는 증언거부권의 존재를 이미 알고 있었는지 여부, 증언거부권을 고지 받았더라도 허위진술을 하였을 것이라고 볼 만한 정황이 있는지 등을 전체적·종합적으로 고려하여 증인이 침묵하지 아니하고 진술한 것이 자신의 진정한 의사에 의한 것인지 여부를 기준으로 위증죄의 성립 여부를 판단하여야 한다. 그러므로 헌법 제12조 제2항에 정한 불이익 진술의 강요금지 원칙을 구체화한 자기부죄거부특권에 관한 것이거나 기타 증언거부사유가 있

음에도 증인이 증언거부권을 고지받지 못함으로 인하여 그 증언거부권을 행사하는 데 사실상 장애가 초래되었다고 볼 수 있는 경우에는 위증죄의 성립을 부정하여야 할 것이다.

위증죄에서 허위진술이란

위증죄가 성립하려면 법정에서 선서한 증인이 허위진술을 하여야 한다. 허위진술에서 허위란 구체적으로 무엇을 의미할까? 단지 증인의 기억을 기준으로 그에 어긋나는 진술을 하면 허위라고 보아야 하는지, 증인의 기억과는 무관하게 객관적인 사실에 반하는 진술을 하였을 때를 허위진술이라고 보아야 하는지 문제 된다.

대법원은 증인의 기억을 기준으로 허위진술 여부를 판단하는 입장이다. 사례를 하나 살펴보자.

갑은 자신이 A임야를 관리하기 전에 을이 A임야의 소유자로서 A임야를 관리하였는지 여부에 대해 전혀 알지 못함에도 불구하고, 민사법정에 증인으로 출석하여 "증인(갑)이 관리하기 전에도 을이 A임야에 대하여 사실상 소유자로 관리하였다. 틀림없는 사실이다."라고 증언하였다. 갑에게 위증죄가 성립할까?

위 사례에서 설령 을이 A임야를 소유자로 관리해 온 것은 객관적 사실이라고 하더라도 증인 갑은 기억에 반하는 증언을 하였기 때문에 허위진술을 한 것이고 위증죄가 성립한다.[40] 결국 증인의 증언이 기억에

---

40 대법원 1989. 1. 17. 선고 88도580 판결

반하는 것인지, 그것을 얼마나 입증해 낼 수 있는지가 위증죄 성립의 결정적 기준이 되는 셈이다.

다만 사소한 부분에 대하여 기억의 불일치에 기초한 증언, 특히 신문취지를 이해하지 못하였거나 착오에 의한 증언이라면 위증이 되지 않는다. 증인의 증언이 기억에 반하는지 여부는 그 증언의 단편적인 구절에 구애될 것이 아니라 증언 전체를 일체로 파악하여 판단하고, 증언의 전체적 취지가 객관적 사실과 일치되고 그것이 기억에 반하는 공술이 아니라면 설령 사소한 부분이 기억과 일치하지 않더라도 위증이 될 수 없다. 또한 위증죄도 고의범이기 때문에 증인이 허위사실을 진술한다는 사실에 대한 인식이 있어야 하므로, 오해, 착오, 과실 등으로 허위진술을 한 경우는 위증죄가 성립하기 어렵다.

위증죄는 일명 '사법부를 농락하는 범죄'로 불리우기도 한다. 따라서 그 죄질에 비추어 초범의 경우에도 벌금형이 선고되기보다는 집행유예형 이상이 선고될 가능성이 높으며, 구체적 사건에서 죄질 및 위증이 재판에 미친 영향 등에 따라 초범이라도 충분히 실형이 선고될 수 있다.

경찰이나 검찰에서 위증 혐의가 있다는 느낌을 받으면 강도 높은 수사를 한다. 예를 들어 특정 일시에 특정의 장소에 특정인이 존재하였는지 여부나 특정인과의 연락 여부, 연락의 구체적 내용, 만남 사실 또는 만남의 일시·장소 등과 같이 수사력으로 객관적인 확인이 가능한 부분이라면 더욱 그렇다. 필자가 진행했던 사건 중 '증인이 A와 특정 일자경 전화통화 및 문자로 어떠한 사안을 논의하였는지 여부 등'이 크게 쟁점화되었는데, 증인의 위증 혐의를 높게 본 검찰에서는 해당 일자 무렵 증인과 A의 통신기록을 조회하여 증인과 A가 그 일자 전후로 단 한 차례의 전화통화나 문자메시지를 나눈 사실도 없음을 확인하였다. 수사기관에서 이러한 객관적인 자료를 토대로 추궁할 경우 답변하기가 굉장히 옹색해지며 기존에 "위증한 사실이 없다"라고 진술하였다면 더더욱 곤란해질 수밖에 없다. 이제 와서 말을 바꾸는 것도 우습고 기존 입장을 유지한다면 죄질 불량으로 가중 처벌될 위험성이 있기 때문이다.

위증죄, 자수하면 형면제될까

위증을 한 사람이라도 해당 사건 재판 또는 징계처분이 확정되기 전에 자백·자수하면 그 형을 감경 또는 면제한다(형법 제153조). 자백은 허위진술한 사실을 고백하는 것을 말하는데 스스로 고백한 것이 아니라 수사기관이나 법원의 신문을 받아 자백하게 된 경우도 여기에서의 자백에 포함된다. 자수는 범인이 자발적으로 자기 범죄 사실을 수사기관에 신고하여 그 소추를 구하는 의사표시이다.

참고로 위증죄는 미수범 처벌규정이 없다. 위증죄의 기수시기는 증인신문절차 완료 시로, 증인신문과정에서 일부 허위진술을 하였더라도 증인신문절차가 끝나기 전에 종전 허위진술을 정정하였다면 위증죄는 성립하지 않는다.

모해위증죄

　위증죄의 특별구성요건으로 '모해위증죄'가 있다(형법 제152조 제2항). 모해위증죄의 법정형은 10년 이하의 징역형이다. 법정형에 벌금형이 없다. 모해위증죄는 형사사건에서 피고인·피의자 또는 징계혐의자를 모해할 목적으로 위증함으로써 성립하는 범죄이다. 여기에서 '모해할 목적'이란 피고인·피의자 또는 징계혐의자를 불리하게 할 목적을 말한다. 증인이 선서하고 허위진술함으로써 피고인에게 불리하게 될 것이라는 인식만 있다면 모해할 목적이 인정된다.

제5장
무고죄

갑은 직장 상사인 을이 회식 중 갑의 옆자리에 앉아 갑의 허벅지를 수차례 만졌다며 을을 강제추행죄로 고소하였다. 그러나 당시 회식장소를 비추던 CCTV를 통해 을이 갑의 허벅지를 만진 사실이 전혀 없음이 객관적으로 확인되었고, 을은 최종 불송치결정(혐의없음)을 받았다. 사실 갑은 을이 최근 자신에게 업무적으로 스트레스를 주는 것에 앙심을 품고 허위 고소한 것이었다. 갑에게는 무고죄가 성립할까?

무고죄는 타인으로 하여금 형사처분 또는 징계처분을 받게 할 목적으로 공무소·공무원에게 허위사실을 신고함으로써 성립하는 범죄이다(형법 제156조). 무고죄가 성립하려면 '형사처분 또는 징계처분을 받게 할 목적'과 '허위사실 신고'가 필요하다. '형사처분 또는 징계처분을 받게 할 목적'은 미필적 인식으로도 충분하고, 허위사실을 신고하는 사건에서는 미필적이나마 타인으로 하여금 형사처분을 받게 할 목적이 인정될 수밖에 없기에 크게 다툼이 되지 않는다. 문제는 '허위사실의 신고'에 대한 해석이다. 여기서 허위사실은 객관적 진실에 반하는 사실을 말한다. 위증죄에서의 허위사실이 주관적 인식을 기준으로 판단되었던 것과 달리, 무고죄에서의 허위사실은 객관적 사실을 기준으로 판단한다. 형법전에는 동일한 용어로 '허위사실'을 그 구성요건으로 하고 있지만, 각 죄에서 그 의미의 해석은 전혀 다른 것이다.

무고죄에서 신고된 사실이 허위사실인지 여부는 신고의 핵심 내용을 기준으로 판단한다. 신고의 핵심 내용이 객관적 진실에 반하는 허위사실이라면, 나머지 부수적인 세부사항은 진실이라고 하더라도 무고죄 성립이 가능할 수 있다. 바꾸어 말하면 고소장에 일부 허위 사실이 포함되어 있기는 하지만 핵심 부분은 진실이라면 무고죄가 성립하기는 어려워진다는 것이다.

또한 핵심 내용의 허위 부분이 범죄사실 또는 징계사유에 영향을 미칠 정도여야 한다. 설령 고소장의 핵심 내용이 허위라고 하더라도, 범죄 성립과 무관하거나 범죄 성립에 어떠한 영향도 줄 수 없는 경우라면 무고죄는 성립하지 않는다. 예를 들어 고소장 기재 자체로 공소시효기간이 도과한 것이 명백하다면, 애초에 해당 고소는 누군가를 벌할 수 있는 것이 아니므로 설사 그 신고 내용이 허위라고 하더라도 무고죄가 성립하지 않는다.

실무상 무고죄 성립 여부를 가르는 결정적 기준은 '허위사실을 신고하였는지 여부'라고 할 수 있다. 법률적 평가나 규범적 판단 또는 증거의 부재 등의 이유로 무혐의처분 또는 불송치결정을 받았을 뿐, 사실적인 부분에서 허위사실을 신고한 것이 아니라면 무고죄 성립은 어렵다. 예를 들어 갑이 을로부터 "야 이 씨발놈아"라는 욕설을 들어 모욕죄로 고소하였다고 가정해 보자. 검찰에서는 을이 갑에게 "야 이 씨발놈아"라는 말을 한 것은 사실이지만, 당시 갑과 을이 언쟁 중이었다는 사정 등을 감안하여 (을의 욕설이 정당행위에 해당하므로) 혐의없음 처분을 하였다. 이 경우는, 비록 을이 혐의없음 처분을 받기는 하였지만 갑이 고소장에 "을이 갑에게 '야 이 씨발놈아'라고 욕설을 했다"라고 기재한 것에는 그 어떠한 허위도 포함되지 않았으므로 갑에게는 무고죄가 성립될 수 없다.

무고죄에서 신고한 사실이 허위라는 점에 관하여는 적극적인 증명이 있어야 한다. 신고한 사실의 진실성을 단정할 수 없다는 점만으로 곧 그 신고사실이 객관적 진실에 반하는 허위사실이라고 단정할 수는 없다. 그러니까 설령 불기소처분 또는 무죄 판결이 내려졌다고 하더라도 그것만으로 곧바로 무고가 되는 것이 아니라, 허위사실을 신고하였다는 점에 관하여 객관적인 입증이 필요한 셈이다. 최근 대법원은 이른바 '피해자다움'의 논리를 펼치며, 성폭행 등 피해자의 고소에 대하여 가해자가 불기소 또는 무죄를 받았다는 이유만으로 쉽게 무고죄 성립을 인정해서는 안 된다는 판결을 내리기도 하였다.

■ 무고죄 성립에 관한 주요 대법원 판결(대법원 2019. 7. 11. 선고 2018도2614 판결)

무고죄는 타인으로 하여금 형사처분이나 징계처분을 받게 할 목적으로 신고한 사실이 객관적인 진실에 반하는 허위사실인 경우에 성립하는 범죄이므로, 신고한 사실이 객관적 진실에 반하는 허위사실이라는 요건은 적극적 증명이 있어야 하고, 신고사실의 진실성을 인정할 수 없다는 소극적 증명만으로 곧 그 신고사실이 객관적 진실에 반하는 허위의 사실이라 단정하여 무고죄의 성립을 인정할 수는 없으며, 신고내용에 일부 객관적 진실에 반하는 내용이 포함되어 있더라도 그것이 범죄의 성부에 영향을 미치는 중요한 부분이 아니고 단지 신고사실의 정황을 과장하는 데 불과하다면 무고죄는 성립하지 않는다. 성폭행이나 성희롱 사건의 피해자가 피해사실을 알리고 문제를 삼는 과정에서 오히려 피해자가 부정적인 여론이나 불이익한 처우 및 신분 노출의 피해 등을 입기도 하여 온 점 등에 비추어 보면, 성폭행 피해자의 대처 양상은 피해자의 성정이나 가해자와의 관계 및 구체적인 상황에 따라 다르게 나타날 수밖에 없다. 따라서 개별적, 구체적인 사건에서 성폭행 등의 피해자가 처하여 있는 특별한 사정을 충분히 고려하지 않은 채 피해자 진술의 증명력을 가볍게 배척하는 것은 정의와 형평의 이념에 입각하여 논리와 경험의 법칙에 따른 증거판단이라고 볼 수 없다. 위와 같은 법리는, 피해자임을 주장하는 자가 성폭행 등의 피해를 입었다고 신고한 사실에 대하여 증거불충분 등을 이유로 불기소처분되거나 무죄판결이 선고된 경우 반대로 이러한 신고내용이 객관적 사실에 반하여 무고죄가 성립하는지 여부를 판단할 때에도 마찬가지로 고려되어야 한다. 따라서 성폭행 등의 피해를 입었다는 신고사실에 관하여 불기소처분 내지 무죄판결이 내려졌다고 하여, 그 자체를 무고를 하였다는 적극적인 근거로 삼아 신고내용을 허위라고 단정하여서는 아니 됨은 물론, 개별적, 구체적인 사건에서 피해자임을 주장하는 자가 처하였던 특별한 사정을 충분히 고려하지 아니한 채 진정한 피해자라면 마땅히 이렇게 하였을 것이라는 기준을 내세워 성폭행 등의 피해를 입었다는 점 및 신고에 이르게 된 경위 등에 관한 변소를 쉽게 배척하여서는 아니 된다.

형사편

제6장
횡령죄

갑과 을이 동업으로 M포차를 운영하고 있었다. 을은 M포차 계좌에 입금되어 있던 매출액을 임의로 전액 인출하여 개인적인 용도에 사용하였다. 을에게는 횡령죄가 성립할까?

횡령죄란 타인의 재물을 보관하는 자가 그 재물을 횡령하거나 반환을 거부함으로써 성립하는 범죄이다(형법 제355조). 타인의 재물을 보관하는 사람만이 횡령죄의 주체가 될 수 있다.

'보관'의 의미에 관하여 대법원은 "횡령죄에 있어서 타인의 재물의 보관이라 함은, 재물에 대한 사실상 또는 법률상 지배력이 있는 상태를 의미한다. 그것은 반드시 사용대차·임대차·위임 등의 계약에 의하여 설정될 필요는 없고, 사무관리, 관습, 조리 신의칙에 의해서도 성립한다."[41]라고 하여 비교적 폭넓게 인정하고 있는 입장이다.

횡령죄는 '견물생심'의 발현으로 이해하면 쉽다. 제아무리 남의 재

---

41 대법원 1987. 10. 13. 선고 87도1778 판결

물이라도 그것이 내 수중에 있다면 혹하는 마음이 들 수 있음은 인지상정이다. 그래서 애초에 남의 집에 있던 물건을 훔쳐 오는 절도죄보다 내 집에 보관하던 남의 물건을 처분한 횡령죄를 가볍게 처벌하고 있다.

착오송금과 횡령죄 처벌의 문제

갑의 계좌에 느닷없이 전혀 모르는 사람으로부터 1,000만 원이 입금되었다. 갑은 당황하였지만 이게 무슨 횡재인가 하는 마음에 아무런 경각심 없이 위 1,000만 원을 인출하여 평소 사고 싶었던 명품 가방을 구매하였다. 이 경우 갑은 횡령죄로 처벌될까?

위와 같은 착오송금 사례에서 계좌명의인에게 송금인의 재물을 보관하는 지위를 인정할 수 있을까? 만약 그렇다면 횡령죄 성립이 가능하다. 대법원 판례는 신의칙상 보관 관계의 성립을 인정하고 있다. 갑에게는 횡령죄가 성립된다는 뜻이다.

만약 계좌명의인 갑이 개설한 계좌가 보이스피싱 범행에 이용되었고 보이스피싱 피해자가 위 계좌에 돈을 입금하였는데 갑이 함부로 인출하여 사용하였다면 어떻게 될까? 최근 대법원 판결은 이런 경우에도 계좌명의인 갑이 사기죄의 공범이 아닌 한 갑은 피해자의 돈을 보관하는 지위에 있다고 하여 갑에게 (보이스피싱 피해자에 대한) 횡령죄 성립이 가능하다는 입장이다.

■ 보이스피싱과 횡령죄 성립에 관한 주요 판결(대법원 2018. 7. 19. 선고 2017도17494 전원합의체 판결)

송금의뢰인이 다른 사람의 예금계좌에 자금을 송금·이체한 경우 특별한 사정이 없는 한 송금의뢰인과 계좌명의인 사이에 그 원인이 되는 법률관계가 존재하는지 여부에 관계없이 계좌명의인(수취인)과 수취은행 사이에는 그 자금에 대하여 예금계약이 성립하고, 계좌명의인은 수취은행에 대하여 그 금액 상당의 예금채권을 취득한다. 이때 송금의뢰인과 계좌명의인 사이에 송금·이체의 원인이 된 법률관계가 존재하지 않음에도 송금·이체에 의하여 계좌명의인이 그 금액 상당의 예금채권을 취득한 경우 계좌명의인은 송금의뢰인에게 그 금액 상당의 돈을 반환하여야 한다. 이와 같이 계좌명의인이 송금·이체의 원인이 되는 법률관계가 존재하지 않음에도 계좌이체에 의하여 취득한 예금채권 상당의 돈은 송금의뢰인에게 반환하여야 할 성격의 것이므로, 계좌명의인은 그와 같이 송금·이체된 돈에 대하여 송금의뢰인을 위하여 보관하는 지위에 있다고 보아야 한다. 따라서 계좌명의인이 그와 같이 송금·이체된 돈을 그대로 보관하지 않고 영득할 의사로 인출하면 횡령죄가 성립한다. 이러한 법리는 계좌명의인이 개설한 예금계좌가 전기통신금융사기 범행에 이용되어 그 계좌에 피해자가 사기피해금을 송금·이체한 경우에도 마찬가지로 적용된다. 계좌명의인은 피해자와 사이에 아무런 법률관계 없이 송금·이체된 사기피해금 상당의 돈을 피해자에게 반환하여야 하므로, 피해자를 위하여 사기피해금을 보관하는 지위에 있다고 보아야 하고, 만약 계좌명의인이 그 돈을 영득할 의사로 인출하면 피해자에 대한 횡령죄가 성립한다. 이때 계좌명의인이 사기의 공범이라면 자신이 가담한 범행의 결과 피해금을 보관하게 된 것일 뿐이어서 피해자와 사이에 위탁관계가 없고, 그가 송금·이체된 돈을 인출하더라도 이는 자신이 저지른 사기범행의 실행행위에 지나지 아니하여 새로운 법익을 침해한다고 볼 수 없으므로 사기죄 외에 별도로 횡령죄를 구성하지 않는다. 한편 계좌명의인의 인출행위는 전기통신금융사기의 범인에 대한 관계에서는 횡령죄가 되지 않는다.

복권 당첨금 나누기로 했는데 혼자 받아갔다면

갑과 을은 복권 구입에 필요한 금원을 각출하여 복권 한 장을 구매하고, 당첨금이 나오면 절반씩 나눠가지기로 약속하였다. 그리고 복권 1등에 당첨되어 13억 원의 당첨금을 수령할 수 있게 되었다. 당첨복권을 보관하고 있던 을은 은행에 방문하여 당첨금 전액을 수령하였으나, 그 절반인 6억 5천만 원을 달라는 갑의 요구에 불응하고 있다.

을에게 횡령죄가 성립할까? 이러한 사안에서도 을에게 횡령죄가 성립한다.

■ 복권당첨금 분할합의와 횡령죄 성립에 관한 주요 판결(대법원 2000. 11. 10. 선고 2000도4335 판결)

피고인이 2천 원을 내어 피해자를 통하여 구입한 복권 4장을 피고인과 피해자를 포함한 4명이 한 장씩 나누어 그 당첨 여부를 확인하는 결과 피해자 등 2명이 긁어 확인한 복권 2장이 1천 원씩에 당첨되자 이를 다시 복권 4장으로 교환하여 같은 4명이 각자 한 장씩 골라잡아 그 당첨 여부를 확인한 결과 피해자 등 2명이 긁어 확인한 복권 2장이 2천만 원씩에 당첨되었으나 당첨금을 수령한 피고인이 피해자에게 그 당첨금의 반환을 거부한 경우, 피고인과 피해자를 포함한 4명 사이에는 어느 누구의 복권이 당첨되더라도 당첨금을 공평하게 나누거나 공동으로 사용하기로 하는 묵시적인 합의가 있었다고 보아야 하므로 그 당첨금 전액은 같은 4명의 공유라고 봄이 상당하여 피고인으로서는 피해자의 당첨금 반환요구에 따라 그의 몫을 반환할 의무가 있고 피고인이 이를 거부하고 있는 이상 불법영득의사가 있다는 이유로 횡령죄가 성립될 수 있다고 한 사례.

제7장
몰래 녹음·비밀녹음 처벌(통신비밀보호법위반)

　내 목소리가 나도 모르는 사이에 녹음되고 있다. 거기에 더해 그 녹음이 나중에 누군가에게 공개되었다거나 또는 재판에 증거자료로 제출되었다. 이렇게 생각하면 누구라도 기분이 좋지만은 않을 것이다. 대화 중에 그 대화를 또는 통화 중에 그 통화를 굳이 녹음하는 것은 일반적이지 않다. 굳이 녹음기를 켜는 것은 꼭 녹음해야 할 만한, 그것도 몰래 녹음해야 할 만한 사정이 있는 경우들이 대부분인데 소송이나 분쟁 중일 때가 그렇다. 특히 이혼소송에서는 녹음 없이는 소송수행 자체가 불가능할 때가 많다. 남편이 부인과 둘이 있을 때 부인에게 지속적으로 폭언·욕설을 했다면 그 증거는 남편과 단둘이 있을 때 남편이 행한 폭언과 욕설에 대한 녹음 파일 밖에는 없을 것이고, 남편에게 차마 녹음한다고 말할 수는 없으니 몰래 녹음할 수밖에 없는 이치이다.

　타인의 음성을 녹음하면서 상대방에게 녹음한다고 말하지 않고 몰래 녹음한 경우 처벌되는지를 궁금해하는 분들이 많다. 현행법상 공개되지 않은 타인 간의 대화를 녹음할 수 없고, 이를 위반하면 처벌된다고 정하고 있다. 바꾸어 말하면 타인의 대화가 아닌, 대화 당사자들 사이에서는 상대방에게 녹음한다고 미리 말하여 동의를 얻지 않았어도 (몰래) 녹음할 수 있고 형사 처벌의 대상이 되지 않는다는 의미가 된다. 대화 중 나의 음성은 적어도 대화 상대방에게는 공개되어 있다. 그런데 대화 당사자가 아닌 제3자에게까지 공개된 것은 아니다. 이렇게 생각하고 법을 이해하면 쉽다.

> ※ **통신비밀보호법** 제3조(통신 및 대화비밀의 보호) ① 누구든지 이 법과 형사소송법 또는 군사법원법의 규정에 의하지 아니하고는 우편물의 검열·전기통신의 감청 또는 통신사실확인자료의 제공을 하거나 공개되지 아니한 타인간의 대화를 녹음 또는 청취하지 못한다.
>
> ----
>
> 제4조(불법검열에 의한 우편물의 내용과 불법감청에 의한 전기통신내용의 증거사용 금지) 제3조의 규정에 위반하여, 불법검열에 의하여 취득한 우편물이나 그 내용 및 불법감청에 의하여 지득 또는 채록된 전기통신의 내용은 재판 또는 징계절차에서 증거로 사용할 수 없다.
>
> ----
>
> 제16조(벌칙) ① 다음 각 호의 어느 하나에 해당하는 자는 1년 이상 10년 이하의 징역과 5년 이하의 자격정지에 처한다.
> 1. 제3조의 규정에 위반하여 우편물의 검열 또는 전기통신의 감청을 하거나 공개되지 아니한 타인간의 대화를 녹음 또는 청취한 자.
> 2. 제1호에 따라 알게 된 통신 또는 대화의 내용을 공개하거나 누설한 자.

「통신비밀보호법」에서는 누구든지 공개되지 않은 타인 간의 대화를 녹음하지 못하고, 만약 하면 재판에서 증거로 사용할 수 없다고 규정하고 있다. 또한 공개되지 않은 타인 간의 대화를 녹음·청취·공개·누설하면 그 자체로 1년~10년 이하의 징역과 5년 이하의 자격정지에 처한다고 규정하고 있다. 즉, 벌금형이 없기 때문에 기소되었다면 징역형 또는 집행유예만 가능하다는 점을 유념해야 한다.

음향이나 비명소리, 욕설·폭행 녹음되었다면

　통신비밀보호법에서는 공개되지 않은 타인 간의 '대화'를 녹음하지 말라고 정하고 있다. 여기서 대화란 의사소통을 위한 것으로 사람 사이의 육성을 말한다. 따라서 어떠한 음향이나 물건끼리 부딪히는 소리, 욕설, 비명 등을 녹음했다면 이것을 '대화'라고 볼 수 없다. 애초에 위 통신비밀보호법의 적용대상이 아닌 셈이다.

　통신비밀보호법 제1조, 제3조 제1항 본문, 제4조, 제14조 제1항, 제2항의 문언, 내용, 체계와 입법 취지 등에 비추어 보면, 통신비밀보호법에서 보호하는 타인 간의 대화는 원칙적으로 현장에 있는 당사자들이 육성으로 말을 주고받는 의사소통 행위를 가리킨다. 따라서 사람의 육성이 아닌 사물에서 발생하는 음향은 타인 간의 대화에 해당하지 않는다. 또한 사람의 목소리라고 하더라도 상대방에게 의사를 전달하는 말이 아닌 단순한 비명소리나 탄식 등은 타인과 의사소통을 하기 위한 것이 아니라면 특별한 사정이 없는 한 타인 간의 대화에 해당한다고 볼 수 없다(대법원 2017. 3. 15. 선고 2016도19843 판결).

　예를 들어 어린이집에서의 아동학대 피해를 의심하는 부모가 자녀의 책가방에 몰래 녹음기를 넣어 보냈는데, 거기에 어린이집 교사가 아이에게 욕설을 내뱉는 소리, 아이를 때리는 것처럼 들리는 소리와 아이의 비명소리, 울음소리 등이 녹음된 경우를 생각해보자. 이러한 소리들은 의사소통을 전제한 사람의 육성으로는 도저히 볼 수 없고 따라서 '대화'가 아니다. 그러므로 위 통신비밀보호법은 적용되지 않는다.

아동학대사건과 몰래 녹음 파일의 증거능력

부모가 증거를 모으기 위해 아이 책가방에 녹음기를 넣어 등교시켰고, 그 녹음기에 어린이집 선생님들의 목소리나 각종 음성이 모두 녹음되었다. 이 녹음은 교사의 아동학대범죄 재판에서 증거능력이 있을까?

이 경우 부모는 어린이집 내부에 있던 사람이 아니기 때문에 어린이집에서의 대화이든 소리이든 그 어떤 것에서도 당사자는 아니다. 그렇게 생각하면 바로 통신비밀보호법이 적용되어 형사 처벌과 함께 해당 녹음의 증거능력도 부인되는 것은 아닐지 의문이 들 수 있다. 하지만 그렇게 단순하게 생각하여서는 안 되고, 최소 2가지 쟁점을 추가로 검토해야 한다.

첫째, 누군가를 때리는 소리, 비명소리, 욕설 등의 소리가 녹음된 경우라면 통신비밀보호법 적용요건인 '대화'가 아니므로 아무리 비밀녹음을 했어도 통신비밀보호법이 적용되지 않는다. 즉 형사 처벌도 받지 않고 녹음의 증거능력도 인정된다.

둘째, 타인 간의 대화를 녹음하기는 하였다고 하더라도 언제나 증거능력이 부정되는 것은 아니다. 물론 통신비밀보호법 제4조를 엄격히 적용한다면 증거능력이 부인되어야 할 것으로 보인다. 그러나 우리 판례는 오래전부터 소위 사인의 위법수집증거에서도 이익형량을 거쳐 증거능력이 인정될 여지를 열어두고 있다(다만 이러한 법리가 통신비밀보호법 제4조 위반 사안에도 그대로 적용되는지에 관한 명확한 대법원 판결은 존재하지 않는 것으로 보인다). 아무리 증거수집 절차에 잘못이 있다고 하더라도 그 증거의 증거능력을 부정하면 명백히 나쁜 사람을 처벌하지 못하게 되

형사편

는 결과가 될 때 그 불합리를 제거하기 위한 고육지책이다. 절차적 위법이 있다고 해도 그 위법성의 정도가 실체진실을 부정할 만큼이 아니라면 공익을 위해서 예외적으로 증거능력을 인정할 수 있다는 취지이다. 특히 아동학대사건의 경우 증거수집 방법이 너무 제한되어 있다는 점을 고려한 정책적 판단으로 해석할 수 있다.

■ 아동학대로 기소된 사안에서 통신비밀보호법위반 몰래 녹음의 증거능력이 문제된 주요 판결 1(대구지방법원 2019. 1. 24. 선고 2018노1809 판결)

피고인은 구청에서 위탁 운영하는 가정지원센터 소속 아이돌보미로서, 피해아동 갑(생후 10개월)의 집에서 갑이 잠을 자지 않고 계속 운다는 이유로 갑의 엉덩이 부분을 손으로 수회 때려 신체적 학대행위를 함과 동시에 갑에게 "미쳤네, 미쳤어, 돌았나, 제정신이 아니제, 미친놈 아니가 진짜, 쯧, 또라이 아니가, 또라이, 쯧, 울고 지랄이고."라는 등 큰 소리로 욕설을 하고 갑이 울고 있는데도 울음을 그치도록 조치하지 않은 채 텔레비전을 시청함으로써 정서적 학대행위를 하였다는 내용으로 기소된 사안이다.

공소사실에 부합하는 주된 증거로 갑의 모인 을이 몰래 녹음한 녹음파일 및 그 녹취록이 있는데, 여기에 담긴 내용은 ① 갑이 소리를 지르거나 울음을 터뜨리는 등의 음성, ② 갑의 위와 같은 울음소리 등에 반응하여 피고인이 갑을 상대로 하는 말, ③ 피고인이 을과 나눈 전화통화, ④ 피고인이 자신의 자녀 등 아는 사람과 나눈 전화통화, ⑤ 딱딱한 물체에 부딪히는 듯한 둔탁한 소리와 TV 소리 등의 기타 음향 등으로 구성되어 있는 점, 그중 ①, ⑤부분은 통신비밀보호법상 '타인 간의 대화'에 해당하지 않아 증거능력이 인정되고, ③부분은 대화 당사자인 을이 녹음한 것이므로 역시 증거능력이 인정되나, ④부분은 통신비밀보호법상 타인 간의 대화에 해당하여 같은 법 제14조에 따라 증거능력이 없는 점, 한편 갑은 아직 언어 능력이 온전히 발달하지 않아 피고인이 하는 말의 내용을 이해하지 못하므로 ②부분 중 증거로 필요한 부분은 피고인 말의 내용이 아닌 피고인의 목소리, 억양 등 비언어적 정보로서 피고인이 갑을 상대로 하는 말은 '당사자들이 육성으로 말을 주고받는 의사소통행위'를 의미하는 통신비밀보호법상 타인 간의 대화에 해당한다고 보기 어렵고, 나아가 을이 피고인의 업무 공간에서 발생하는 피고인의 목소리 등을 몰래 녹음하였다고 하여 이로 인한 피고인의 인격적 이익의 침해 정도가 아동학대범죄에 대한 실체적 진실발견이라는 공익적 요구와 비교할 때 사회통념상 허용 한도를 초과할 정도의 현저한 침해라고 보기 어려워 ②부분의 증거능력도 인정되는 점 등을 종합하면, 피고인이 갑에게 정서적 학대행위를 하였다고 봄이 타당하고, 반면 위 녹음파일에서 누군가가 뭔가를 두드리는 듯한 둔탁한 소리가 여러 차례 들리고, 특히 둔탁한 소리 이후 갑이 더 크게 우는 경우도 있어 피고인이 갑에게 위협적 행동을 한 것 같다는 의심은 드나, 위와 같은 둔탁한 소리만으로는 피고인이 갑을 위와 같이 때렸다고 단정하기 어렵다는 이유로, 공소사실 중 정서적 학대행위 부분을 유죄로 인정하고, 신체적 학대행위 부분은 무죄로 판단한 사례.

■ 아동학대로 기소된 사안에서 통신비밀보호법위반 몰래 녹음의 증거능력이 문제된 주요 판결 2(수원지방법원 2024. 2. 1. 선고 2022고단 7025 판결)

이 법원이 적법하게 채택하여 조사한 증거들에 의하여 알 수 있는 다음과 같은 사정들을 종합하면, 피해자 모친의 위 녹음행위가 통신비밀보호법 제3조나 제14조 제1항에 위배된다고 볼 수 없으므로, 그 녹음파일 및 그에 터 잡아 수집된 증거들은 모두 증거능력이 있다.

○ 피해자의 모친이 2022. 9. 13. 피해자의 외투에 녹음기를 넣어서 피해자를 등교시킴으로써 피해자와 피고인 사이에 맞춤학습실에서 있었던 대화를 녹음한 사실은 인정되고, 피해자와 피해자의 모친이 별개의 인격체이며, 위 대화가 공개되지 아니한 대화인 것도 명백하므로, 위와 같이 녹음된 대화가 통신비밀보호법 제3조 및 제14조 제1항에서 규정하고 있는 '공개되지 아니한 타인간의 대화'에 해당한다는 것은 명백하다.

○ 통신비밀보호법 제3조 및 제14조 제1항을 위반하여 공개되지 아니한 타인간의 대화를 녹음하여 취득한 녹음내용은 같은 법 제4조에 따라 재판에서 증거로 사용할 수 없고, 이러한 통신비밀보호법 제4조에서는 별도로 예외 규정을 두고 있지 않으므로, 국민의 사생활 영역에 관계된 증거의 제출이 가능한지

여부를 이익형량을 통해 결정하도록 한 대법원 2010. 9. 9. 선고 2008도3990 판결 등의 법리를 통신비밀보호법 제3조, 제14조, 제4조가 문제되는 사안에서 곧바로 적용할 수 있는지는 의문이다(통신비밀보호법 제3조에서는 감청, 녹음, 청취 등이 허용되는 예외적인 경우를 별도로 규정하고 있으므로, 이를 넘어 이익형량을 통한 예외를 인정하는 것에는 신중을 기할 필요가 있다). 그러나 통신비밀보호법 제16조 제1항 제1호에서 '제3조의 규정에 위반하여 공개되지 아니한 타인간의 대화를 녹음 또는 청취한 자는 1년 이상 10년 이하의 징역과 5년 이하의 자격정지에 처한다'고 규정하고 있고, 같은 법 제4조에서는 '제3조의 규정에 위반하여, 불법검열에 의하여 취득한 우편물이나 그 내용 및 불법감청에 의하여 지득 또는 채록된 전기통신의 내용은 재판 또는 징계절차에서 증거로 사용할 수 없다'고 규정하고 있는바, 위 제16조 제1항 제1호와 제4조가 동일하게 '제3조의 규정에 위반하여'라는 표현을 두고 있는 점 등을 고려할 때, 통신비밀보호법 제16조 제1항의 위반 여부를 판단함에 있어서 필연적으로 검토하여야 하는 위법성조각사유의 존부가 제4조의 적용 여부를 판단함에 있어서도 동일하게 검토되어야 하고, 만일 공개되지 아니한 타인간의 대화를 녹음한 행위에 위법성조각사유가 인정될 수 있다면 이는 통신비밀보호법 제3조를 위반한 것이라고 볼 수 없으므로 같은 법 제4조에 따라 증거능력이 배제되지 않는다고 보아야 한다.

몰래 녹음, 손해배상청구 가능할까

통신비밀보호법위반과 무관하게, 다른 사람의 음성을 동의 없이 몰래 녹음하였다면 그 자체로 위자료 청구가 가능하다는 것이 현재 대법원의 입장이다(대법원 2019. 10. 31. 선고 2019다256037 판결).

사람은 누구나 자신의 음성이 함부로 녹음되거나 재생·방송·복제·배포되지 않을 권리를 가진다. 이러한 음성권은 헌법 제10조 제1문에 의하여 헌법적으로도 보장되고 있는 권리이다. 따라서 음성권에 대한 부당한 침해는 불법행위를 구성하고 정신적 고통에 대한 손해배상 책임을 발생시킨다. 다만 녹음자의 비밀녹음이 사회윤리 또는 사회통념에 비추어 용인될 수 있는 행위라고 평가할 수 있는 경우에는 위법성이 조각되어 배상책임이 부정될 수 있다. 녹음자에게 비밀녹음을 통해 달성하려는 정당한 목적 또는 이익이 있고 녹음자의 비밀녹음이 이를 위하여 필요한 범위에서 상당한 방법으로 이루어져 사회윤리 또는 사회통념에 비추어 용인될 수 있는 행위라고 평가될 수 있다면, 녹음자의 비밀녹음은 사회상규에 위배되지 않은 행위로서 위법성이 조각된다고 보아야 한다.

실무적으로 특히 상간자소송이나 이혼소송에서 이러한 문제가 결부되는 경우가 많다. 증거 수집을 위해 어쩔 수 없이 비밀녹음을 하였고 다행히 대화 당사자 사이의 녹음이라 통신비밀보호법 위반은 아니라고 하더라도, 몰래 녹음을 당한 입장에서는 진행 중인 상간자소송이나 이혼소송에서 음성권 침해를 이유로 '반소'의 형태로 위자료를 청구할 수 있다. 물론 인정되는 위자료는 통상 100만 원~500만 원 범위에서 결정되므로 금액적으로는 크지 않다.

형사편

제8장
강제추행

갑은 자신의 집 방 안에서 을(여, 25세)에게 "한 번만 안아줄 수 있느냐?"라고 물으며 을을 양팔로 끌어안아 침대에 쓰러뜨린 후, "가슴을 만져도 되느냐?"라며 을의 상의 속으로 손을 집어넣어 왼쪽 가슴을 만지는 등의 행위를 하였다. 다만 갑이 을에게 이러한 행위를 할 때 을은 아무런 저항을 하지 않았다. 갑에게 강제추행죄가 성립할까?

형법상 강제추행죄는 폭행·협박으로 사람을 추행함으로써 성립하는 범죄로 법정형은 10년 이하 징역 또는 1천 500만 원 이하의 벌금형이다(형법 제298조).

종래 대법원은 강제추행죄의 '폭행 또는 협박'의 의미에 관하여 이를 두 가지 유형으로 나누어 판단하였다. 폭행행위 자체가 곧바로 추행에 해당하는 경우로 이른바 '기습추행형'과 다른 하나는 폭행 또는 협박이 추행보다 시간적으로 앞서 그 수단으로 행해진 경우, 이른바 '폭행·협박 선행형'이다. 대법원은 기습추행형의 폭행의 정도에 관하여 상대방의 의사를 억압할 정도의 것임을 요하지 않고, 상대방의 의사에 반하는 유형력의 행사가 있는 이상 그 힘의 대소강약을 불문한다는 입장을 고수해왔다. 한편 폭행·협박 선행형의 강제추행죄 성립에 있어서는 상대

방의 항거를 곤란하게 하는 정도의 폭행 또는 협박이 요구된다고 그 입장을 달리하였다.[42]

그런데 대법원은 2023년 전원합의체 판결로 위 해석론을 변경하기에 이른다. 대법원은 "강제추행죄의 범죄 구성요건과 보호법익, 종래의 판례 법리의 문제점, 성폭력범죄에 대한 사회적 인식, 판례 법리와 재판 실무의 변화에 따라 해석 기준을 명확히 할 필요성 등에 비추어 강제추행죄의 '폭행 또는 협박'의 의미는 다시 정의될 필요가 있다. 강제추행죄의 '폭행 또는 협박'은 상대방의 항거를 곤란하게 할 정도로 강력할 것이 요구되지 아니하고, 상대방의 신체에 대하여 불법한 유형력을 행사(폭행)하거나 일반적으로 보아 상대방으로 하여금 공포심을 일으킬 수 있는 정도의 해악을 고지(협박)하는 것이라고 보아야 한다"라고 판시하였다. 이러한 판례변경으로 향후 강제추행죄의 성립범위는 크게 늘어날 것으로 예측된다.

변경된 판례법리를 위 사례에 적용해보자. 종전 입장에 따라 피해자의 항거를 곤란하게 할 정도의 폭행 또는 협박에 해당하여야만 강제추행죄 성립이 가능하다는 법리를 적용할 경우, 갑에게는 강제추행죄 '무죄'가 선고될 여지가 있다. 그러나 강제추행에 있어 상대방의 항거를 곤란하게 할 정도로 강력한 폭행 또는 협박이 요구되지 아니하고, 다만 상대방의 신체에 대한 불법한 유형력을 행사하는 정도로 족하다는 변경된 판례법리를 적용할 때, 갑에게는 강제추행죄 '유죄'가 선고될 가능성이 매우 높아진다.

한편 성범죄는 특별법이 많고 법 개정이 잦아 형법전 이외에도 특별

---

42 대법원 2007. 1. 25. 선고 2006도5979 판결, 대법원 2012. 7. 26. 선고 2011도8805 판결 등

형사편

법령을 잘 살필 필요가 있다. 「성폭력범죄의 처벌 등에 관한 특례법」 중 강제추행과 관련된 범죄를 정리해보자.

◉ 성폭력범죄의 처벌 등에 관한 특례법 제3조(특수강도강간 등)

① 「형법」 제319조제1항(주거침입), 제330조(야간주거침입절도), 제331조(특수절도) 또는 제342조(미수범. 다만, 제330조 및 제331조의 미수범으로 한정한다)의 죄를 범한 사람이 같은 법 제297조(강간), 제297조의2(유사강간), 제298조(강제추행) 및 제299조(준강간, 준강제추행)의 죄를 범한 경우에는 무기징역 또는 7년 이상의 징역에 처한다.

② 「형법」 제334조(특수강도) 또는 제342조(미수범. 다만, 제334조의 미수범으로 한정한다)의 죄를 범한 사람이 같은 법 제297조(강간), 제297조의2(유사강간), 제298조(강제추행) 및 제299조(준강간, 준강제추행)의 죄를 범한 경우에는 사형, 무기징역 또는 10년 이상의 징역에 처한다.

◉ 제4조(특수강간 등)

① 흉기나 그 밖의 위험한 물건을 지닌 채 또는 2명 이상이 합동하여 「형법」 제297조(강간)의 죄를 범한 사람은 무기징역 또는 7년 이상의 징역에 처한다.

② 제1항의 방법으로 「형법」 제298조(강제추행)의 죄를 범한 사람은 5년 이상의 유기징역에 처한다.

◉ 제5조(친족관계에 의한 강간 등)

② 친족관계인 사람이 폭행 또는 협박으로 사람을 강제추행한 경우에는 5년 이상의 유기징역에 처한다.

◉ 제6조(장애인에 대한 강간·강제추행 등)

③ 신체적인 또는 정신적인 장애가 있는 사람에 대하여 「형법」 제298조(강제추행)의 죄를 범한 사람은 3년 이상의 유기징역 또는 3천만원 이상 5천만원 이하의 벌금에 처한다.

◉ 제7조(13세 미만의 미성년자에 대한 강간, 강제추행 등)

③ 13세 미만의 사람에 대하여「형법」제298조(강제추행)의 죄를 범한 사람은 5년 이상의 유기징역에 처한다.

◉ 제10조(업무상 위력 등에 의한 추행)

① 업무, 고용이나 그 밖의 관계로 인하여 자기의 보호, 감독을 받는 사람에 대하여 위계 또는 위력으로 추행한 사람은 3년 이하의 징역 또는 1천500만원 이하의 벌금에 처한다.
② 법률에 따라 구금된 사람을 감호하는 사람이 그 사람을 추행한 때에는 5년 이하의 징역 또는 2천만원 이하의 벌금에 처한다.

◉ 제11조(공중 밀집 장소에서의 추행)

대중교통수단, 공연·집회 장소, 그 밖에 공중(公衆)이 밀집하는 장소에서 사람을 추행한 사람은 3년 이하의 징역 또는 3천만원 이하의 벌금에 처한다.

제9장
야동 보기만 해도 처벌될까?

　2020년 5월 이전, '야동 시청'은 형사 처벌 대상이 아니었다. 그러나 텔레그램 박사방, N번방 사건 등이 잇따라 터지면서 성착취물에 대한 사회적 관심이 고조되었고 그에 따라 「아동·청소년의 성보호에 관한 법률」 및 「성폭력범죄의 처벌 등에 관한 특례법」이 개정되면서 음란동영상의 시청 그 자체도 처벌이 가능해졌다.

　현행법상 음란동영상의 시청만으로도 형사 처벌되는 경우는 ① 등장인물이 아동·청소년(19세 미만)이고 시청자가 그 사실을 알면서 시청한 경우, ② 등장인물이 성인이라도 촬영 자체에 촬영대상자의 동의가 없었던 경우(소위 몰카의 경우), ③ 등장인물이 성인이고 촬영 자체는 촬영대상자의 동의가 있었다고 하더라도 사후에 반포·판매·상영 등에 대한 동의가 없었던 경우로 나누어 볼 수 있다. 음란동영상의 등장인물이 누구인지 그리고 촬영물의 성격이 몰래카메라인지 여부 등에 따라 야동을 시청한 것만으로도 처벌이 가능해진 셈이다.

등장인물이 19세 미만 아동·청소년인 야동을 시청했다면

불법 성인물 사이트 또는 P2P 등 웹하드사이트나 텔레그램·페이스북 등 다양한 SNS 매체를 통해 엄청난 양의 음란동영상이 시중에 유통되고 있다.

개정 「성폭력범죄의 처벌 등에 관한 특례법」(법률 제17264호, 2020. 5. 19., 일부개정, 2020. 6. 25. 시행)과 「아동·청소년의 성보호에 관한 법률」(법률 제17338호, 2020. 6. 2., 일부개정, 2020. 6. 2. 시행)이 각 시행되기 전에는 유통된 음란동영상을 실시간 스트리밍 또는 다운로드하는 방법으로써 단순히 '시청만 하는 것'은 처벌대상이 아니었다. 그러나 위 각 개정법의 시행 이후는 얘기가 다르다. 개정법의 시행 이후부터는 음란동영상, 즉 야동의 시청만으로도 처벌될 수 있으므로 경각심을 가져야 한다.

> ※ **아동·청소년의 성보호에 관한 법률** 제11조(아동·청소년성착취물의 제작·배포 등) (중략) ⑤ 아동·청소년성착취물을 구입하거나 아동·청소년성착취물임을 알면서 이를 소지·시청한 자는 1년 이상의 유기징역에 처한다.

> ※ **성폭력범죄의 처벌 등에 관한 특례법** 제14조(카메라 등을 이용한 촬영) ① 카메라나 그 밖에 이와 유사한 기능을 갖춘 기계장치를 이용하여 성적 욕망 또는 수치심을 유발할 수 있는 사람의 신체를 촬영대상자의 의사에 반하여 촬영한 자는 7년 이하의 징역 또는 5천만원 이하의 벌금에 처한다.

② 제1항에 따른 촬영물 또는 복제물(복제물의 복제물을 포함한다. 이하 이 조에서 같다)을 반포·판매·임대·제공 또는 공공연하게 전시·상영(이하 "반포등"이라 한다)한 자 또는 제1항의 촬영이 촬영 당시에는 촬영대상자의 의사에 반하지 아니한 경우(자신의 신체를 직접 촬영한 경우를 포함한다)에도 사후에 그 촬영물 또는 복제물을 촬영대상자의 의사에 반하여 반포등을 한 자는 7년 이하의 징역 또는 5천만원 이하의 벌금에 처한다.
③ 영리를 목적으로 촬영대상자의 의사에 반하여 「정보통신망 이용촉진 및 정보보호 등에 관한 법률」 제2조제1항제1호의 정보통신망(이하 "정보통신망"이라 한다)을 이용하여 제2항의 죄를 범한 자는 3년 이상의 유기징역에 처한다.
④ 제1항 또는 제2항의 촬영물 또는 복제물을 소지·구입·저장 또는 시청한 자는 3년 이하의 징역 또는 3천만원 이하의 벌금에 처한다.

특히 야동의 등장인물이 아동·청소년, 즉 19세 미만자로 '아동청소년성착취물'인 경우 그것을 알고도 시청하였다면 단순한 '시청'만으로도 처벌된다(아동청소년의 성보호에 관한 법률 제11조 제5항). 법정형은 1년 이상의 유기징역형으로 벌금형이 없다. 물론 규정상 아동청소년이 등장인물이라는 사정을 알고 시청하는 경우를 처벌하고 있으므로 "등장인물이 19세 미만자라고 생각하지 못했다", "등장인물의 연령을 알 수 없었다"라고 변명해 볼 수는 있겠지만, 그러한 항변이 받아들여질 가능성은 낮다. 불법 음란물 업로드 사이트가 적발될 경우 경찰에서 대대적 수사를 통해 접속 또는 스트리밍 IP의 전방위적인 추적이 가능하므로 단순히 잠깐 스트리밍·다운로드 등으로 시청만 한 것으로는 적발될 수 없을 것이라는 방심은 금물이다.

제10장
스토킹범죄

　불과 몇 해 전까지만 해도 스토킹범죄에 대한 형사 처벌규정이 별도로 존재하지 않았다. 일반적으로 스토킹이라고 하면, 피해자가 원치 않는데 연락하거나 찾아오는 등의 행위 정도로 이해되었고, 그러한 행위가 협박, 폭행, 상해, 정보통신망이용촉진및정보보호등에관한법률위반(불안감조성), 명예훼손 등 형법상 범죄에 해당하면 그 죄목으로 처벌되는 정도였다.

　그런데 자신을 만나주지 않는다며 헤어진 전 연인의 집에 찾아가 수십 차례 칼로 찔러 전 연인을 사망에 이르게 한다던가, 이혼소송 중인 전처에게 수십 차례 위협적인 메시지를 남기고 전화를 반복하는 등의 행위가 이어지기에 경찰에 신고하였음에도 경찰에서는 당장 어떻게 할 수 없으니 기다리라고만 하였는데, 결국 집이나 회사로 찾아와 살인을 저지르는 등 여론의 공분을 사는 사건들이 연이어 발생하면서 「스토킹범죄의 처벌 등에 관한 법률(약칭: 스토킹처벌법)」이 만들어졌고, 2021. 10. 21.부터 시행되고 있다.

스토킹범죄의 처벌 등에 관한 법률 주요 내용

「스토킹범죄의 처벌 등에 관한 법률」에서는 스토킹행위와 스토킹범죄를 구별하여 정의한다(법 제2조). 먼저 '스토킹행위'란 상대방의 의사에 반하여 정당한 이유 없이 상대방 또는 그의 동거인, 가족에 대하여 접근하거나 정보통신망을 이용하여 메시지를 보내는 등의 행위를 함으로써 상대방에게 불안감 또는 공포심을 일으키는 것을 말한다.

'스토킹범죄'는 지속적 또는 반복적으로 행해진 스토킹행위를 가리킨다. 즉 스토킹행위가 스토킹범죄로 처벌되기 위해서는 그 행위의 지속성 또는 반복성이 필요한 것이다. 스토킹행위를 하였더라도 일회적인 것에 그쳤다면 스토킹범죄로 처벌될 수 없다.

> ※ **스토킹범죄의 처벌 등에 관한 법률** 제2조(정의) 이 법에서 사용하는 용어의 뜻은 다음과 같다.
> 1. "스토킹행위"란 상대방의 의사에 반하여 정당한 이유 없이 상대방 또는 그의 동거인, 가족에 대하여 다음 각 목의 어느 하나에 해당하는 행위를 하여 상대방에게 불안감 또는 공포심을 일으키는 것을 말한다.
>   가. 접근하거나 따라다니거나 진로를 막아서는 행위
>   나. 주거, 직장, 학교, 그 밖에 일상적으로 생활하는 장소(이하 "주거등"이라 한다) 또는 그 부근에서 기다리거나 지켜보는 행위
>   다. 우편·전화·팩스 또는 「정보통신망 이용촉진 및 정보보호 등에 관한 법률」 제2조제1항제1호의 정보통신망을 이용하여 물건이나 글·말·부호·음향·그림·영상·화상(이하 "물건등"이라 한다)을 도달하게 하는 행위
>   라. 직접 또는 제3자를 통하여 물건등을 도달하게 하거나 주거등 또는 그 부근에 물건등을 두는 행위
>   마. 주거등 또는 그 부근에 놓여져 있는 물건등을 훼손하는 행위
> 2. "스토킹범죄"란 지속적 또는 반복적으로 스토킹행위를 하는 것을 말한다.

실무상 스토킹범죄로 처벌할 수 있는지 여부를 결정하는 중요한 요인은 ① 정당한 이유가 있는지 여부, ② 상대방에게 불안감 또는 공포심을 조성하였는지 여부, 그리고 ③ 지속성 또는 반복성에 대한 판단이다.

여기서 '정당한 이유의 유무'는 가해자의 스토킹행위, 피해자의 상황, 피해자와 가해자의 관계 등을 법적으로 그리고 사실적으로 따져서 판단해야 한다. 예를 들어 돈을 빌려주었는데 약속한 날짜에 갚지도 않고 연락도 되지 않아 집 근처로 몇 번 찾아간 경우라든가, 층간소음이 너무 심하여 참다못해 위층으로 몇 번 찾아가 초인종을 누른 경우라면 상대방이 원치 않았던 것이라고 하더라도 정당한 이유가 있다고 볼 여지가 있다. 본래 스토킹처벌법에서 처벌되는 스토킹범죄는 공포심이나 불안감을 줄 수 있는 상황에서의 비정상적 접근을 상정한 것인데, 위와 같은 경우들에 있어 몇 번 찾아간 것을 두고 스토킹범죄를 저질렀으니 처벌받으라고 한다면 그것도 불합리하다고 여겨질 수 있는 것이다. 법에는 "정당한 이유 없이"라고만 나와 있고 구체적인 사례를 유형화해 놓지 않았기 때문에, 결국 개별 사실관계에서 판단될 수밖에 없다. 매우 유사한 사례에서도 어떻게 변론하느냐에 따라 정당한 이유가 없는 것으로 판단될 수도 있고 정당한 이유가 있는 것으로 판단될 수도 있겠다.

'상대방에게 불안감 또는 공포심을 조성하였는지'와 관련하여, 상대방이 느낀 불안감 또는 공포심이 꼭 현실적이어야 하는 것은 아니다. 구체적 사례에서 각 개별행위가 객관적·일반적으로 볼 때 이를 인식한 상대방에게 불안감 또는 공포심을 일으키기에 충분한 정도라고 평가될 수 있다면, 현실적으로 상대방이 불안감 내지 공포심을 갖게 되었는지와 관계없이 스토킹행위에 해당할 수 있다. 나아가 그와 같은 일련의 스토킹행위가 지속되거나 반복되었다면 스토킹범죄가 성립한다.

실무상 스토킹범죄로 기소되면 대부분 징역형이 선고되고 있다. 벌금형이 선고되는 경우는 드물며 (초범이라고 하더라도) 실형까지 선고될 수 있다.

긴급응급조치

「스토킹범죄의 처벌 등에 관한 법률」의 내용 중 의미가 있는 것은 '긴급응급조치' 관련 조항이다(법 제4조). 예전에는 이러한 제도가 없었기 때문에 예를 들어 전남편이 자꾸 집에 찾아와 난동을 피워도 경찰에서는 당장 어떻게 할 수 없다고 하였고, 결국 살인까지 저지르는 것을 사실상 방치한다는 문제가 있었다. 이에 긴급응급조치를 규정함으로써, 스토킹행위에 해당하면 일단 경찰에서 접근금지를 임시로 명할 수 있도록 하였다. 참고로 민사로 접근금지가처분신청을 해볼 수도 있겠지만 그것은 최소 한 달 이상의 시간이 걸리기 때문에 위급한 상황에 대처하기란 역부족이었다. 위 제도의 신설로 스토킹행위라고 판단되면 경찰에서 조속하게 임시적인 접근금지 조치를 취할 수 있게 되었다. 스토킹처벌법위반으로 고소할 때는 경찰에 조속히 위 긴급응급조치를 취해줄 것을 요청하는 것이 좋다.

긴급응급조치를 이행하지 않으면, 스토킹범죄에 대한 처벌과 별도로 긴급응급조치 불응의 점에 대하여 1년 이하의 징역 또는 1천만 원 이하의 벌금에 처해진다. 스토킹범죄를 행한 사람이 경찰의 긴급응급조치에도 따르지 않았다면 가중처벌 되는 셈이다.

잠정조치

    법원은 스토킹범죄의 원활한 조사·심리 또는 피해자 보호를 위하여 필요한 경우 스토킹행위자에 대하여 주거 등에 대한 100미터 이내 접근 금지, 전기통신을 이용한 접근금지, 위치추적 전자장치 부착 등의 잠정조치를 명할 수 있다(법 제9조).

    스토킹행위자가 잠정조치로서 '피해자 또는 그의 동거인, 가족이나 그 주거등으로부터 100미터 이내의 접근 금지' 또는 '피해자 또는 그의 동거인, 가족에 대한 전기통신을 이용한 접근 금지'를 받았음에도 이를 이행하지 않은 경우, 스토킹범죄와는 별도로 2년 이하의 징역 또는 2천만 원 이하의 벌금형에 처해지게 된다. 또한 스토킹행위자가 잠정조치로 「전자장치 부착 등에 관한 법률」 제2조 제4호의 위치추적 전자장치의 부착'을 받았음에도 전자장치를 신체에서 임의로 분리·손상시키거나, 전자장치의 전파를 방해하거나 수신자료를 변조하거나, 그 밖에 전자장치의 효용을 해치는 행위를 한 경우에는 스토킹범죄와는 별도로 3년 이하의 징역 또는 3천만 원 이하의 벌금에 처해지게 된다.

제11장
문서위조죄

형법에서 문서란 문자 또는 부호에 의해 사상이나 관념을 표시하는 물체로서, 사람의 의사표시가 포함된 것을 말한다.

문서는 작성주체에 따라 크게 두 가지로 분류할 수 있다. 우선 '공문서'는 우리나라의 공무소 또는 공무원이 직무와 관련하여 작성한 문서를 말한다. 다음으로 '사문서'는 사인이 작성주체로서 그 명의로 작성한 것을 말한다. 이에 대한 구별은 어렵지 않다.

문제는 특히 사문서와 관련하여 '위조'의 개념에 대한 혼동이다. 예를 들어 보자. 갑이 약정서에 스스로 자신의 도장을 날인하였다면, 설령 그 약정서의 내용에 사실과 다른 것이 포함되어 있다고 하더라도 그 약정서 내용을 기재한 사람에게 사문서위조죄가 성립하지는 않는다. 많은 사람이 문서의 내용에 거짓이나 허위가 포함되면 무조건 문서위조죄가 성립한다고 오해하고 있는데 이는 잘못된 것이다. 다만 공문서에 대해서는 허위 내용이 기재된 경우에 관한 처벌규정을 두고 있으며

(허위공문서등작성죄, 형법 제227조[43]), 사문서에 대하여는 예외적으로 허위진단서작성죄(형법 제233조[44])를 두고 있다.

사문서위조죄와 공문서위조죄의 차이는 위조의 객체인 문서의 종류(사문서인지 공문서인지)뿐만 아니라 법정형에도 있다. 사문서위조죄의 법정형은 5년 이하의 징역 또는 1천만 원 이하의 벌금형인데, 공문서위조죄의 법정형은 10년 이하의 징역형이다. 공문서위조죄의 법정형에는 벌금형이 없다. 공문서위조죄는 공문서가 가지는 공공의 신용성으로 인해 보다 큰 피해를 야기할 수 있기 때문에 중하게 처벌되는 것이다. 보이스피싱범이 금융감독원 직원이나 검사를 사칭하여 신분증이나 임명장 등을 위조하고 이를 제3자에게 제시한 경우를 생각해 보자. 단지 검사 임명장 한 장 위조하였을 뿐이라고 생각할지 몰라도, 그 임명장 한 장을 믿어 수천억의 보이스피싱 피해가 발생할 수 있기 때문에 공문서위조죄는 중하게 처벌되는 것이다.

문서위조죄는 목적범이다

어떠한 문서를 작성하였다면, 이를 그저 집에만 두고 혼자만 볼 생각인 경우는 드물 것이다. 만약 그렇다면 그 문서는 지극히 개인적인 내

---

43 ※ 형법 제227조(허위공문서작성등) 공무원이 행사할 목적으로 그 직무에 관하여 문서 또는 도화를 허위로 작성하거나 변개한 때에는 7년 이하의 징역 또는 2천만원 이하의 벌금에 처한다.

44 ※ 형법 제233조(허위진단서등의 작성) 의사, 한의사, 치과의사 또는 조산사가 진단서, 검안서 또는 생사에 관한 증명서를 허위로 작성한 때에는 3년 이하의 징역이나 금고, 7년 이하의 자격정지 또는 3천만원 이하의 벌금에 처한다.

용을 담은 것일 가능성이 높고(매일 작성하는 일기장이 대표적이다), 군이 외부에 들고 다니면서 사용할 목적도 없기에 문서위조죄로 처벌할 필요성이 낮다.

형법상 사문서위조죄든 공문서위조죄든 문서위조죄로 처벌되기 위해서는 문서를 그저 위조한 것만으로는 부족하고 '행사할 목적'까지 있어야 한다. 여기서 행사할 목적이란 해당 위조 문서를 진정한 문서로 사용할 목적으로 말하는데, 이는 상대방으로 하여금 지금 이 위조된 문서가 진정한 문서인 것처럼 착각하게 할 목적을 뜻한다. 정리하자면 문서를 위조하여 진정한 문서인 것처럼 사용할 목적까지 있어야만 문서위조죄가 성립하는 것이다.

사망자 명의로 인감증명서 발급을 신청하였다면

갑작스레 가족 구성원의 죽음을 맞이한 경우, 망인의 재산 정리와 각종 행정적인 문제의 처리하기 위해서 망인의 인감증명서가 필요할 수 있다. 이 경우 상속인들은 행정복지센터에 방문하여 망인의 인감증명서 발급을 신청한다. 행정복지센터에서는 본인이 아니기에 인감증명서 신청 및 발급에 필요한 본인의 위임장 제출을 요구한다. 본인은 이미 사망하였으므로 현실적인 위임이 존재할 수 없다. 그럼에도 상속인들은 특별히 나쁜 의도 없이 그저 일단 필요하다고 하니까 망인의 위임장을 작성하여 이를 제출하는 방식으로 망인의 인감증명서를 발급 신청한다.

이러한 상황에서 행정복지센터는 경찰서에 상속인들을 사문서위조 및 위조사문서행사로 고발 조치하고, 검찰에서는 사안의 경위를 참작하여 상속인 등에게 기소유예처분을 내림으로써 종결하는 것이 일반적이다.[45] 기소유예는 혐의없음 처분의 일종으로 전과로 남지 않는다. 다만 기소유예 전력 그 자체로 인사상 불이익이 있을 있고(특히 재직 중인 공무원의 경우가 그러하다), 경우에 따라 해외출국을 위한 비자발급 등에도 제약이 따를 수 있다.

이미지 파일을 위조한 경우, 공문서위조죄 처벌될까

갑은 대학 졸업 후 몇 년째 취업에 실패하였고, 취업실패의 원인이 지방사립대를 졸업한 자신의 학벌 때문이라고 믿고 있었다. 그러던 어느 날, 갑은 인터넷 검색 중 '졸업증명서 위조해 드립니다'라는 광고글을 우연히 접하였고, 호기심에 광고에 게시된 성명불상자의 이메일 주소로 연락하였다. 성명불상자는 30만 원을 보내주면 갑이 원하는 대학교의 졸업증명서를 위조해준다고 하였고, 갑은 성명불상자에게 'M국립대 경영학과' 졸업증명서를 위조해달라고 부탁하며 30만 원을 송금하였다. 성명불상자는 위조된 졸업증명서 파일(pdf, jpg 등)을 갑에게 이메일로 송부해 주었다. 갑에게는 공문서위조죄가 성립할까?

결론부터 말하자면 갑에게 공문서위조죄는 성립하지 않는다. 이미지 파일은 형법상 문서가 아니기 때문에 애초에 문서위조에 해당할 수 없다.

다만 위조한 이미지 파일을 스스로 또는 제3자를 이용하여 출력함으로써 문서의 요건을 갖춘 형태로 만들고, 이를 다른 사람이 인식할 수 있는 상태에 둔 경우에는 문서위조 및 행사죄로 처벌될 수 있음에 주의를 요한다.

---

45 대법원 2011. 9. 29. 선고 2011도6223 판결

제12장
음주운전

음주운전이 보복운전, 난폭운전보다 더 무서운 이유

소위 칼치기 운전 등 난폭운전은 어떤 의식을 가지고 운전대를 잡는다. 그 의도가 폭력적이든 아니든, 운전자 스스로 도로 사정을 인식하고 방어운전을 할 수 있는 상태이다. 그러나 음주운전은 논의의 출발부터 다르다. 주취상태에서 운전대를 잡는 것은 무의식상태에서 엑셀을 밟는 것과 다름없다.

음주운전 사망사고가 많다. 많은 사람이 음주운전 사고로 세상을 떠난다. 사망사고가 이쯤이면 그에 달하지 않는 상해 등 사고 건수는 얼마나 되겠는가.

주취운전은 습관이다. 대리를 부르는 사람은 늘상 대리를 부른다. 주취상태에서 운전하는 사람은 면허가 취소되고 나서도 훗날 다시 운전대를 잡는다. 필자의 경험상 음주운전을 한 번만 한 사람은 보지 못했다. '지난번엔 소주 2병을 마셔서 음주운전하다 걸렸으니 이번엔 하

지 말아야지?' 택도 없다. '이번엔 1병만 마셨으니 직접 운전해도 되겠
지'라고 자위하며 운전대를 잡는 것이 그들만의 국룰이다. 겨우겨우 벌
금형을 받아 실형을 면하고도 채 1년이 되지 않아 "변호사님, 제가 또
사고를 쳤습니다. 구속 직전인데 생각나는 사람이 변호사님뿐입니다.
제발 도와주세요"라고 하는 일이 비일비재하다.

음주운전 처벌수위에 관하여 대중은 분노한다. 음주운전이야말로
살인죄와 똑같이 처벌해야 한다는 여론이 오래전부터 주를 이루었다.
몇 해 전 윤창호 사건[46]으로 음주운전 처벌을 강화해야 한다는 목소리
는 더더욱 높아졌고, 결국 '윤창호법'으로 불리우는 「도로교통법」 개정
안이 발표되어 현재 시행 중에 있다.

개정 도로교통법 주요 내용

	이전	개정 이후
음주운전 사망사고 유발	1년 이상 징역	무기 또는 3년 이상 징역
음주운전 적발 기준	3회 이상 적발시 징역 1년~3년 또는 벌금 500만 원~1,000만 원	2회 이상 적발시 징역 2년~5년 또는 벌금 1,000만 원~2,000만 원
운전면허 정지 기준 (혈중알코올농도)	0.05%~0.10%	0.03%~0.08%
운전면허 취소 기준 (혈중알코올농도)	0.10% 이상	0.08% 이상
운전면허 취소 후 재취득이 제한되는 기간	3년 적용되는 기준 3회 이상	3년 적용되는 기준 2회 이상

---

46 휴가 군인 윤창호 군이 부산 자택 인근 횡단보도에서 지인과 함께 이야기를
    나누며 서 있던 중, 음주운전자가 몰던 차량에 치여 두 달만에 사망한 사건

형사편

개정 도로교통법의 내용을 간단히 살펴보자. 종래 혈중알코올농도 0.05% 이하는 형사 처벌 대상이 아니었다. 그러나 개정법은 혈중알코올농도 0.03% 이상의 경우부터 형사 처벌 대상으로 규정하였다. 물론 혈중알코올농도는 주량과 도수, 사람의 신장과 체중, 흡수능력, 분해능력 등 체질에 따라 차이가 있으나,[47] 0.03%는 소주 한두 잔만 마셔도 도달할 수 있는 수치이다. 소주 한두 잔만 마셔도 음주운전으로 처벌의 대상이 될 수 있게 된 것이다.

또한 음주운전 초범의 경우 과거 약식기소되는 경우 많았으나 정식 재판으로 300만 원 이상의 벌금형이 선고되는 사례가 많아졌다. 나아가 음주운전으로 인명사고를 낸 경우는 무거운 책임을 과한다. 사망사고의 경우 과거 1년 이상의 징역이었지만 개정법은 무기 또는 3년 이상의 징역, 상해사고의 경우 최고 징역 15년으로 처벌될 수 있다(특정범죄 가중처벌 등에 관한 법률 제5조의11[48]).

47　'C=A/(P×R) = mg/10 = %'
　　(C)는 혈중알코올농도 최고치
　　(A)는 운전자가 섭취한 알코올의 양
　　(P)는 사람의 체중
　　(R)은 성별에 대한 계수
48　※ 특정범죄 가중처벌 등에 관한 법률 제5조의11(위험운전 등 치사상) ① 음주 또는 약물의 영향으로 정상적인 운전이 곤란한 상태에서 자동차등을 운전하여 사람을 상해에 이르게 한 사람은 1년 이상 15년 이하의 징역 또는 1천만원 이상 3천만원 이하의 벌금에 처하고, 사망에 이르게 한 사람은 무기 또는 3년 이상의 징역에 처한다.

제13장
공무집행방해죄

갑은 만취 상태로 집에 들어가 아내와 심한 부부싸움을 하게 되었다. 자녀들까지 나서서 싸움을 말렸으나 주취정도가 심했던 갑을 진정시키기란 결코 쉽지 않았다. 갑이 고함을 치고 집안 물건까지 집어던지며 난동을 부리자, 자녀들은 결국 112에 신고하여 도움을 요청할 수밖에 없었다. 이윽고 신고를 접수받은 3명의 경찰관이 현장에 출동하였는데, 갑은 출동한 경찰관을 향해 "씨발 꺼져. 죽고 싶냐? 확 죽여버릴까 보다. 당장 이 집에서 나가! 꺼져"라고 큰 소리로 욕설을 하며, 수갑을 채우려고 달려드는 경찰에게 발길질을 반복하였다. 갑의 모든 언행은 경찰의 보디캠에 촬영되었다. 갑은 공무집행방해죄로 처벌될까?

경찰관이나 행정공무원을 향해 욕설, 폭행, 협박 따위를 하는 상황이 종종 생기곤 하는데, 거의 대부분이 술에 취한 상태에서 일어나는 일이다. 술에 취하여 집이나 식당 등에서 소란을 피우고 누군가의 112 신고로 현장에 출동한 경찰관들을 향해 욕설, 고함, 폭행 등을 하게 되는 것이다. 드물지만 음주상태로 대낮에 민원사무를 담당하는 관공서에 방문하여 소란을 피우고 담당공무원을 향해 폭력을 행사하는 경우도 있다. 술에서 깨고 나면 본인이 대체 무슨 말과 행동을 했었는지를 전혀 기억하지 못한다. 이런 상황에서 늘 따라다니는 범죄가 바로 '공무집행방해죄'이다(형법 제136조).

공무집행방해죄는 직무를 집행하는 공무원에 대하여 폭행 또는 협박함으로써 성립하는 범죄로 법정형은 5년 이하의 징역 또는 1,000만 원 이하의 벌금형이다. 실무상 초범이라도 정식기소되는 편이며(약식기소의 비율이 다른 범죄에 비하여 낮다), 벌금형 선고 가능성이 다른 범죄에 비하여 낮다. 공무원의 공무수행을 방해하였다는 점에서 그 죄질과 위험성을 무겁게 보는 것으로, 특히 피해자가 경찰공무원인 경우 합의가 쉽지 않다.

공무원에 대한 폭행·협박의 정도는

형법전에 폭행, 협박을 구성요건 요소로 하는 범죄는 아주 많다. 예를 들어 폭행죄, 협박죄, 강요죄, 공갈죄, 강도죄, 권리행사방해죄 등이 있는데 법문에는 모두 폭행·협박이라는 동일한 글자로 적혀 있지만 규범적인 해석을 달리한다. 각 죄목별로 폭행과 협박의 정도와 의미를 다르게 해석한다는 뜻이다.

공무집행방해죄에서 '폭행'은 공무원에 대한 직접적·간접적 유형력의 행사를 포함하며, 반드시 공무원의 신체에 대한 직접적인 폭행만을 의미하지는 않는다. 공무원의 직무수행에 대한 비판이나 시정 등을 요구하는 집회·시위 과정에서 음향을 발생시킨 상황을 가정해보자. 법원 앞에서 확성기를 들고 큰 소리로 "**판사 어용판사", "엉터리 판결, 비리 판사"라고 하루에 몇 시간씩 수일째 이를 외치고 있다. 이 경우는 **판사에 대하여 직접적으로 유형력을 행사하는 것은 아님이 분명하다. 그런데 대법원은 공무원에 대해 비판하면서 음향을 발생시킨 경우, 의사전달을 위한 합리적인 범위를 넘어서 상대방에게 고통을 줄 정도의 음향을 이용하였다면 이를 공무집행방해죄에서의 폭행으로 인정할 수 있다고 판시한 바 있다.[49] 공무집행방해죄의 성립범위는 생각보다 매우 광범위한 것이다.

공무집행방해죄에서의 '협박'은 공포심을 갖게 할 생각으로 해악을 고지하는 것으로, 공무원에 대해 직접 하는 것이 아닌 제3자에게 하는 협박도 공무집행방해죄에서 말하는 협박이 될 수 있다. 협박으로 인해 실제로 상대방이 공포심을 가져야 할 것을 요하지 않는다.

앞서 언급하였던 만취상태에서 경찰관을 향해 "죽여버리겠다"라는 등의 협박성 발언을 한 사례를 떠올려보자. 그와 같은 말을 들은 경찰관은 공포심을 전혀 느끼지 않았고, 으레 있을 수 있는 술주정의 하나로 받아들였을 수 있다. 그러나 대법원은 "공무집행방해죄에서의 협박은 협박 당시 여러 사정을 종합하여 객관적으로 상대방으로 하여금 공포심을 느끼게 할 정도이면 충분하고, 상대방이 현실로 공포심을 가져야 하는 것은 아니다"라는 입장을 줄곧 취해, 경찰관이 현실적 공포심을 느끼지 않은 상황에서도 공무집행방해죄 성립을 인정하고 있다.

---

49 대법원 2009. 10. 29. 선고 2007도3584 판결

공무원의 직무집행은 적법해야 한다

공무집행방해죄를 무겁게 처벌하는 것은 공무원이 행하는 국가적인 직무의 원활한 수행을 보장하고 궁극적으로는 국가 존립목적을 달성하고자 함에 있다. 따라서 해당 공무원의 직무집행은 당연히 법령에 부합하는 적법한 절차와 형식을 갖추어야 한다. 공무원이 법에 부합하지 않는 잘못된 방법으로 공권력을 행사하고 있는데 거기에 저항하였다는 이유로 형사 처벌 되어서는 안 될 것이다. 실제로 설령 공무원의 직무집행에 대하여 폭행·협박을 사용하였더라도 공무원의 공무집행의 적법성이 결여되었기 때문에 무죄가 선고되는 사례가 적지 않다. 가장 빈번한 사례는 '긴급체포' 또는 '현행범인 체포'와 결부된다.

현행범인은 범죄를 실행하고 있거나 실행하고 난 직후의 사람을 뜻하는데, 누구든지 현행범인은 영장 없이 체포할 수 있다(형사소송법 제211조, 제212조 각 참조). 현행범 체포와 관련된 흥미로운 사례를 하나 소개해 본다.

피고인 갑은 음주운전을 종료한 후 40분 이상이 경과한 시점에서 길가에 앉아 있었다. 주취자 신고를 받고 출동한 A경찰서 B지구대 소속 경장 P는 공소외인은 피고인에게서 술 냄새가 난다는 점만을 근거로 피고인을 음주운전의 현행범으로 체포하며 음주 측정을 요구하였고 갑은 이에 저항하였다. 갑에게 공무집행방해죄가 성립할까?

대법원은 위 사례에서 현행범인 체포는 피고인 갑이 방금 음주운전을 실행한 범인이라는 점에 관한 죄증이 명백하다고 할 수 없는 상태에서 이루어진 것으로서 적법한 공무집행이라고 볼 수 없다고 하여, 공무

집행방해죄에 대하여 무죄 취지로 파기환송하였다.[50]

긴급체포는 피의자가 사형·무기 또는 장기 3년 이상의 징역이나 금고에 해당하는 죄를 범하였다고 의심할 만한 상당한 이유가 있는 경우로서 증거를 인멸할 염려 또는 도망하거나 도망할 우려가 있을 때 영장 없이 하는 체포를 뜻한다(형사소송법 제200조의3). 공무집행방해죄는 공무원의 직무집행이 적법한 경우에 한하여 성립하는 범죄이다. 따라서 검사나 사법경찰관이 수사기관에 자진출석한 사람에 대하여 긴급체포의 요건을 갖추지 못하였음에도 실력으로 체포하려고 하였다면 적법한 공무집행이라고 볼 수 없다. 이 경우 자진출석한 사람이 검사나 사법경찰관에 대하여 체포를 거부하는 방법으로써 물리적인 폭행을 하였다고 하더라도 공무집행방해죄는 성립하지 않는다.[51]

위계에 의한 공무집행방해죄

공무집행 중인 공무원에 대하여 폭행이나 협박이 아닌 '위계'를 사용하여 공무집행을 방해한 경우에도 공무집행방해죄가 성립한다. 형법은 이를 '위계에 의한 공무집행방해죄'라고 하여 공무집행방해죄와는 별도의 처벌규정을 두고 있다(형법 제137조). 여기서 '위계'란 행정목적 달성을 위하여 상대방에게 오인, 착각, 부지를 일으켜 그를 이용하

---

50 대법원 2007. 4. 13. 선고 2007도1249 판결
51 대법원 2006. 9. 8. 선고 2006도148 판결

형사편

는 것을 말한다. 쉽게 말해 속임수를 쓰는 것이라고 이해하면 된다. 음주운전을 하다가 교통사고를 내어 적발되었는데, 음주운전으로 처벌받는 것을 회피하기 위하여 다른 사람의 혈액을 경찰서에 제출하는 경우가 전형적인 위계에 의한 공무집행방해죄가 성립될 수 있는 사례이다.[52]

수사기관이나 법원에 허위진술을 하거나 허위자료를 제출한 경우에도 위계에 의한 공무집행방해죄가 성립할 수 있을까? 단순히 허위사실을 진술하거나 허위증거를 제출하였다는 사정만으로 위계에 의한 공무집행방해죄는 성립되지 않는다. 왜냐하면 법원이나 수사기관은 피의자 등의 진술과 무관하게 객관적인 증거를 수집·조사함으로써 당사자 주장의 진위를 심리할 권한과 의무가 있기 때문이다. 피의자나 참고인은 그 입장상 본래 수사기관에 대하여 자신에게 유리한 진술과 증거만 제출할 수 있고 항상 진실만을 말하여야 할 의무가 있는 것은 아니다. 물론 수사기관이나 법원이 충실한 수사를 하였더라도 허위임을 밝힐 수 없을 정도의 행위를 하였다면 위계에 의한 공무집행방해죄 성립이 가능할 수 있다. 즉 피의자 등이 적극적으로 허위의 증거를 조작하고 이를 제출하여 그 증거 조작의 결과로서 수사기관이 그 진위에 관하여 나름대로 충실한 수사를 하더라도 제출된 증거가 허위임을 발견하지 못할 정도에 이르렀다면 위계에 의한 공무집행방해죄가 성립한다.[53]

---

52 대법원 2003. 7. 25. 선고 2003도1609 판결
53 대법원 2019. 3. 14. 선고 2018도18646 판결

제14장
아동학대

　자녀가 어린이집이나 학교, 학원에서 선생님으로부터 체벌을 받거나, 욕설이나 비난 등 언어적 폭력을 당할 수 있다. 가정에서 부모로부터 혹은 친척으로부터도 마찬가지이다. 이 경우, 아동복지법위반 아동학대범죄 성립이 문제 된다.

아동학대란

　아동학대란 보호자를 포함한 성인이 아동의 건강 또는 복지를 해치거나 정상적 발달을 저해할 수 있는 신체적·정신적·성적 폭력이나 가혹행위를 하는 것을 말한다. 아동의 보호자가 아동을 유기하거나 방임하는 것도 포함된다(아동복지법 제3조 제7호).
　구체적인 아동학대는 신체적 학대, 정서적 학대, 성적 학대, 방임으로 분류된다.

신체학대	신체적 손상을 입힌 경우와 신체적 손상을 입도록 허용한 경우 (예: 구타나 폭력 및 그로 인한 멍, 장기파열, 골절 등)
정서학대	아동의 인격, 감정이나 기분을 심하게 무시하거나 모욕하는 경우 (예: 언어적 위협, 감금, 기타 가학적 행위)
성학대	성인의 성적 충족을 목적으로 아동과 함께 하는 모든 성적 행위 (예: 성기 및 자위행위 장면의 노출, 성적 접촉, 강간 등)
방임	아동의 무단 결석을 허용하는 등 교육적 방임 또는 아동의 마음에 상처를 입히는 정서적 방임

아동보호사건으로의 처리

아동학대범죄도 일반적인 형사사건에서와 동일하게 경찰·검찰 수사를 거치게 된다. 다만 아동학대범죄의 특수성을 감안하여 일정한 경우 형사법원으로 기소되는 것이 아니라 가정법원으로 보내어 '아동보호사건'으로 처리될 수 있음을 명심해야 한다. 아동보호사건으로 처리되면 형사 처벌이 아닌 보호처분을 받게 되고 이는 전과가 아니다. 따라서 아동학대범죄로 기소될 위기에 처해 있다면 어떻게든 아동보호사건으로 처리될 수 있도록 변론하는 것이 필요하다.

악의적, 지속적인 학대가 아닌 충동적·일회적인 학대를 비롯하여 이런 것까지 문제될 수 있나 싶을 정도로 안타까운 사건도 많다. 예컨대 자녀가 학교 친구들로부터 괴롭힘을 당한 사실을 인지한 학부모가 학교에 찾아가 해당 가해 학생에게 "왜 우리 아들을 괴롭히느냐, 친구들끼리 잘 지내야지"라고 이야기하며 사과할 것을 요구하였다고 가정해보

자. 어른으로부터 그러한 이야기를 들은 학생 입장에서는 그 어조나 행동이 다소 공격적으로 느껴질 수 있고, 그렇다면 해당 학부모에게는 아동학대죄가 성립될 수도 있는 것이다. 형사법원에 기소되면 벌금형을 받더라도 전과자가 되는 큰 불이익이 생기기 때문에 검찰단계에서 최대한 아동보호사건으로 가정법원에 송치될 수 있도록 변론해야 한다. 그 기회를 놓쳐 이미 형사법원으로 기소되었다고 하더라도 법원에 "이 사건은 아동보호사건이니 가정법원으로 보내달라"라는 의견을 강력히 어필할 필요가 있다.

검사는 사건의 성질·동기 및 결과, 아동학대행위자와 피해아동과의 관계, 아동학대행위자의 성행 및 개선 가능성, 원가정보호의 필요성, 피해아동 또는 그 법정대리인의 의사 등을 고려하여 아동보호처분을 하는 것이 적당하다고 판단한 사건은 아동보호사건으로 처리할 수 있다(아동학대범죄의 처벌 등에 관한 특례법 제27조). 피해자와의 합의 여부는 아동보호사건으로 처리되게 할 수 있는 사유이다. 다만 피해자와 합의가 없어도 아동보호사건으로 처리가 가능하므로 설령 피해자와 합의가 되지 않았어도 포기하지 말고 아동보호사건으로의 처리를 강력히 요청해야 한다.

아동보호처분의 유형은 다음과 같다.

※ **아동학대범죄의 처벌 등에 관한 특례법 제36조(보호처분의 결정 등)** ① 판사는 심리의 결과 보호처분이 필요하다고 인정하는 경우에는 결정으로 다음 각 호의 어느 하나에 해당하는 보호처분을 할 수 있다.
1. 아동학대행위자가 피해아동 또는 가정구성원에게 접근하는 행위의 제한
2. 아동학대행위자가 피해아동 또는 가정구성원에게 「전기통신기본법」 제2조제1호의 전기통신을 이용하여 접근하는 행위의 제한

형사편

3. 피해아동에 대한 친권 또는 후견인 권한 행사의 제한 또는 정지

4. 「보호관찰 등에 관한 법률」에 따른 사회봉사·수강명령

5. 「보호관찰 등에 관한 법률」에 따른 보호관찰

6. 법무부장관 소속으로 설치한 감호위탁시설 또는 법무부장관이 정하는 보호시설에의 감호위탁

7. 의료기관에의 치료위탁

8. 아동보호전문기관, 상담소 등에의 상담위탁

어린이집 원장 및 보육교사의 자격취소

어린이집 내부에서 아동학대범죄가 발생한 경우 어린이집 폐쇄 또는 보육교사·원장에 대한 자격정지처분이 가능하다. 만약 어린이집의 원장 또는 보육교사가 아동학대 범죄로 처벌을 받은 경우 보건복지부장관은 그 자격을 취소할 수 있는데, 검사의 약식명령 청구 또는 선고유예의 확정판결이 있었다는 사정은 자격취소 사유인 아동학대 범죄로 처벌을 받은 경우에 포함되지 않는다[54]. 어린이집을 설치운영하는 자가 아동학대 행위를 한 경우 보건복지부장관, 시도지사 및 시장·군수·구청장은 1년 이내의 어린이집 운영정지를 명하거나 어린이집의 폐쇄를 명할 수 있다(영유아보육법 제45조 제1항 각 호 외의 부분 전담 및 제4호). 자격정지처분, 자격취소처분, 운영정지 및 폐쇄명령 등에 불복하려면 행정소송을 검토하여야 한다.

---

54 대법원 2018. 4. 26. 선고 2016두64371 판결

손해배상청구 가능할까

아동학대범죄로 가해자가 형사 처벌 또는 보호처분을 받은 경우, 피해자 측에서는 손해배상청구를 할 수 있다. 손해는 크게 재산상 손해와 정신적 손해(위자료)로 나뉜다. 재산상 손해는 예컨대 아동학대 범죄로 인한 신체적 상해를 치료할 때의 치료비 등을 의미하며, 정신적 손해는 정신적 고통을 돈으로 위자하는 것인데 일반적으로 가해자가 받은 형사 처벌의 수위에 상응하여 적절한 금액으로 결정된다. 가해자가 벌금형을 받았다면 그 벌금액 정도가 위자료로 인정되는 것이 보통이며, 집행유예 이상의 경우 500만 원~5,000만 원까지도 인정될 여지가 있다. 물론 구체적 사건에서의 사실관계와 증거 유무에 따라 위자료 금액은 달라진다. 참고로 아동학대사건의 직접 피해자는 미성년자인 경우가 많으므로, 그 부모 및 형제자매까지 원고가 되어 위자료청구를 하는 것이 일반적이다. 아무래도 직접피해자 본인의 위자료 액수가 가장 크게 책정되며 그 다음이 부모, 그 다음이 형제자매 순이다.

(반성문)　(탄원서)

제15장
반성문과 탄원서

"피고인이 진심으로 반성하는 점을 고려하여 벌금형을 선고한다."

반성문과 탄원서는 무엇이 다를까

　형사사건에서 법관에게 반성문과 탄원서를 제출할 수 있다. 양자 모두 형을 정함에 있어 고려할 요소라는 점에서 공통되나, '작성주체' 즉 작성하는 이가 누구인지에 대해 흔히 전자는 형사사건의 당사자인 피고인이, 후자는 일반적으로 제3자가 작성한다는 점에 차이가 있다.

　특히 후자의 경우는 사건 당사자가 아닌 제3자가 작성한다는 점에서, 제3자의 작성 의도와 목적에 따라 '엄벌탄원서(형사재판을 받는 피고인의 엄중한 처벌을 구함)', '선처탄원서(피고인의 선처를 구함)'로 나눌 수 있다.

반성문 제출이 형량에 미치는 영향

절대량이란 없다. 항간에 떠도는 소문에 의하면 반성문을 내면 형의 얼마를 정해 깎아 준다는 이야기도 있다만 증명된 것은 아니다. 확실한 것은 '피고인의 반성'은 형을 정함에 있어 법관이 고려하는 양형 요소로 반영된다는 점이다.

개개의 형사사건에서 형을 선고하는 판사는 형을 정할 때 다양한 요소를 고려한다. 형법상 양형조건에 더해 대법원 소속 양형위원회가 정한 양형기준을 반영하게 되는데, 그중 대표적인 것이 '범행 후의 정황', '피고인의 진지한 반성'이다. 때문에 감형을 바라는 형사피고인은 의무적으로 반성문을 제출한다. 대단한 감형의 정도를 떠나, 적어도 피고인이 전혀 반성하지 않는 이유로 '괘씸죄'가 선고되는 것은 면하지 않을 수 있지 않을까하는 기대에서 말이다.

> ※ **형법** 제51조(양형의 조건) 형을 정함에 있어서는 다음 사항을 참작하여야 한다.
> 1. 범인의 연령, 성행, 지능과 환경
> 2. 피해자에 대한 관계
> 3. 범행의 동기, 수단과 결과
> 4. 범행 후의 정황

형사전문변호사는 연간 수백 개의 형사사건을 맡아 변호한다. 경험상 백이면 백, 법관의 선처를 바라지 않는 피고인은 없다. 실형이 나올 수밖에 없는 사건은 물론이거니와, 하물며 집행유예든 벌금이든 적으면 적을수록 좋지 않겠는가. 때문에 형사 피고인 입장에서는 아무것도

형사편

안 하는 것보다는 뭐라도 하는 것이 낫다. 반성문 제출은 어찌보면 선택이 아니라 필수와도 같은 셈이다.

물론 무죄를 다투는 사건은 예외이다. 재판을 받고 있는 것조차 분통하고 억울한데 무엇을 반성하랴.

반성문과 탄원서를 잘 쓰는 방법

반성문부터 정리해보자. 법관이 맡고 있는 사건 수는 (저마다 차이가 있겠지만) 족히 100건에 달한다고 한다. 이런 상황에서 하루에 읽게 되는 반성문과 탄원서의 양 또한 그에 못지 않을 것이다. 인터넷 검색으로 누구나 손쉽게 찾을 수 있는 뻔하디 뻔한 반성문은 제출하지 않는 것만 못하다. 선처를 바라면서 감형을 위한 조금의 노력도 기울이지 않는다면 어떤 진심인들 닿기 어려울 것이다.

① 기본적인 반성문 양식부터 알아보자.

반성문 양식에 있어 꼭 이런 크기로 적어야 한다고 정해진 틀이 있는 것은 아니다. 그렇지만 A4용지에 작성하는 것을 권한다. 형사사건의 모든 기록은 A4용지 크기의 문서로 편철되어 보관·보존된다. 경찰, 검찰, 법원 모두 동일하다. 반성문도 사건과 관련되어 제출된 기록 중 일부이므로 같은 크기의 문서로 제출되어야 기록 편철에 용이하며, 자연히 기록의 일부로서 그 내용을 파악하기에도 쉽다.

② 반드시 자필로 써야 할까?

반성문을 자필로만 써야 한다는 법 또한 없다. 그러나 필자는 필자의 의뢰인에게 "다른 어떠한 자료는 워드로 가져다주더라도, 반성문만큼은 반드시 자필로 써오세요"라고 요청한다.

사실 그렇다. 문서의 내용이 중요한 것이지, 문서의 형식이 어떤지, 어떻게 쓰여졌는지는 크게 중요하지 않다. 그렇지만 살면서 주고받은 '편지' 형식의 문서를 떠올려보면 어떨까. 진심을 전함에 있어 매끈하게 타이핑된 편지를 받는 것도 나쁘지는 않다. 하지만 조금은 삐뚤빼뚤하더라도 자필로 적은 편지를 받은 경우에 있어서는 그 진정성이 배로 느껴진다. 반성문의 작성 주체는 이유를 불문하고 어떠한 잘못을 저질렀음이 분명한 사람이다. 진정으로 반성하는 마음을 전달하고 그에 더해 최대한의 선처까지 바라는 상황이라면, 자필로 쓰여진 글이라는 최소한의 성의는 보여야 하지 않을까.

③ 분량은 어느 정도가 적당할까?

한두 장, 길어야 세 장 안으로 쓰기를 권한다. 판사가 하루 종일 반성문만을 읽고 있을 시간은 없다. 너무 길어지면 가독성이 떨어진다. 전하고자 하는 내용이 전혀 전달되지 못할 수 있다.

형사재판을 앞둔 피고인은 이상하리만큼 하고 싶은 말이 많다. 입이 열 개라도 할 말이 없다고 하면서도 행동은 그렇지 않다. 대체로 반성문을 통해 피해자에 대한 미안함과 사회적 물의를 일으킨 것에 대한 반성의 마음을 드러내기는 한다. 그런데 잘못은 피해자한테 해 놓고 가정사를 운운하며 가족에 대한 미안함을 표하기도 하며, 자신의 혐의점에 대하여 은근히 억울함을 표하기도 한다.

그러나 이런 내용은 전부 필요 없다. 어쨌거나 반성문을 작성하는 주체는 잘못을 저지른 범죄자이다. 잘못은 다 해 놓고 선처를 바라며 그럴싸한 자기 포장을 장황하게 하는 것은 오히려 부정적인 인식을 심어줄 수 있다. 진심 어린 반성문은 한두 장이면 충분하다.

④ 어떤 내용을 써야 할까?

앞서 말했듯 법관이 형을 정함에 있어 참작하여야 하는 요소가 있다. '형을 정한다'는 의미에서 형의 양정, 양정 요소로도 불리운다. 쉽게 말해 법관이 고려해서 형을 깎아줄 수 있는 인자이다.

형법은 양형 요소로서 피고인의 연령, 성행과 환경, 피해자와의 관계, 범행의 경위와 동기, 범행 후의 정황을 규정한다(형법 제51조). 각 양형 요소에 맞추어 자신의 상황을 대입시키면 쉽게 반성문을 작성할 수 있다.

서식례 반성문

반성문

사건번호   2024 고단 1234   특수폭행
이   름   김반성

존경하는 재판장님,
저는 이 법원 2024 고단 1234호 특수폭행사건으로 재판을 받고 있는 김반성입니다.

글을 쓰기에 앞서 먼저 저의 부주의로 사회적 물의를 일으키고, 무엇보다 피해자 박미남에게 씻을 수 없는 큰 상처를 준 것에 대해 진심으로 미안한 마음을 전합니다.

저는 19XX년, 서울 OO구 OO동에서 출생하여 그곳에서 유년시절과 청소년기를 보내며, 초중고교 시절 내내 학급 반장으로 선출될 만큼 성실한 학창시절을 지냈습니다. 이내 우수한 성적과 타의 모범이 되는 모습으로 서울 XX명문대학교를 입학, 졸업과 동시 번듯한 기업에 취직하여 어느덧 아들 하나를 둔 30대 가장이 되었습니다.

다만 저의 외관상 번듯한 모습과 달리, 내면에는 남들에게 말하지 못하는 크나큰 상처가 있었습니다. 어린 시절 아버지의 잦은 가정폭력으로 어머니는 집을 나가셨고, 홀아버지 밑에서 자라며 그 나잇대 부모로부터 으레 받는 사랑과 관심을 받지 못하였습니다. 그러한 말못할 상처에도 불구하고 제 자신을 채찍질하며 불우한 상황을 탓하기보다는 바른 길로 나아가려고 노력하고 또 노력해왔던 것이 저였습니다.

이 사건의 피해자 박미남은 저의 20년지기 절친한 친구입니다. 저는 박미남을 누구보다 믿었고 의지했으며, 저의 가장 친밀한 친구였기에 사소한 비밀까지도 모두 다 터놓았습니다. 그러던 와중, 박미남은 2023. X. XX. 함께 자주 찾던 단골 술집에서 저를 향해 "역시 애미 없이 자란 놈들은 다 이렇다", "애미 없이 자란게 불쌍해서 친구해줬다"라는 모욕적인 말을 계속해서 퍼부었습니다. 처음에는 참았습니다. 그러나 "니 애미도 젊은 놈이랑 바람나서 남편이랑 애 팽개치고 도망간거 아니냐", "니 애미도 술집년이었다지?"라며 차마 입에 담을 수 없는 모친과 관련된 말을 수도 없이 하자, 극도의 분통함과 모멸감에 주변에 있던 술병을 들어 박미남의 상체를 향해 내리치게 된 것입니다.

진심으로 반성합니다. 이유야 어찌 되었든 절친한 친구를 때린 것은 저의 불찰이고 해서는 안될 행동임이 분명합니다.

사건 이후 박미남에게 수차례 문자와 카카오톡 메신저로 사과의 마음을 전했습니다. 병문안도 갔으며, 신체적 및 정신적 치료를 위하여 약 500만 원의 합의금도 전달하였습니다.

형사편

저는 전과과 없고 이 사건으로 처음 형사재판을 받고 있습니다. 너무나도 제 스스로의 행동이 죄스럽고 면목 없습니다. 다시는 이와 같은 일을 하지 않을 것을 맹세드립니다.

2024. 7. 1.

피고인 김 반 성 올림

서울중앙지방법원 형사 1단독 귀중

⑤ 몇 번이나 제출해야 할까?

형사피고인, 특히 선고를 앞둔 피고인의 경우 불안한 마음에 매일 같이 반성문을 제출하는 모습을 보인다. 구속사건의 피고인이라면 이보다 더하다. 일상적인 활동에 제약이 있는 그들에게 반성문을 써서 제출하는 일은 무료한 구치소 생활을 보내는 일과 중 하나가 된다. 재판 과정 내내 매일 같이, 심지어 하루에 여러 통을 제출하기도 한다. 많이 낸다고 뭐가 잘못되는 것은 아니다. 다만 과유불급이라고 했다. 반성문 제출의 의도와 목적은 어쨌든 뻔하지 않나. 적어도 법관의 입장에서는 그렇다. 사실 너무 매일같이 내면 할 말도 없고 결국 계속 같은 내용을 반복하게 된다. 많이 낸다고 형을 많이 감형해주는 것도 아니고 무의미한 반복은 의미 없다. 그래서 너무 잦은 반성문 제출은 추천하지 않는다. 필자는 구속 여부를 떠나 재판 과정에서 2회~3회의 반성문 제출을 권하는 편이다. 재판 중 한두 번, 선고 전 한 번, 이런 식이다.

탄원서는 어떻게 작성해야 할까? 먼저 '선처 탄원서'는 반성문과 작성 주체만이 다를 뿐 그 본연의 목적은 동일하다. 피고인의 선처와 감형을 의도한다는 점에서 그렇다. 앞선 반성문의 내용이 될 만한 양형인자에 평소 피고인이 보인 긍정적인 성행과 인품을 가미하여 기재하면 되겠다.

'엄벌탄원서'는 어떨까. 엄벌탄원은 내용적인 면에서 피고인의 자리에 '피해자'를 대입시켜 기재하면 된다. 예컨대, 양형 요소 중 피고인의 성품과 행실에 '피해자의 평소 모습'을 대입하는 것이다. "선량하고 법 없이도 살 피해자가 피고인의 극악무도한 범법 행위로 인해 물거품이 되었다"라는 예시처럼, 평범한 피해자의 삶을 중점에 두고 그와 상반되며 적대적인 피고인의 범죄 사실이 부각될 수 있도록 작성하면 된다.

기재 양식, 분량, 제출 횟수 또한 반성문 작성 및 제출의 내용을 참고하면 된다.

형사편

제16장
피해자 합의의 중요성

합의하면 처벌받지 않는 범죄도 있다

　　형사사건에 휘말린 피의자(피고인)의 주된 관심사는 처벌-형량에 있다. 자고로 나쁜 것은 적어야 좋다고, 어떻게 하면 형량을 줄일 수 있을지가 그들의 가장 흔하고도 뻔한 질문이다.

　　형량을 줄이는 최고의 방법은 단연 피해자와의 합의이다. 형사범죄에 국가가 나서 형벌권을 행사하는 것은 사회질서를 어지럽힌 범죄자를 처벌하고, 그를 통해 범죄자를 교화함에 있다. 다만 처벌 여부와 정도를 정함에 있어 피해자의 목소리를 외면할 수는 없다. 형벌권을 행사하여 형을 집행하는 것은 어찌보면 범행 이후 재범의 방지와 부차적인 사회질서를 위한 것일 뿐, 이미 발생한 범죄사건의 직접적인 피해를 견뎌야 하는 것은 오로지 범죄 피해자의 몫이기 때문이다.

　　우리 법상 다양한 형태의 범죄가 규정되어 있다. 그중 피해자의 의사를 최대한 반영하여 피해자가 처벌을 원하지 않으면 처벌할 수 없는 범죄가 있다. 대표적으로 '반의사불벌죄'로 명명되는 단순·존속폭행죄 (형법 제260조 제3항), 과실치상죄(법 제266조 제2항), 단순·존속협박죄(법 제283조 제3항), 명예훼손죄 및 출판물 등에 의한 명예훼손죄(법 제312조 제2항) 등이 그것이다. 반의사불벌죄에 해당하는 범죄는 피해자의 고소 없이도 수사기관이 임의로 형사소추할 수는 있으나, 추후 피해자가 가해자의 처벌을 원치 않으면 그 죄에 정한 형벌로서 처단할 수 없게 된다. 처벌불원의사, 즉 합의가 있으면 처벌이 불가한 셈이다.

'친고죄'도 있다. 친고죄는 가해자의 처벌에 피해자가 친히 고소까지 해주어야 하는 범죄로 풀이되기도 한다. 고소가 있어야 공소 제기가 가능하다는 점에서 그렇다. 친고죄에 해당하는 범죄로는 사자명예훼손죄 (법 제312조 제1항)·모욕죄(법 제312조 제1항)·비밀침해죄(법 제318조)·업무상비밀누설죄(법 제318조)가 있다.

친고죄는 피해자와 사전 합의만 있으면 애초에 재판 단계까지 진행되지 않는다는 점에서 가히 피해자의 의사가 더 중요하게 부각된다. 과거 일부 성범죄도 친고죄(강간, 강제추행 등)였다. 2013년, 개정 성폭력범죄의 처벌 등에 관한 특례법과 형법은 성범죄 관련 친고죄 조항을 모두 삭제하였다. 따라서 현재는 성범죄 피해자의 고소 없이도 처벌이 가능하다는 점에 주의를 요한다.

합의를 위한 바람직한 자세

우리는 신이 아니다. 사람의 마음을 내 뜻과 같이 움직이기란 쉽지

형사편

않다. 하물며 형사 피해자가 되어 정신적·육체적 고통을 겪고 있을 누군가의 마음을 움직이기란 불가능에 가깝다. 고로 형사 합의에 반드시 이기는 필승법이란 없다고 봐도 무방하다. 그렇다면 형사 합의를 도출할 방법은 없는 것일까? 형사합의를 절대적으로 도출할 수 없는 최악의 방법만은 피하는 것이 현명할 것이다. 알아보자.

① 저자세가 좋다.

민감한 피해자에게 고무적인 언동을 일삼는 것이야말로, 최소한의 합의 가능성을 제로에 돌리는 가장 쉽고 간편한 방법이다. 피해자에게 진심 어린 참회의 마음을 전달하는 것부터가 형사합의의 단초가 될 것이다.

② 시간적 여유를 두고 공감의 마음을 전달하자.

구속사건의 피고인은 시간적 여유가 없다. 당장 감옥에 갇혀 있는 마당에 하루라도 빨리 자유의 몸이 되고 싶지 않겠는가. 때문에 사건 직후 피해자의 상처는 안중에도 없이 감형과 자유만을 목적으로 무리하게 피해자와 접촉하는 우를 범하고야 만다.

단순히 자기 잘못을 인정하고 뉘우치는 것에서 나아가 자신으로 인해 피해를 입었을 피해자의 상황을 공감할 필요가 있다. 공감의 힘은 생각보다 크다. 자신의 부주의로 인하여 피해자의 상황이 얼마나 힘겨울지 진정으로 안타까워하고 공감할 때, 피해자에게 조금이라도 위안이 되지 않을까.

③ 직접 나서기보다는 대리인을 내세우는 것이 좋다.

개별사건에 따라 다르겠지만 형사사건 피해자와의 직접적인 합의 시도는 피하는 것이 좋다. 형사 합의 과정에서 피해자들의 공통적인 전언은 "그놈의 목소리 듣기도 싫다", "핸드폰에 이름만 떠도 소름이 돋는다"라는 내용이다. 어떤 식으로든 가해자와 얽이게 되는 조금의 순간도 마주하고 싶지 않다는 것이다.

살인사건, 성범죄사건의 합의 시도는 더욱더 어렵다. 필자 역시 형사전문변호사로서 다양한 사건에서 합의과정을 거치곤 하는데, "변호사님, 저는 합의할 생각이 전혀 없으니 다시는 연락하지 마세요."라며 거절당하는 경우도 적지 않다. 제3자인 대리인을 통한 합의시도도 단칼에 거절당하는 마당에 직접적인 합의 시도는 불 보듯 뻔하다. 이런 경우일수록 피해자와 대립적인 관계에 서 있지 않은 제3자를 통한 합의시도가 바람직하다.

제17장
공소시효

공소시효란 공소 제기 없이 일정한 기간이 경과되면 그 범죄에 관한 공소권이 소멸하는 제도이다. 쉽게 말해 검사가 공소를 제기할 수 있는 시간적 한계로서, 범죄자 입장에서는 사실상 면죄부를 얻을 수 있는 기간으로 요약된다. 개구리소년, 화성연쇄살인사건 모두 공소시효의 만료로 범인을 처벌할 수 없었다.

'시간이 약'이란 말이 있다. 과연 그럴까. 범죄 피해자 또는 그 유가족에게도 통용될 수 있을까. 아마 아닐 것이다. 통계를 보면 범죄 피해로 인한 트라우마는 시간이 지나도 사라지지 않는다. 시간의 경과가 무색하리만큼 마음의 상처는 오히려 깊어진다고 한다.

공소시효에 대한 논란은 오래전부터 있어 왔다. 공소시효제도의 취지는 ① 시간의 경과로 증거가 멸실되어 공정하고 신속한 수사와 재판을 기대하기 어렵고, ② (범인의 입장에서) 장기간의 도망 생활로 실제 처벌받은 것과 다름없다는 것이다.

여기에서 의문이 든다. 피해자가 용서하지 않은 범죄를 왜 국가가 나서 용서해주는 것과 같은 결과를 만드는 것일까. 지극히 수사기관의 편의만을 위한 것은 아닌지, 수사망을 벗어나기 위해 이리저리 머리 써 가며 도망 다니는 범죄자에 불과할 뿐인데 이를 두고 감옥에 갇혀 참회의 시간을 갖는 것과 동일한 것으로 평가할 수 있는지도 의문이다.

참고로 2015년 형사소송법의 개정으로 살인죄의 공소시효는 폐지되었다(형사소송법 제253조의 2).

공소시효기간과 예외

공소시효기간은 각 범죄의 법정형의 경중에 따라 다르다(형사소송법 제249조의 2). 예를 들어 폭행죄(형법 제260조 제1항)의 법정형은 2년 이하의 징역, 500만 원 이하의 벌금, 구류 또는 과료이고 5년의 공소시효가 적용된다. 사기죄(형법 제347조 제1항)의 법정형은 10년 이하의 징역 또는 2천만 원 이하의 벌금으로 공소시효기간은 10년이다(형사소송법 제249조의 2 제1항 제3호).

> ※ **형사소송법 제249조**(공소시효의 기간) ① 공소시효는 다음 기간의 경과로 완성한다.
> 1. 사형에 해당하는 범죄에는 25년
> 2. 무기징역 또는 무기금고에 해당하는 범죄에는 15년
> 3. 장기 10년 이상의 징역 또는 금고에 해당하는 범죄에는 10년

형사편

4. 장기 10년 미만의 징역 또는 금고에 해당하는 범죄에는 7년

5. 장기 5년 미만의 징역 또는 금고, 장기10년 이상의 자격정지 또는 벌금에 해당하는 범죄에는 5년

6. 장기 5년 이상의 자격정지에 해당하는 범죄에는 3년

7. 장기 5년 미만의 자격정지, 구류, 과료 또는 몰수에 해당하는 범죄에는 1년

② 공소가 제기된 범죄는 판결의 확정이 없이 공소를 제기한 때로부터 25년을 경과하면 공소시효가 완성한 것으로 간주한다.

공소시효기간은 범죄행위의 종료 시(범죄결과발생시)부터 진행한다. 그런데 아동학대범죄는 해당 범죄를 당한 아동청소년이 성년에 이른 날부터 공소시효가 진행된다. 형사피해자의 형사소추권을 보호하기 위해 예외를 둔 것이다.

또한 과거는 물론 지금에 이르기까지도 극악무도한 범죄를 저지르고 국외로 도피하는 시도는 계속되고 있다. 필자 역시 카카오톡으로 해외체류 중인 자국민의 법률상담을 받는 일이 흔한데, 공소시효에 관한 문의가 많다. 형사재판을 받던 피고인이 해외로 도주한 경우 그 기간 동안 공소시효의 진행이 정지된다(형사소송법 제253조 제3항).[55] 수사 중은 물론, 재판과 형 집행 등 일련의 형사절차과정에서 시효제도를 악용해 처벌을 면하기가 어려워진 셈이다.

---

55 ※ 형사소송법 제253조(시효의 정지와 효력) ① 시효는 공소의 제기로 진행이 정지되고 공소기각 또는 관할위반의 재판이 확정된 때로부터 진행한다.
② 공범의 1인에 대한 전항의 시효정지는 다른 공범자에게 대하여 효력이 미치고 당해 사건의 재판이 확정된 때로부터 진행한다.
③ 범인이 형사처분을 면할 목적으로 국외에 있는 경우 그 기간 동안 공소시효는 정지된다.
④ 피고인이 형사처분을 면할 목적으로 국외에 있는 경우 그 기간 동안 제249조제2항에 따른 기간의 진행은 정지된다.

제18장
형사보상청구

갑은 살인범으로 지목되어 20년 넘게 억울한 옥살이를 하였다. 결국 재심을 거쳐 본인의 억울함이 밝혀졌고 늦었지만 진범도 잡혔다.

잘못된 수사와 재판으로 인해 인생을 전부 잃어버리게 된 갑은 어떻게 구제받을 수 있을까?

'이춘재'라는 이름을 기억할지 모르겠다. 영구미제로 남을 뻔했던 일명 화성연쇄살인사건의 진범이자, 이를 배경으로 한 영화 '살인의 추억'의 모티브가 된 인물이기도 하다. 부산교도소에 복역 중이던 무기수 이춘재가 화성연쇄살인사건의 진범으로 특정되며 세간의 관심을 끌었었는데, 당시 함께 조명받던 이들이 있었다. 바로 과거 초동수사의 잘못으로 진범을 대신해 수십 년간 옥살이를 하였던 사람들이다. 비록 재심 끝에 무죄를 선고받기는 하였으나 수십 년의 인생이 통째로 저당 잡힌 피해와 고통은 감히 말로는 다 설명하기 어려울 것이다.

국가의 잘못된 형사사법권 행사로 인하여 부당하게 미결 구금되었거나 형의 집행을 받은 사람에 대하여 국가가 그 손해를 보상하여 주는 제도를 '형사보상'이라고 한다. 형사보상청구권은 헌법(제28조)에서 보장하는 헌법상 기본권이다.

형사배상이 아닌 형사보상이라는 용어를 쓰는데, 법률적으로 배상과 보상은 그 의미가 전혀 다르다. 배상은 고의·과실을 전제로 하는 것이나, 보상은 그와 무관한 무과실 책임이다. 따라서 형사보상청구로 국가로부터 어느 정도 보상을 받고, 추가적인 손해가 있다면 국가배상법 또는 민법을 근거로 하여 담당공무원 기타 관여자에게 손해배상청구소송을 할 수도 있다. 다만 현실적으로 담당공무원 등의 고의·과실 또는 위법성을 입증하기란 매우 어렵다. 형사보상제도는 담당공무원 등 개인의 고의·과실·위법성 및 손해액 입증의 어려움 등을 해결해 준다는 점에 그 의의가 있다.

형사보상액 산정방법

불구속상태에서 수사·재판이 진행되어 최종 무죄가 확정된 경우와 구속상태에서 수사·재판이 진행되어 최종 무죄 판결이 확정된 경우에 구체적인 형사보상금 액수는 달라진다.

구속사건의 경우 크게 ① 구금일수를 기준으로 산정한 형사보상과 ② 기타 여비 및 변호사보수에 대한 형사비용보상으로 나누어진다.

먼저 구금에 대한 형사보상은 그 구금일수에 따라 1일당 보상청구 원인이 발생한 연도의 최저임금법에 따른 일급 최저임금액 이상 대통령으로 정하는 금액[56] 이하의 비율에 의한 보상을 지급한다(형사보상 및 명예회복에 관한 법률 제5조 제1항).

예컨대 미결구금일수가 180일이었고 무죄재판이 확정된 연도가 2019년이었다고 가정해보자. 2019년의 최저임금(시급)은 8,360원이었다. 2019년 기준, 하루 8시간 근로한 것으로 계산하면 최저임금(일급)은 66,800원으로 그 5배는 334,000원이다. 따라서 구금일수 1일당 66,800원~334,000원 사이에서 정한 금액에 미결구금일수 180일을 곱한 것이 구금일수를 기준으로 한 형사보상금액이 된다. 여기서 66,800원~334,000원 사이의 금액 중 얼마로 정할지는 공소사실을 구성하는 각 범죄의 경중, 형사재판의 경과 및 확정된 판결의 내용 등을 종합하여 결정하는데, 실무상 특별한 사정이 없는 한 무죄 판결 확

---

56 ※ 형사보상 및 명예회복에 관한 법률 시행령 제2조(보상의 한도) 「형사보상 및 명예회복에 관한 법률」 제5조제1항에 따른 구금(拘禁)에 대한 보상금의 한도는 1일당 보상청구의 원인이 발생한 해의 「최저임금법」에 따른 일급(日給) 최저임금액의 5배로 한다.

정 당시의 최저임금의 3배~5배까지는 인정하는 것으로 보인다.

그 외 보상받을 수 있는 비용은 어떻게 산정될까? 크게 재판출석에 따른 일당·여비와 형사변호인의 조력을 받기 위해 지출한 보수로 나뉜다.

① 재판출석에 따른 일당과 여비

피고인이었던 자에 대한 비용보상은 형사소송 비용 등에 관한 법률의 '증인'에 관한 규정을 준용하도록 되어 있다(형사소송법 제194조의4, 제194의 2). 이에 따르면, 재판출석에 따른 일당(형사소송비용법 제3조)은 출석 등에 필요한 일수에 따라 산정되며, 출석 과정에서 필수불가결하게 지출된 여비(동법 제4조)에는 운임과 식비를 포함하되, 특히 운임은 법원이 적절하다고 인정하는 교통수단을 기준으로 하여 각 대법원 규칙[57]으로 정하는 범위 내에서 정해진다.

② 변호사 보수액

변호인의 보수는 형사소송비용 등에 관한 법률의 국선변호인에 관한 규정을 준용한다(형사소송법 제194조의4 제1항). 위 법률 및 동법 규칙에 따르면 국선변호인의 보수는 매년 예산의 범위 안에서 대법관회의에서 정하여 심급별로 지급하되, 사안의 난이, 국선변호인

---

57 ※ 형사소송비용 등에 관한 규칙 제2조(증인등의 일당) 법 제3조제2항, 제6조의 규정에 의한 증인·감정인·통역인 또는 번역인(이하 "증인등"이라 한다)의 일당은 매년 예산의 범위안에서 대법관회의에서 정한다. [참고로 2017년, 2018년 기준 대법관회의에서 정한 일당은 모두 각 50,000원이었다]
제3조(증인등의 여비·숙박료) ① 법 제4조제1항에서 규정하고 있는 "기타 이에 준하는 비용"의 항목은 식비로 한다. 〈개정 2003. 9. 13.〉
② 법 제4조제2항, 제5조제2항의 규정에 의한 증인등의 국내 여비 및 숙박료는 법원공무원여비규칙 제10조제1항, 제11조제1항, 제12조제1항, 제13조제1항, 제16조제1항의 별표 2 국내여비지급표에 정한 제2호 해당자 지급액으로 하며, 철도운임의 경우 위 규칙 제10조제1항 단서의 규정을 준용한다.

이 수행한 직무의 내용, 사건처리에 소요된 시간 등을 참작하여 예산의 범위 안에서 당해 재판장이 이를 증액할 수 있도록 규정되어 있다(형사소송비용 등에 관한 법률 제8조 제2항, 형사소송비용 등에 관한 규칙 제6조). 참고로 대법관회의에서 2015. 7. 1.부터 2018. 10. 31.까지 정한 제1심 형사합의사건을 제외한 그 외 형사사건의 국선변호인 보수는 건당 300,000원, 2018. 11. 1. 이후의 형사공판사건(제1·2·3심 모두 포함) 국선변호인의 보수는 건당 400,000원이었으며, 2023. 1.부터는 건당 500,000원으로 상향되었다.

판례 색인

대법원

나는변호사다

하급심

헌법재판소

저자 약력

김세라

고려대학교 법학과·행정학과 졸업(이중전공)

사법시험 합격, 사법연수원 수료

서울북부지방법원 민사조정위원

서울북부지방법원 국선변호인

서울북부지방검찰청 검사직무대리

고양보호관찰소 특별법사랑위원

인천논현경찰서 범죄예방협의체 위원

인천남동경찰서 범죄예방협의체 위원

부천계남고등학교 고문변호사

대한변호사협회인증 민사법전문변호사

대한변호사협회인증 형사법전문변호사

법률사무소 예감 대표변호사

SBS, KBS 2TV, OBS 방송 출연

머니투데이·한경닷컴·BBC NEWS 코리아 등 언론사 법률자문

주간인물(Weekly People) 제1056호 '이주의 법조인' 선정

대한민국 소비자 선호 브랜드 대상(법률서비스 부문) 수상

유튜브 채널 '나는변호사다' 운영

나는변호사다

초판발행   2024년 10월 16일

지은이   김세라
펴낸이   안종만·안상준

편 집   박세연
기획/마케팅   김한유
표지디자인   권아린
제 작   고철민·김원표

펴낸곳   (주) **박영시**
            서울특별시 금천구 가산디지털2로 53, 210호(가산동, 한라시그마밸리)
            등록 1959.3.11. 제300-1959-1호(倫)
전 화   02)733-6771
f a x   02)736-4818
e-mail   pys@pybook.co.kr
homepage   www.pybook.co.kr
ISBN   979-11-303-2938-3   03360

정 가   17,000원